U0677792

体育运动与健康

陈上越 ◎ 编著

厦门大学出版社 国家一级出版社
XIAMEN UNIVERSITY PRESS 全国百佳图书出版单位

图书在版编目(CIP)数据

体育运动与健康/陈上越编著.—2版.—厦门:厦门大学出版社,2013.11(2020.8重印)
ISBN 978-7-5615-4801-1

Ⅰ.①体…　Ⅱ.①陈…　Ⅲ.①体育-高等学校-教材②健康教育-高等学校-教材
Ⅳ.①G807.4

中国版本图书馆 CIP 数据核字(2013)第 274255 号

厦门大学出版社出版发行

(地址:厦门市软件园二期望海路 39 号　邮编:361008)

http://www.xmupress.com

xmup @ xmupress.com

厦门集大印刷厂印刷

2013 年 11 月第 2 版　2020 年 8 月第 4 次印刷

开本:787×1092　1/16　印张:17.5　字数:425 千字

定价:29.80 元

本书如有印装质量问题请直接寄承印厂调换

前　言

　　《中共中央国务院关于加强青少年体育增强健康的意见》提出："广大青少年身心健康、体魄强健、意志坚强、充满活力，是一个民族旺盛生命力的体现，是社会文明进步的标志，是国家综合实力的重要方向。"可见，健康对青少年来说，象征着一个民族的兴衰与国家的实力。高校是青少年聚集的地方，是培养人才的摇篮。不言而喻，在高校鼓励学生参加体育锻炼，磨练坚强意志，培养良好品德，是促进青少年全面发展的重要途径。在体育锻炼中对学生进行爱国主义和集体主义教育，对青少年思想品德、智力发育、审美素养的形成都有不可替代的重要作用。为了充分发挥学校体育教育实现上述目标的作用，结合高校体育教学改革趋势，力求将先进的教育理论和教学思想与教材建设有机地结合起来，旨在教育、引导和培养青年一代主动地接受体育，掌握一些适合个人锻炼的运动项目，并在参与运动的过程中，享受运动带来的乐趣与磨炼，"学会生存"、"学会锻炼"，进而提高生活的质量。

　　在教材编写理念上，力求突出高等院校学生的心理、生理特点，以适应学生身心健康素质为目标，注重培养学生健康意识和行为，促进学生身体、心理、社会适应能力和整体健康水平的发展。本教材以新课程标准为基准，注重理论与实践的结合，内容充实，图文并茂。融科学性、知识性和实用性于一体，把身体锻炼和运动文化的学习同体育能力的培养有机结合起来，切实培养学生的体育意识和能力，把满足社会发展和需要与个人发展的需求有机地结合起来，易于学生进一步掌握体育科学知识与运动技能、技术，从而提高学生的整体素质。

　　在教材内容选择上将体质健康理论与篮球、排球、足球、乒乓球、羽毛球、田径、健美操、武术、游泳等运动项目整合在一起，并将世界体育赛事与国际体坛明星及有关体育知识给予介绍，以利于更多的体育爱好者和同学们对多项运动的学习，力求体现教材的先进性、科学性、系统性、思想性，使之具备指导性和可读性。本教材把学生锻炼习惯的养成和健康心理的形成作为首要目标，反映了"健康第一"的教育指导思想和"以身体练习为主"的课程特点，体现了"以人为本"的教育理念，在追求全面发展和面向全体学生的同时，为学生的个性发展和选择提供更大的空间。

　　在教材编写过程中得到同行和专家的指导，同时参考和引用了有关专家、学者的最新研究成果，在此，谨向他们表示诚挚的谢意。由于作者水平有限，书中疏漏之处在所难免，恳请各位专家、同行、读者批评指正。

编者
2013 年 10 月

目 录

第一章 体育运动概述 ……………………………………… 1

第一节 体育运动的概念 …………………………………… 1

第二节 体育运动的功能 …………………………………… 2

第二章 健康概述 …………………………………………… 6

第一节 健康的概念 ………………………………………… 6

第二节 现代健康观的基本特征 …………………………… 8

第三节 现代健康的分类 …………………………………… 9

第四节 健康行为的结构 …………………………………… 12

第三章 体育运动对人体健康的影响 ……………………… 16

第一节 体育运动对消化系统的影响 ……………………… 16

第二节 体育运动对呼吸系统的影响 ……………………… 17

第三节 体育运动对泌尿系统的影响 ……………………… 18

第四节 体育运动对心血管系统的影响 …………………… 19

第五节 体育运动对神经系统的影响 ……………………… 19

第四章 体育运动的原则与方法 …………………………… 22

第一节 体育运动的原则 …………………………………… 22

第二节 体育运动方法 ……………………………………… 25

第三节 制订运动处方的原则与内容 ……………………… 31

第四节 体育运动的自我监督 ……………………………… 36

第五章 运动营养 …………………………………………… 38

第一节 营养素 ……………………………………………… 38

第二节 热 能 ……………………………………………… 50

第三节 运动项目和比赛的营养要求 ……………………… 54

第六章 体育运动保健 ……………………………………… 59

第一节 体育运动与卫生 …………………………………… 59

第二节 常见运动伤病的预防、处理与野外活动遇险自救 … 67

第七章 篮 球 ……………………………………………… 75

第一节 篮球运动概述 ……………………………………… 75

第二节 篮球基本技术 ……………………………………… 76

第三节 篮球基本战术 ……………………………………… 91

第四节 篮球竞赛规则简介 ………………………………… 98

第五节 国际篮球联合会及篮球品牌知识介绍 …………… 100

第八章　排　球……………………………………………………… 106

第一节　排球运动概述…………………………………………… 106

第二节　排球基本技术…………………………………………… 106

第三节　排球基本战术…………………………………………… 115

第四节　排球竞赛规则简介……………………………………… 120

第五节　排球赛事及世界排名介绍……………………………… 121

第九章　足　球……………………………………………………… 135

第一节　足球运动概述…………………………………………… 135

第二节　足球基本技术…………………………………………… 136

第三节　足球基本战术简析……………………………………… 139

第四节　足球竞赛规则简介……………………………………… 142

第五节　足球赛事及名人介绍…………………………………… 144

第十章　乒乓球……………………………………………………… 151

第一节　乒乓球运动概述………………………………………… 151

第二节　乒乓球的基本技术……………………………………… 158

第三节　乒乓球的基本战术……………………………………… 167

第四节　乒乓球竞赛规则简介…………………………………… 167

第五节　乒乓球赛事及级别介绍………………………………… 168

第十一章　羽毛球…………………………………………………… 176

第一节　羽毛球运动概述………………………………………… 176

第二节　羽毛球的基本技术……………………………………… 179

第三节　羽毛球的基本战术……………………………………… 186

第四节　羽毛球竞赛规则简介…………………………………… 186

第五节　羽毛球赛事与名人介绍………………………………… 190

第十二章　田　径…………………………………………………… 195

第一节　田径运动概述…………………………………………… 195

第二节　跑……………………………………………………… 201

第三节　跳……………………………………………………… 204

第四节　投　掷………………………………………………… 208

第五节　田径运动赛事与名人介绍……………………………… 211

第十三章　游　泳…………………………………………………… 217

第一节　游泳运动概述…………………………………………… 217

第二节　蛙泳的主要技术………………………………………… 218

第三节　爬泳的主要技术………………………………………… 221

第四节　各项泳式的比赛规则…………………………………… 224

第五节　游泳的场地、器材、设备………………………………… 226

第六节　游泳组织及赛事介绍…………………………………… 229

第十四章　健美操…………………………………………………… 233

第一节　健美操运动概述………………………………………… 233

第二节　健美操的分类和特点……………………………………………………235

第三节　健美操基本动作……………………………………………………………236

第四节　竞技健美操规则简介………………………………………………………242

第十五章　武　术………………………………………………………………244

第一节　武术运动的概述……………………………………………………………244

第二节　武术的基本技术……………………………………………………………245

第三节　初级长拳……………………………………………………………………248

第四节　二十四式太极拳……………………………………………………………256

第五节　武术场地及器械介绍………………………………………………………266

主要参考文献……………………………………………………………………272

第一章 体育运动概述

第一节 体育运动的概念

体育运动是身体活动和体育锻炼的总称。身体活动是指身体在骨骼肌收缩下保持身体移动和持续消耗能量的过程。体育锻炼是指有计划、有组织，反复进行的身体活动，其目的是增强体质和提高健康水平，属于身体活动的一种。所以，体育运动是以身体与智力活动为基本手段，根据人体生长发育、技能形成和技能提高等规律，达到促进全面发育，提高身体素质和全面教育水平，增强体质与提高运动能力，改善生活方式与提高生活质量的一种有意识、有目的、有组织的社会活动。

在人类发展史上，体育作为一种积极的人类行为和特殊的社会文化现象，一直伴随社会文化的进步而发展，并对人类的进化和社会的发展起到了巨大的促进作用。健康的生活方式可以预防"文明病"的发生、发展，而体育运动作为健康生活方式的重要内容，对人类健康始终起着独特的支撑作用，是维护人们身心健康最有效、最有益的办法。以健康的生活方式去对抗周围那些不利于健康的因素，是维护身体健康的一种很好的方法。

在社会发展中，身心健康不仅是现代社会生活的重要内容，而且是提高社会生产力、保证人类健康发展和正常生命活动的需要。体育作为一种独特的社会文化现象古已有之，从古希腊到中国古代，都有人类关于体育活动的记载。它是人类在漫长的生活和生产过程中所产生的一种独特的，以身体运动来表达的社会文化现象。它以特有的魅力丰富着人类社会的日常生活。体育发展到现在，已经进入和改变着越来越多人的生活，成为人们生活方式的一个重要组成部分。当代体育与社会经济、政治和人们的日常生活产生着越来越密切的联系，改变和影响着社会生活的许多方面。1978年联合国教科文组织颁布的《体育运动国际宪章》中明确指出，体育是一种人权，体育是提高生活质量的手段，体育能培养人类的价值观念，这说明体育对人类的生存和发展具有重要的影响。

在体育运动中，由于运动的目的不同，把体育分为竞技性体育、健身性体育和康复性体育。

1. 竞技性体育：是以取得良好运动成绩为主要目的的竞技运动。

图 1-1　竞技性体育

（奥运会、亚运会、全运会、省运会）

2. 健身性体育：是以锻炼身体、预防疾病为主要目的的健身性运动。

图 1-2　健身性体育（1995 年全民健身纲要）

3. 康复性体育：是以治疗慢性疾病或身体残障康复为主要目的的的康复性运动。

图 1-3　康复性体育

第二节　体育运动的功能

体育运动的功能产生于体育的本质和社会的需要，并从促进社会物质文明和精神文明中表现出来。体育的功能可归纳为教育、健身、娱乐、政治、经济、军事等六个方面。

1. 教育功能

体育的教育功能是最本质的功能。从原始社会出现的萌芽体育开始，体育一直是作为教育手段而流传于世的。古希腊哲学家亚里士多德的教育思想认为,体育、德育、智育互相联系。智力的健全依赖于身体的健全,因此体育应先于智育。今天,在世界任何一个国家或地区中,均强调德、智、体的全面教育。尽管存在教学内容的差异,但体育总是教育不可缺少的组成部分。体育教育在传授生活技能、教导社会规范、培养竞争意识、提高适应能力等方面发挥了巨大的作用。随着现代社会的发展,现代体育并不仅仅局限在学校体育,而在竞技体育和社会体育中均显示出体育的教育功能。如竞技体育的训练本身就是教育的过程,竞赛的过程更具有广泛的教育意义,通过竞赛培养国人的爱国主义热情和顽强拼搏、无私奉献的精神;在社会体育中,从学习健身、娱乐、保健等技能中看,都含有教育的因素,能者为师是这一活动类型的典型教育因素。现代体育教育已不仅是促进生长发育、增强体质,也不仅是锻炼身体、提高素质、掌握技能,而重在培养终身从事体育锻炼的兴趣和习惯,以改善生活方式,提高生活质量,适应现代社会发展的需要。

2. 健身功能

人类在很早以前就已认识,通过身体直接参与体育活动,不仅可以改变自身的生理功能,而且还可以改变自身的心理状态。经过研究者的大量科学实验证明,体育运动可以促使有机体的生长发育,改善各器官系统的机能,培养良好的心理素质;可以增进健康(生理和心理的健康),增强体质,防治疾病,提高有机体的工作效率。

3. 娱乐功能

由于体育具有游戏性、大众性、艺术性、惊险性,能满足社会不同人的各种需要,起到丰富社会文化生活、愉悦人们身心的作用,故它具有娱乐功能。体育的娱乐功能体现在两个方面:一是观赏(观赏也是一种参与),二是直接参与活动。随着运动技艺日益向高、尖、新、难的方向发展,运动员在时间与空间、健与美、韵律与节奏等方面使之巧妙地结合起来,使人们在观看比赛时,犹如欣赏优美的舞蹈、线条明快的雕塑、光线谐和的摄影艺术品,使人得到美的享受。正因为体育有如此的魅力,常常吸引广大观众,锁住频道"集焦"于电视机前,吸引广大体育爱好者(球迷)身临其境观看比赛,运动员每一个精彩的动作与失误,均会引出观众的欢呼雀跃与叹息,人们的心被紧紧地牵动着。人们直接参与活动,特别是自己喜爱和擅长的运动项目,能够在完成各种复杂练习的过程中,在征服自然障碍的斗争中,体验到一种非常美妙的快感。这种心理状态可以激发人的自尊心、自信心、自豪感,满足人们与同伴交往、合作的需要。人们参与到不同的运动项目中均会有不同的感情体验。

4. 政治功能

体育作为上层建筑的一部分,与政治紧密相连。我国的"乒乓外交"曾打开了中美建交的大门,促进了中美关系的正常化,达到了"小球转动地球"的政治外交目的。同时,体育竞赛的胜负直接关系到国家的荣辱,赛场如同战场,金牌从一个侧面标志着国家的力量、地位、政治面貌、精神状态。因此,世界各国无不重视体育的政治意义,以体育表现实力,扩大影响,提高国际声誉,振奋民族精神。我国体育健儿多年在奥运会赛场上频频传出捷报,从"零"的突破到金牌总数51枚,从中国女排的"五连冠"到中国乒乓球队囊括"世界乒乓球锦标赛"的所有比赛项目的金牌,使中国人扬眉吐气。因此,体育具有为国争光、提高民族威望、振奋民族精神、为外交服务、促进民族团结的政治功能。

图 1-4 庄则栋与美国乒协主席斯廷霍文切磋球艺

我国的"乒乓外交"曾打开了中美建交的大门,促进了中美关系的正常化,达到了"小球转动地球"的政治外交目的

图 1-5 女排精神

体育具有为国争光、提高民族威望、振奋民族精神、为外交服务、促进民族团结的政治功能

5. 经济功能

体育的经济功能是近期被认识和开发的社会功能,由体育与经济的相互促进作用所决定。实践证明,伴随体育社会化、娱乐化和终身化程度的不断提高,为满足体育人口不断扩大的需要,各种运动器材、体育场地设施、体育用品的批量生产、建设和供应,乃至体育健身、体育娱乐和体育旅游业都在迅速发展,已有可能在国民经济中逐渐形成一个庞大的体育产业体系。竞技体育和商品经济的联系更为密切。比如,一场精彩的体育比赛可以吸引成千上万的观众,并可直接获取门票收入。一些大型运动会,除可带动旅游、商业、交通、电信和新闻出版等行业发展外,还可以通过出售电视转播权,发行彩票、邮票、纪念币,收纳广告费,印刷宣传品等途径,从中得到相当可观的经济效益。随着商品经济浪潮的猛烈冲击,即使是奥林匹克运动会亦难免卷入其中,使之表现出鲜明的商业化倾向。比如,在奥运会期间,世界各国财团都在利用其影响,进行巨额投资,从事商业性活动。有关这方面的成功尝试,当首推1984年在美国洛杉矶举行的第二十三届奥运会。这届首次由民间主办的奥运会,在金融界人士彼得·尤罗斯的领导下,一改以往奥运会亏损的局面,不仅节约了原定的5亿美元的耗资,反而从中获得2.5亿美元的盈利。为此,国际奥运会特授予他金质奖章。尽管不少人基于奥林匹克原则,对此举颇有贬词,但正如国际奥委会主席萨马兰奇所说:"我们并不想阻止商业化,因为我们认为商业化对体育界具有非常重要的作用。我们所要避免的是将商

业化的利益置于体育之上。"

图 1-6　体育的经济功能

体育的经济功能是近期被认识和开发的社会功能，由体育与经济的相互促进作用所决定

6. 军事功能

体育军事功能的存在，主要是由于战争和训练士兵的需要。从史前时代部落间为争夺土地、牧场和血亲复仇引起的暴力冲突，到原始社会末期以掠夺财产为目的的奴隶战争，由于不断推动着武器的演进，不仅为以后的健身活动提供了广泛的运动器材，也促进人们积极从事军事操练和与之有关的身体训练。进入封建社会之后，统治者为争夺领土引起的频繁战争，使体育和军事的结合变得愈加紧密。随着资本主义的发展，西方体育经过"文艺复兴"时期和宗教改革运动后，开始竭力主张跑、跳、投掷、摔跤等活动引入学校，要求学生掌握未来军事生活所必需的一些基本技能。在这期间，特别是欧洲教育改革后的传统体操，更以它极具实用价值的体育形式风靡欧洲。由于这种身体活动对培养动作技能，使行动一致，以及掌握当时流行的线性作战方法极为有利，因此在美国南北战争及普法战争中，都一度发挥过重要的作用。现代社会，随着尖端武器的发展和部队机动性的提高，以及新战略战术的运用，更需要士兵在短时间内掌握复杂的军事技能，并最大限度动员人的精神和身体能力。因此，在全面进行体育训练的同时，掌握部分体现军事实效的体育项目，如游泳、爬山、攀岩、滑雪、划船、摔跤、格斗、骑马、拳击及队列操练等，已经成为军事训练所必须的内容，专门为军事服务的军事体育就应运而生了。

第二章　健康概述

第一节　健康的概念

　　健康是一个综合的概念。人们对健康的认识，是主体反映健康现实，在意识中创造理想化健康模型的思维活动的成果，与实际的健康活动相对应。在人类获取健康和与疾病作斗争的历史发展过程中，随着医学科学的发展和人类健康需求的不断提高，人类对健康的认识不断地发生改变，健康的定义也不断更新。

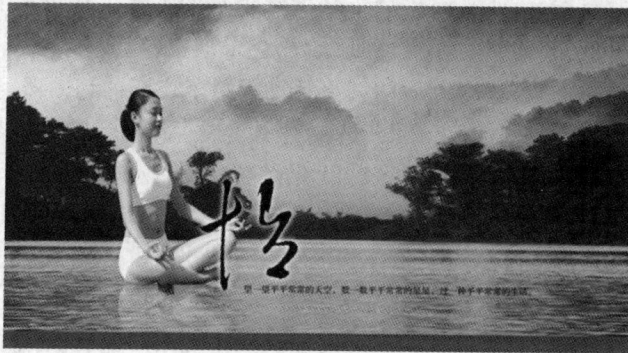

图 2-1　瑜伽

一、传统健康的概念

　　18 世纪中叶以前，人们在给健康下定义时，往往以疾病为参考，常以"是否有病"作为唯一的标准，有病为不健康，无病为健康。人们普遍认为健康是在人们的生命活动中没有疾病时的状态。

　　反映此概念的健康观在其历史发展阶段，主要有神灵主义、自然哲学、机械论三种表现形式。

二、近代健康的概念

　　18 世纪中期，随着社会的发展和科学的进步，特别是能量守恒定律、细胞学说和生物进化论三大发现，揭示了自然规律，动摇了机械性看待健康的认识。当前人们认为，宿主、环境和病因三者之间保持相对的动态平衡，则机体处于良好的健康状态；如环境改变，致病因子的致病能力加强，人群中易感者增加或抵抗力下降等均可使三者间的平衡被破坏，造成机体组织结构的改变和生理、生化功能的异常，导致疾病的发生。

所以，当时的科学家认为："所谓健康，就是人在生理机能正常的情况下，体内所有器官和系统协调地相互配合并发挥作用，使人得以积极从事对社会有益的劳动。"

三、现代健康的概念

20世纪初，由于社会的发展和医学的进步，以及人类对健康的需求不断提高，健康的概念亦逐步趋向完善。

20世纪30年代，美国健康教育学专家鲍尔和霍尔（W. W. Bauei, H. G. Hull）指出，"健康是人们在身体、心情和精神方面都自觉良好、精力充沛的一种状态"，首先提出了一个比较全面的健康定义。他们认为人们健康的基础在于机体一切器官组织功能正常，并掌握和施行物质、精神、环境和健康生活的科学规律。另外，还要形成一种态度，也就是不把健康看作是生活的最终目的，而看作是争取使生命质量更好所必备的物质条件。

1948年，世界卫生组织（WHO）成立时，在宪章中指出："健康不仅仅是没有疾病和虚弱现象，而是一种躯体上、心理上和社会适应方面的完好状态。"这一概念改变了以往健康仅指无生理功能异常，免于疾病的单一概念。

1978年，世界卫生组织在《阿拉木图宣言》中修改了健康的概念，将健康定义为"健康不仅仅是疾病与体弱的匿迹，而是身心健康、社会健康的完美的状态"。并同时指出"健康是人的基本权利，达到尽可能高的健康水平是世界范围内一项重要的社会性目标"。

1989年，世界卫生组织又提出了"身体健康、心理健康、道德健康、社会适应良好"四个方面的健康新标准，把道德修养纳入了健康的范畴。

20世纪90年代健康定义强调了环境因素，认为健康是生理、心理、社会、环境的和谐统一。

纵观健康概念的演化过程，可以看出现代健康的概念体现了人的自然属性和社会属性，既包含了作为生物机体的人的生理健康，又置入了作为完整的高级生命复合体的人所特有的心理及社会两方面的内容，把健康看成是人类拥有的一种基本权利以及体现人类社会价值的最重要标志。

进入21世纪以来，随着医学的空前发展和科技的巨大进步，人们相继发现和阐明许多疾病的成因和机理，对疾病的防治和对健康的认识有了很大的提高，并逐渐形成了现代的健康观。即人们认为理想健康不是身体没有疾病，真正的健康是心理健全和身体强壮的完美结合，是一个人的身心、社会方面的综合反应。人们对健康的需求既要保持整体（或全面）健康，提高生活质量，又要维持终身健康，增强健康期望寿命，延年益寿。

四、理想健康的概念

现代健康的概念已经将健康的内涵大大地扩展，突破了传统健康观和近代健康观的范畴。学者们为了进一步强化健康的本质和彻底改变传统健康评估体系，指出了一个促进健康的终极目标——理想健康（optimal health）或健全健康（robust health）。

理想健康是指个体致力于维持健康状态，并充分发挥自己最大潜力，以达到"身心合一"的整体完美（total well-being）状态。理想健康指出的目的就是强调人们要想获得健康的终极目标，除了要摆脱疾病的威胁以外，还要积极地改善自身的社会、心理、教育、运动和营养状态,使其真正获得生理、心理、社会和道德"四维"健康,并享有完美的生活。

美国的理想健康称为"全人健康","全人健康"是指持续而用心来维持健康并达到康宁状态的最高境界,它包括七个范畴(身体、情绪、心理、社会、环境、职业和精神),并将之整合为有品质的生命。

理想健康或全人健康的生活需要有良好的生活规划来改变行为以达到健康促进、提高生活品质、延长寿命以及幸福安宁的境界。所以,理想健康具有多元化层面的内容,与其说它丰富了健康的本质,倒不如说是强调了获得健康的途径。

第二节　现代健康观的基本特征

从健康的分类可以看出,随着人们对健康的认识的逐步深化,健康的基本特征表现在以下三个方面:

一、健康的多维性

传统的健康观认为,健康只有两个维度,而世界卫生组织提出的健康的基本维度有四个,即生理、心理、社会适应能力和道德。每个维度相互区别,即可单独测量各维度,也可综合测量各维度组合成的综合状态。实际应用时,并非每项研究都可以把这些内容包括进去,要根据研究目的与用途、测量对象的可接受性等因素确定测量的内容。如《学生体质健康标准》的测试,其目的是为了测量学生的生理健康状况,不应包含有心理、社会适应及道德方面的内容。

二、健康与疾病的相对性

健康与疾病是相对的,两者实质上不存在绝对的界线。病人本身也包含有健康的成分,而健康人也同时含有疾病的因素,因此绝对的健康是不存在的,绝对的疾病就意味着死亡。人一旦死亡,疾病与健康就失去了存在的客体,都在同一个体中的动态过程,良好的健康状态在一端,严重的疾病在另一端,每个人的健康与疾病状况之间占有一个位置,随着时间的推移,机体不断地变化着。亚健康状态就是介于健康与疾病之间的一种状态。

三、健康的连续性和多维性

从良好的健康状态到最差的健康状态或死亡是个连续变化的谱级。健康病前状态(亚健康状态)疾病如表 2-1 所示。

表 2-1　健康连续体系

疾病状态	病前状态(亚健康状态)	健康状态	理想健康(最佳健康状态)
健康知识、预防疾病、促进健康等积极态度(正向特质)			
伤病、疾病征兆、传统医治等消极态度(负向特质)			

在传统健康观思想的指导时期,对健康状态转化的评价侧重于疾病向病前状态(亚健康状态)的变化,而忽视了病前状态向健康状态方向进一步发展的变化;对健康状态的评价侧

重于负向特质,如伤病、疾病征兆、传统医治等,却忽视了健康的正向特质,如健康知识、预防疾病、促进健康等。

实际上每个维度都有相应的谱级。健康的多维性和连续性可以用(表2-2)健康状态的多维分类系统表示。表内有三个维度,即心理方面、身体方面和社会方面。每个维度又有三个水平,这样可形成 $3×3×3=27$ 种状态。这 27 种状态从好到坏排列成一个连续变化的频谱。

表 2-2　健康状态的多维分类系统

心理方面	身体方面	社会方面
健康	健康	健康
亚健康	亚健康	亚健康
不健康	不健康	不健康

第三节　现代健康的分类

根据不同角度对健康的看法,健康分类的方法也有所不同,常见的方法有:

一、根据健康的定义分类

根据健康的定义可将健康分为:生理健康、心理健康、社会适应健康和道德健康。

1. 生理健康

生理健康又称躯体健康或身体健康,是指人体各器官组织结构完好和功能正常,否则就不能称为健康。生理健康具有相对性,人体通常不断地通过各种机制调节各种器官和组织的功能,以适应并保持与外环境之间的平衡。由于外环境的变化,机体的内环境与外环境的平衡是相对的。目前人们认为的生理健康只是限于利用当代科技手段对人体进行观察和测定,如果未发现异常即认为生理健康。

2. 心理健康

心理健康又称精神健康,是指人的心理处于完好状态。这种心理上的完好状态主要有三方面的含义:

(1)正确认识自我

过高估计自己,过分夸耀自己,过度自信,工作没有弹性,办事不留后路,一旦受挫,引起心理障碍;反之,过低估计自己,缺乏自尊心、自信心,胆小怕事,缺乏事业的成就感,缺乏责任感。这些都是心理不健康的表现。

(2)正确认识环境

正确认识环境是指个人对过去的、现在的以及将要发生的一切时间和事物要有客观的认识。

(3)及时适应环境

及时适应环境是指自己的心理与环境相协调和平衡的过程,要求人们主动控制自我,改造环境与适应环境。由于人能够通过自我控制和改造环境,使自己与环境的关系完美无缺,所以通常仅把需要进行治疗的人称为病人。

就生理健康与心理健康的关系而言,生理健康是心理健康的基础,而心理健康是生理健康的必要条件。没有心理健康,生理健康就没有保证。生理活动和心理活动是相互联系、相互影响的。心理活动对人体各器官、各系统的活动有重要的作用,与人们的正常生活以及发病原因、症状和康复密切相关。健康的心理既有防病、抗病的能力,又给治疗和康复以积极的影响。只有身心健康的人,才是完美的健康人,也只有身心健康的人,才能具备良好的适应环境的能力。

3. 社会适应健康

生活适应健康是人们参与生活活动时的完好状态,它包括三方面的含义:

(1)每个人的能力应在上述系统内得到充分的发挥。

(2)作为健康人应有效扮演与其身份相适应的角色。

(3)每个人的行为与社会规范相一致。

4. 道德健康

人们在现代社会复杂变化的社会关系中活动,各种行为随时都可能受到自身道德意识的批判。当一个人能够克服内心矛盾,作出合理的抉择并加以执行时,就会感到心安理得,否则就会产生不安或内疚。在影响健康的众多因素中,人们还面临着外在的客观挑战与内在的主观挑战之间的有效平衡,当长期不能达到平衡状态时,人的道德信念和道德行为将产生矛盾,造成内心紧张。这样的人即使躯体健康,仍不能称为健康。

2000 年根据健康概念的内容,世界卫生组织宣布了人的健康标准:

(1)有充沛的精力,能从容地担负日常生活和工作,而且不感到过分紧张和疲劳。

(2)处事乐观,态度积极,乐于承担责任,事无大小,不挑剔。

(3)善于休息,睡眠好。

(4)应变能力强,能适应外界环境的各种变化。

(5)能够抵抗一般性感冒和传染病。

(6)体重适当,身体匀称,站立时头、肩、臀位置协调。

(7)眼睛明亮,反应敏捷,眼睑不易发炎。

(8)牙齿清洁,无龋齿,不疼痛,牙龈颜色正常,无出血现象。

(9)头发有光泽,无头屑。

(10)肌肉丰满,皮肤富有弹性,走路感觉轻松。

从人的健康标准可以看出,社会适应方面的有(2)、(4)两点,生活习惯方面的是(3),其余的都是身体方面的。可以说,衡量健康的标准主要是身体方面的,其次是精神方面和生活习惯方面的。

二、根据健康状况评估分类

根据健康状况评估可将健康分为第一状态、第二状态和第三状态。

健康状态评估是通过分析、研究个体和人群的健康水平及其发展变化,探讨个体和人群存在的主要健康问题,筛选影响人体的健康水平及其发展变化的主要因素,评估各种健康计划、方案、措施的效果。通过对健康状况评估的综合判断将健康分为第一状态(健康状态)、第二状态(疾病)和第三状态(亚健康状态)。

目前最常用的一种健康评估法是"MDl健康评估"方法。MDl健康评估满分是100分，85分以上为第一状态(健康状态)，70分以下为第二状态(疾病状态)，70～85分之间为第三状态(亚健康状态)。

三、亚健康状态

亚健康有广义和狭义之分。广义的亚健康是指健康与疾病之间的灰色状态、第三状态、潜病状态、次健康状态、病前状态。狭义的亚健康是指慢性疲劳综合症和代谢疾病的早期生理、生化等方面的改变(潜在病理改变)，无临床症状，或症状感觉轻微，或有明显的自觉症状，却没有客观的理化指标改变，或有一些轻微早期生理改变(如血糖、血脂、血粘度)，已有潜在的病理信息，但不够诊断标准，是人们在身心、情感等方面处于健康与疾病之间的健康低质量状态及其体验。

1. 亚健康状态的范畴

(1)无自觉症状或症状轻微，但已有潜在病理信息者。

(2)亚临床的带菌者、带病毒者、带原虫等其他病原体者。

(3)已有免疫状态改变者，如过敏体质、免疫机能低下。

(4)不合理膳食、缺少运动所致的肥胖。

(5)长期大量吸烟、酗酒者。

(6)轻度或临界的代谢异常：离子、血脂、血粘度、尿酸、纤维蛋白原、氧自由基、半胱氨酸等血液成分改变，高胰岛素血症、糖耐量异常等。

(7)慢性疲劳综合症。

(8)心理障碍、情绪障碍、神经质、神经症、心身失调。

(9)信息过剩综合症。

(10)疾病治愈恢复期的虚弱状态。

(11)生理性衰老。

(12)隐性遗传疾病。

(13)情感的、行为的、道德的、社会适应能力的亚健康状态。

(14)生物节律的脆弱期：如更年期、经前期、老年期等。

2. 亚健康产生的原因

据世界卫生组织界定，人类的健康和长寿40%依靠遗传因素和客观条件，其中15%为遗传因素、10%为社会因素、8%为医疗条件、7%为气候条件，而60%则靠自己建立的生活方式和心理行为习惯。亚健康产生的原因有：

(1)不良生活方式和行为习惯影响。

(2)社会心理因素的影响。

(3)环境因素的影响。

(4)生物学因素的影响。

根据世界卫生组织的一项全球调查结果显示，全世界真正健康者仅占5%，找医生诊治疾病者约占20%，剩下的75%就属于亚健康者。

第四节 健康行为的结构

一、健康行为的五维模式

格林伯格和高德认为健康行为的结构应该关注五个根本方面,即生理健康、社会健康、心理健康、情绪健康、精神健康。认为这五个方面任何一个方面的欠缺都不是完整的健康。

1. 生理健康

所谓生理健康就是指自己的生理特点以及自己身体的机能状态。没有疾病是生理健康的重要组成部分,同时生理健康的重要意义还在于日常生活中自己有精力完成作业或其他工作任务。

2. 心理健康

所谓心理健康是指自己能够用开放性的方式获得新的知识和经验,有一种自我价值感.能容忍事物之间的区别,能够对待危机和紧张,认为这些都是生活的组成部分。

3. 社会健康

社会健康的含义是形成和保持和谐人际关系的能力,具体而言,是指在社会生活中自己有朋友,有可以讨论问题的人,自己可以和他人有正常的相互交往,与周围环境有和谐关系,包括自己的同事,自己的上级、长辈,自己的下属、晚辈等。

4. 情绪健康

情绪健康的含义是指自己能够合理地表达自己的情绪,如能控制和调节自己的情绪,虽然生活中经常有一些消极情绪,但是这些情绪是人们心理生活的重要组成部分。

5. 精神健康

所谓精神健康是自己可以充分发挥自己的精神潜能,能够发现生活的意义,能很平静地对待自己和周围的人。

健康行为的五个维度是相互联系、相互影响(图 2-1)。例如,生理不健康会导致情绪不健康;缺乏精神上的健康会引起生理、情绪和心理的不健康等。

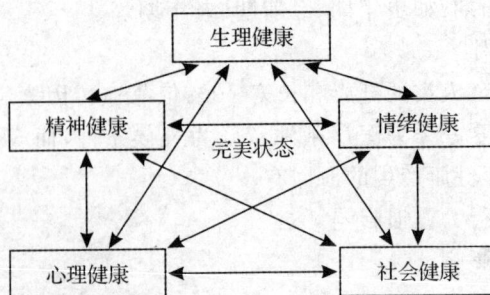

图 2-1 健康行为五维模式的结构关系

二、健康行为的三维结构

我国学者郑希付等人认为健康行为包括生理、心理和社会三个方面的三维结构模型

（图 2-2）。

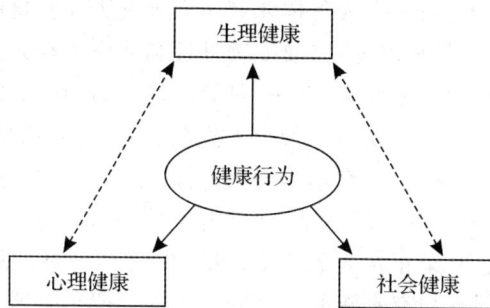

图 2-2 健康行为的三维结构

（引自郑希付：《健康心理学》，华东师范大学出版社 2003 年版）

1. 生理健康

生理健康主要有以下几个方面的内容：(1)一般身体特点，包括身高、体重、外貌等；(2)感觉器官特点，包括视觉、听觉、嗅觉、味觉和皮肤感觉等；(3)神经系统特点，包括神经系统的强度、速度和平衡水平；(4)对疾病的敏感性。敏感性越强，感染疾病的可能性就越大，其生理机能就越差；(5)身体机能状态的稳定性。各种生理机能的稳定性是人的生理健康的重要指标，要保持这些器官的机能稳定，就必须通过相应的行为方式发挥其作用，特别是在成人以后，保持这种稳定性就更加重要。

2. 心理健康

心理健康的主要内容包括以下一些方面：(1)智力健康。有正常的认识事物和分析事物的能力，有作出判断、解决问题的能力；(2)情绪健康。有识别他人情绪的能力，有合理表达自己情绪的能力，有情绪的调控能力等；(3)精神健康。有积极的健康价值观，有乐观的人生观，有自己的信仰。

3. 社会健康

社会健康涉及内容包括：完成社会角色的能力、社会交往能力、合作能力等。

三、生理健康、心理健康和社会健康三者之间的关系

不管健康行为的五维模式，还是健康行为的三维结构，概括而言，健康行为的结构实际上是身体、心理、社会之间的关系。就三者关系而言，生理健康是基础，是首先要达到的健康目标。虽然生理健康还没有准确的科学定义，但人们通常把生理健康推断成有以下几种特点表现：

食得快：食得快并不是狼吞虎咽，而是吃饭时不挑食，不偏食，没有难以下咽的感觉。

便得快：能很快排泄大小便，且感觉轻松自如，便后没有疲劳感，说明胃肠肾功能良好。

睡得快：晚间定时有自然睡意，上床后能很快入睡，而且睡得深；醒后头脑清醒，精神饱满。睡得快说明中枢神经系统的兴奋、抑制功能协调，且内脏无病理信息干扰。

走得快：诸多病变导致身体衰弱先从下肢开始。人患有一些内脏疾病时，下肢常有沉重之感；心情焦虑、精神抑郁或心理状况欠佳时，往往感到四肢乏力，走得快说明精力充沛，身体状况良好。

在此基础上，心理健康和社会健康是健康的核心成分。世界卫生组织制定的健康定义

中提出了全面健康的三要素:无躯体疾病;无心理疾病;具有社会适应能力。这一定义促使人们树立健康的新观念。那么,一个人怎样才算是心理健康呢?目前,普遍的观点认为心理健康是能够充分发挥个人的最大潜能,以及妥善处理和适应人与人之间、人与社会环境间的相互关系。具体地说,它包括两层涵义:其一,是无心理疾病;其二,能积极调节自己的心态,顺应环境并有效地,富有建设性地发展完善个人生活。"无心理疾病"是心理健康的最基本条件。人的心理怎样才是健康,以什么作为健康的标志,这是一个非常复杂的问题。因为心理健康和不健康之间不象躯体的生理活动,如脉搏、血压等,有一个明确的界限。目前,美国心理学家马斯洛等提出的10条正常人的健康标准,受到人们的普遍重视和引用,被认为是健康心理的"标准",它包括:(1)有足够的自我安全感;(2)能充分地了解自己,并能对自己的能力适当的评价;(3)生活理想切合实际;(4)不脱离周围现实环境;(5)能保持人格的完全和谐;(6)具有从经验中学习的能力;(7)能保持良好的人际关系;(8)能适度地发泄情绪和控制情绪;(9)在符合集体要求的前提下,能较好地发挥个性;(10)在不违背社会规范的前提下,能恰当满足个人的基本要求。

参照上述心理健康的一般标准,结合我国学生的心理特征及特点的社会角色,认为学生心理健康的标准可概括为:

1. 完整的人格

具有相对稳定的人生观和生活信念。表现为正常的行为和意志,能够将自己的愿望、信念同行动统一起来,并保持与环境的相对协调性。心理健康的学生具有统一的社会态度、合理的社会情感及协调的社会行为。能够准确地根据其社会角色需要对行为作出选择与判断。他们乐于学习,性格开朗,对生活充满信心与希望。

2. 正常的智力水平

正常的智力水平也是健康心理的基本要素之一。具有与年龄阶段相适应的智力水平是学生进行正常学习和生活的最起码条件。学生拥有正常的智力,才能胜任繁重的学习任务。培养较强的自信心和自我认识能力,从而避免由于智力低导致的心理压力或可能出现的自卑心理与挫折感。

3. 和谐的人际关系

心理健康的学生乐于与人交往,能认可别人存在的重要性和作用。能融于集体中,在与人相处时,积极的态度(如友善、同情、信任)总是多于消极的态度(如猜疑、嫉妒、敌视),因而在社会生活中有较强的适应能力和较充分的安全感。一个心理不健康的学生,总是与周围人格格不入,远离集体。

4. 正确认识自己、接纳自己

一个心理健康的学生,应能够体验到自己存在的价值,既能了解自己又能接受自己,对自己的能力、性格和优点能作出恰当、客观的评价,对自己不会提出苛刻、非分的期望与要求;同时,努力发展自身的潜能,对自己无法补救的缺陷,也能安然处之。一个心理不健康的人缺乏自知之明,由于目标定得不切实际,而易过高或过低估计自己,总是将自己陷于自傲、自卑的漩涡中心理无法平衡。

5. 稳定、乐观的情绪

能适度地控制自己的喜怒哀乐和生活规律,不随意地放纵自己的心情。在应激状态,情绪稳定的学生身心处在协调、有效的控制之中,中枢神经的兴奋与抑制保持平衡、稳定。心理健康的学生心胸开阔,情绪稳定,热爱生活,对未来充满希望,较少出现情绪波动。

6. 坚强的意志

顽强的意志在行动上表现为果断、坚决,有较强的抗挫折能力,能够较好地控制自己的情绪及欲望,有较强的满足延宕能力。意志坚定的学生自主能力较强,不过分依赖于别人,面对挫折和困难能够调整自己的心态,采取合理、积极的解决办法。爱因斯坦曾说过:"优秀的性格和钢铁般的意志比智慧和博学更为重要。"智力上的成就很大程度上依赖于性格上的伟大,这一点往往超出人们通常的认识。意志越坚强的人,其心境一般都是比较健康的。

7. 能较好地适应现实环境

心理健康的学生能面对现实、接受现实,并能主动适应现实、改造现实;对周围事物和环境能做出客观的认识评价,并能与现实环境保持良好的接触;对生活、学习和工作中的各种困难和挑战都能妥善处理。心理不健康的学生往往以幻想代替现实,不敢面对现实,没有足够的勇气接受现实的挑战;总是抱怨自己"生不逢时"或责备社会环境对自己不公平怨天尤人,因而无法适应现实生活。

8. 适度的社会心理反应能力

心理健康的人对于社会刺激拥有正常的心理反应能力,反应敏捷但不过于敏感,反应迟缓并非没有反应。异常的心理反应一般表现为异常兴奋或异常冷漠。

生理健康、心理健康和社会健康三者之间是相互作用的,生理健康水平影响到心理健康和社会健康,如疾病状态影响到人的情绪,同时也会影响其人际关系,甚至影响其社会角色和社会地位等。心理健康同时也影响人的生理健康和社会健康,引发身心疾病的原因之一就是人的情绪和心理状态,这是心理影响生理的典型表现;同时心理健康水平必然影响其人际关系,影响其交往的层次。社会健康影响生理健康和心理健康,交往是人的需要,缺少交往或剥夺交往,人不仅会表现出突出的生理异常,也会表现出典型的心理异常。现代社会人的孤独和疏离、现代人的紧张节奏等是造成现代人出现心血管系统疾病的重要原因,是造成现代"情绪障碍"的原因。

第三章 体育运动对人体健康的影响

健康是人类生存和发展的一个基本要素,没有健康就一事无成,健康既是属于个人,也属于社会。体育运动可以使人体新陈代谢旺盛,增强各器官、系统的机能,从而达到增强体质、延年益寿的目的。随着社会的发展,人们的生活水平不断提高,思想观念也随之转变,愈来愈注重生活生命的质量,健康就是人们不懈追求的起码目标,它是高质量生活的根本保证和基本内涵。现代人正以自己的行动创造幸福生活和美好未来,健康就是前提,健康就是保证,健康就是重要的组成部分。

第一节 体育运动对消化系统的影响

消化系统属于内脏。内脏的概念有狭义与广义之分,广义的内脏指除皮肤、骨骼、关节、肌肉以外的人体其他部分;狭义的内脏指有管道与外界相通的器官系统,包括消化、呼吸、泌尿、生殖四个系统。

消化系统由消化管与消化腺组成。

消化管包括:口腔、咽、食管、胃、小肠和大肠。

消化腺包括:唾液腺、肝、胰及分布于消化管壁内的胃腺、小肠腺等。

消化系统的功能是摄取并消化食物,吸收养料,排出食物残渣。

人体通过消化系统的活动获取各种营养物质,为体育运动的完成提供必要的能量,而体育运动也对消化系统产生一定的影响,影响的大小和性质一般与体育运动项目和运动量有关。只有科学地进行体育运动才能对消化系统取得良好的影响。

一、体育运动对消化系统的影响

实践证明长期适量体育运动对机体消化系统产生良好的影响。

1. 提高胃肠的消化和吸收

经常参加体育运动,体内物质能量消耗较多,运动后必须靠加强消化、吸收补充。这时消化腺分泌消化液增多,消化管的蠕动加强,因此提高了胃肠的消化和吸收功能。

2. 增强食欲消化能力提高

运动时,由于呼吸加深加快,膈肌大幅度的升降活动以及腹肌的收缩和舒张活动,对胃肠起到按摩作用,消化系统的血液循环得到改善,胃肠的消化能力得到提高。

3. 提高对消化管疾病预防

体育运动可加速肠道运送,减少肠黏膜与致癌物的接触,从而降低大肠癌的发病率。通过促进胆囊运动,影响胰岛素、缩胆囊素的分泌,减少胆石症的发生。同时体育运动可使结肠动力增加、胃肠道机械撞击增多,以及腹肌收缩致结肠压力增加,这些均可减少便秘的发生。因此,适量的体育运动对消化管疾病具有潜在的益处。

二、过度运动对消化系统的影响

作为一种应激原,剧烈、过量或违背体育卫生要求的体育运动也会对消化系统产生不良的影响。

1. 胃黏膜出血和糜烂

运动疲劳可使胃排空延迟,剧烈运动使胃黏膜缺血,胃黏膜分泌减少而破坏胃黏膜的防御机能,因此导致胃黏膜出血和糜烂。

2. 胃肠道菌群结构稳态失衡

在人体进行竭力性耐力运动项目(如中长跑、自行车、足球和游泳)时,常见恶心、呕吐、反胃、腹痛、腹泻和便血等运动性胃肠综合症的表现,虽然目前还不能确定其原因,但研究者认为与剧烈运动导致胃肠道菌群结构稳态失衡有关。

第二节 体育运动对呼吸系统的影响

一、体育运动对呼吸系统的有益影响

长期坚持科学合理的体育运动,对呼吸系统的结构和功能都有良好的影响。

1. 呼吸器官的构造和机能发生变化

经常参与体育运动的人骨性胸廓发达,呼吸肌也发达,因此胸围增大。

2. 呼吸肌力量增强

运动时,机体消耗大量的氧气和养料,同时也产生较多的二氧化碳,因此必须加强呼吸运动,这样可以增强呼吸肌的力量。有人实验,让受试者吹水银柱,运动员能使水银柱升高$100\sim200$ mm,一般人只能使水银柱升高$60\sim100$ mm。

3. 肺活量、通气量增大

一般人肺活量平均值,男性为3500 mL,女性为2500 mL,而经常参加体育运动的人可达到5000 mL以上。

4. 呼吸差加大

呼吸差即深吸气时与深呼气时的胸围大小之差,一般人只有$5\sim7$ cm,运动员则有$7\sim11$ cm。

5. 静态呼吸深度加强

呼吸深度是指每一呼吸周期中吸入或呼出的气量,一般人只有$400\sim500$ mL,运动员达到$500\sim700$ mL。

6. 安静时呼吸频率降低

一般人每分钟$12\sim18$次,运动员每分钟$8\sim12$次。运动后,能较快恢复到正常呼吸速率。

7．肺泡血管数目增加

经常参与体育运动,肺的通气量增大,促进了肺的良好发育,使肺泡血管数目增加,交换气体功能增强,每次呼吸更有效,并且组织对氧的利用率能力得到提高,能够适应和满足运动对呼吸系统的要求。

体育运动对呼吸系统的影响是多方面的,科学适宜的运动对呼吸系统是有益的。

二、运动时的合理呼吸方法

运动,尤其是剧烈的跑步运动,最感难受的是呼吸困难。常用的较为合理的呼吸方法有以下几种。

1．以口代鼻或口鼻并用

为减少呼吸道阻力,运动时人们常以口代鼻或以口鼻并用的方法进行呼吸,意义在于:

(1)减少肺通气阻力,增加通气量;

(2)减少呼吸肌为克服阻力而增加的额外负担,推迟疲劳出现;

(3)暴露布满血管的口腔潮湿面,增加散热途径。

2．节制呼吸频率,加大呼吸深度,提高肺泡通气量

肺泡通气量是呼吸深度与呼吸频率的乘积,单位时间内呼吸频率和呼吸深度的增加,都可以增加肺泡通气量。但运动中呼吸肌较为疲劳,加快呼吸频率,增加了肌肉负担,不利于运动成绩的提高。所以应以加大呼吸深度为主来提高肺泡弹力球。

3．呼吸方法适应于技术动作变换的需要

周期性运动项目,宜采用富有节奏的混合性呼吸。长跑时宜采取2~4个单步一吸,2~4个单步一呼的呼吸方法。400 m以内的赛跑,采用憋气与断续性急骤呼吸相结合,每憋气2~12个单步或更多,做一次1s内完成的急骤深呼吸。非周期性项目的呼吸,以人体的关节运动的解剖学特征与技术动作的结构特点为转移。原则是完成两臂前屈、外展、外旋、扩胸、提肩或展体时吸气,与之相反的动作时呼气。先完成动作,再考虑呼吸。

4．合理运用憋气

憋气可反射性引起肌张力加强,为有关的运动环节创造最有效的收缩条件。但憋气压迫胸腔,胸腔内压力上升,压迫与心相连的大静脉,血液回流困难,心输出量减少。憋气结束,出现反射性深呼吸,胸腔内压骤减,回流超过正常的19％,心肌过度收缩,血压骤升,对心力贮备差的人,如少年、中老年人十分不利。合理憋气,主要是憋气前吸气不要太深。

第三节　体育运动对泌尿系统的影响

一、剧烈运动时的影响

人体在剧烈运动时,肾血管收缩,引起肾脏缺血、缺氧,使肾小球滤过膜通透性增加,造成大分子的蛋白质、血细胞被滤过,形成运动性蛋白尿或运动性血尿。

二、动物实验显示

1．大强度运动时,滤过膜结构发生改变,使肾小球通透性加大,部分肾小管上皮细胞的

超微结构发生变化,导致重吸收功能障碍。电子显微镜下肾小体毛细血管扩张、充血;内皮吞饮小泡增多,呈蜂窝状,内皮小孔间距和孔径改变;基膜总宽度减小。

2. 大强度运动时,肾小管上皮细胞内部分线粒体凝聚、肿胀、空泡化,部分内质网扩张,次级溶酶体增多。

第四节　体育运动对心血管系统的影响

经常从事体育运动是心脏健康的必由之路,对心血管系统的形态结构产生不同程度的影响。有规律的体育运动,使肌肉得到更多的血液供应,以补充消耗的 O_2 和营养物质,同时运输更多的 CO_2 和代谢产物,从而加大心的工作量。因此,经常从事体育运动,可以减慢静息时和运动时的心率,这样可以减少心脏的工作时间,增加了心脏功能,保持了冠状动脉血流畅通,可更好地供给心肌所需要的营养,使心脏病的危险率减少。

一、对心脏的影响

1. 出现运动员心脏——功能性心脏增大(一般人 300 g,运动员 400~500 g)
表现:心腔扩大,心肌纤维增粗,心壁增厚,收缩力增强。
原因:体育运动时,肌肉活动加强,心脏工作量加大,血液供应和新陈代谢加强,产生适应性反应,引起心脏增大,可增进心脏的工作能力。
2. 心脏容量增大
表现:安静时脉搏频率低,一般活动脉搏频率升高少,紧张活动升高很多,活动后恢复快,说明有良好的储备力量。
原因:体育活动,心肌纤维伸展性较长,心脏容量增加,心肌收缩有力,所以使心脏每搏输出量和每分输出量增加。

二、对血管的影响

1. 体育锻炼可以增加血管壁的弹性,这对人健康的远期效果来说是十分有益的。人随着年龄的增加,血管壁的弹性逐渐下降,因而可诱发高血压等退行性疾病,通过体育运动可增加血管壁的弹性,可以预防或缓解退行性高血压症状。
2. 体育运动可以促使大量毛细血管开放,因此加快血液与组织液的交换,加快了新陈代谢的水平,增强机体能量物质的供应和代谢物质的排出能力。
3. 体育运动可以显著降低血脂含量(胆固醇、b-蛋白质、三酰甘油等),改变血脂质量,有效地防治冠心病、高血压和动脉粥样硬化等疾病。
4. 体育运动还可以使安静时脉搏徐缓和血压降低。

第五节　体育运动对神经系统的影响

体育运动是发展和保持神经系统功能的有效手段。经常从事体育运动,对神经系统的形态、功能会产生不同程度的影响。体育运动时,一定要科学地安排好运动负荷,这对于保证神经系统的功能正常和预防运动中神经系统的损伤有重要作用。

一、体育锻炼能促进神经系统的良好发育

1. 动物实验的研究证明:每天运动的幼鼠,大脑神经细胞的发育明显好于不运动的幼鼠,细胞体大且分支较多,大脑的重量及大脑皮质的厚度均超过不运动的幼鼠。

2. 经常进行左右手臂屈伸练习能加速大脑侧半球语言区的成熟,肢体肌肉运动有助于大脑神经细胞的生长发育。

二、体育锻炼能提高神经系统的功能

1. 可使运动分析器的敏感度提高。球类运动员对球的感觉,体操运动员对器械的感觉,游泳运动员对水的感觉等。

2. 经常参加体育锻炼,可以促进神经系统功能的改善和发展,增强兴奋与抑制作用,提高神经活动的均衡性与灵活性,有利于大脑皮层神经细胞工作能力的提高和智力的发展。

3. 经常参加体育锻炼有利于神经系统的功能提高。体育锻炼能改善神经系统的调节功能,提高神经系统对人体活动时错综复杂的变化的判断能力,并及时作出协调、准确、迅速的反应。

此外,运动对神经系统的良好影响,主要在于它是一种积极的休息。当经过较长时间的脑力劳动感到疲劳时,参加短时间体育运动,可以转移大脑皮质的兴奋中心,使原来高度兴奋的神经细胞得到良好的休息,同时又补充了氧气和营养物质。而脑组织所需氧气和营养物质的供给又完全依赖于血液循环、呼吸和消化系统,体育锻炼在很大程度上改善了这些系统的功能,提高了它们的工作效率,从而促进了脑血液循环,改善了脑组织的氧气和营养物质供应,使脑组织的工作效率有了显著提高。

神经系统在机体其他系统的配合下,构成了神经—体液调节系统,它是人体全自动控制系统的中枢,主要负责维持人体的稳定状态。

4. 经常参加体育运动可以使神经—体液调节系统得到锻炼和加强。使中枢神经系统对兴奋和抑制的调节能力更趋完善,从而进一步活跃全身各个系统和器官的功能,使它们的活动更加协调,工作效率提高,对外界刺激的反应迅速、灵敏,以适应外界环境的变化并增强抵抗各种疾病因素的能力。

5. 经常参加体育锻炼可以改善和提高神经系统的反应能力,表现为思维敏捷,调控身体运动更准确协调。神经系统的主导部分大脑虽然只占人体重 2%,但是所需要的氧气是由心脏总血流量的 20% 来供应,比肌肉工作时所需的血流量还要多。进行锻炼时,特别是到大自然中去锻炼,可以改善神经系统,尤其是大脑的供血、供氧情况。一方面,可以使中枢神经系统及其主导部分大脑皮层的兴奋性增强,抑制加深,抑制兴奋更加集中,改善神经过程的均衡性和灵活性,提高大脑皮层的分析、综合能力,以保证机体对外界不断变化的环境有更强的适应性。另一方面,体育锻炼可以改善和提高中枢神经系统对身体内部各器官、组织的调节能力,使各器官、组织的活动更加灵活、协调,机体的工作能力得到提高。

6. 经常参加体育锻炼能有效地消除脑细胞的疲劳,提高学习和工作效率。神经系统是由神经细胞所构成,其活动是依靠神经细胞的兴奋、抑制过程不断相互转化、相互平衡来实

现的。例如,我们看书学习是由有关思维和记忆的大脑皮质细胞在接受外界刺激(书籍)下引起兴奋来完成的。那么在一定的强度下,经过一段时间就会随着细胞本身的能量消耗和长时间处于兴奋状态而产生疲劳,如出现头昏脑涨、看书效率降低等现象。出现这种现象,实际上就表明相应的细胞需要休息才能消除疲劳、恢复机能。

第四章 体育运动的原则与方法

第一节 体育运动的原则

体育运动的原则是体育运动过程中客观规律的反映,是人们在长期从事体育运动中成功经验的总结和概括,是每个参加体育锻炼的人必须遵循的准则。

体育锻炼原则对锻炼者掌握体育锻炼知识、技能,培养锻炼兴趣,选择符合自身条件的运动项目和锻炼内容,正确使用科学方法进行锻炼具有指导作用。

体育锻炼原则有自觉积极性原则、讲求实效原则、持之以恒原则、循序渐进原则、全面性原则、适宜运动负荷原则。

一、自觉积极性原则

自觉积极性原则指体育锻炼者有明确的健身目标,充分认识体育锻炼的价值,自觉积极地从事体育锻炼活动。体育锻炼是一个自我锻炼、自我完善,并需要克服自身惰性,战胜各种困难的过程。同时,还要有一定的作息制度作保证,把体育锻炼当作生活中不可缺少的一部分,才能奏效。自觉地参加体育锻炼,能使大脑处于适宜的兴奋状态,由于神经中枢处于最佳的工作状态,肌体糖原增多,体力充沛,动作协调,加快了学习掌握动作技术条件反射的形成过程,从而提高体育锻炼的效果。因此,体育锻炼在人们健身、健美和延年益寿方面显得尤为重要。为此锻炼者必须做到:

1. 明确"生命在于运动"的科学道理,树立正确的锻炼目标,把体育锻炼当作是日常学习和生活的需要,激发锻炼的主动性,从而调动锻炼的积极性。

2. 培养兴趣,兴趣是人们认识事物和从事活动的倾向。当一个人对一项体育活动产生兴趣时,就会对这项体育活动表现出极大的主动性和自觉性,做到身心融为一体。

3. 选择符合自身条件、兴趣的运动项目,正确使用科学方法进行锻炼,培养终身体育意识。

二、讲求实效原则

讲求实效原则是指参加体育锻炼者应根据自己的实际情况,选择体育锻炼的内容、方法和手段,合理安排运动负荷。

体育锻炼必须根据个人的性别、年龄、职业、健康状况、锻炼的爱好、要求和原有的体育基础,以及生活条件、季节特点等实际情况出发,决定行之有效的运动项目、锻炼内容、方法、

运动负荷、强度、练习次数等,按科学方法进行锻炼,以取得最佳的锻炼效果。为此锻炼者必须做到:

1. 根据自己的职业特点、身体健康状况,制定一套适用可行的锻炼计划或运动处方,计划或处方应当严谨,执行应当严格,并注意阶段性的调整。

2. 选择锻炼内容时,要注意它的健身价值,要选择有针对性的锻炼内容与方法,不要追求动作的形式,以及在力所不及的情况下去从事高难度技术动作的训练,而应选择简便易行、锻炼价值大、效果好的身体练习,作为身体锻炼的主要内容。

3. 安排运动负荷时,以锻炼者能承受和克服的难度,一般自我感觉舒适和不影响正常学习、工作和生活为准,但在锻炼中要克服怕苦、怕累和怕羞等思想障碍。

三、持之以恒原则

持之以恒原则是指体育锻炼必须经常性进行,使之成为日常生活中的重要内容,坚持进行长期的、不间断地锻炼。

众所周知"生命在于运动,运动贵在坚持",体育锻炼对人体各器官系统给予刺激,每次刺激都会促进体内异化作用的加强,继而得到同化作用的加强,加快体内物质的合成,从而使肌体内部的物质得以补充、增加和积累。这种积累使机体结构和机能产生新的适应,体质就会不断增强,动作技能形成的条件反射也会不断得到强化。因此,体育锻炼贵在坚持,不能设想在短时间内取得显著效果,必须得长久的积累。为此锻炼者必须做到:

1. 建立个人的锻炼常规,合理安排锻炼间隔,确定锻炼次数和锻炼时间。体育锻炼的效果并非一劳永逸,如果锻炼间隔的时间长,锻炼的效果就不明显。因此,每次锻炼的间隔要安排合理。锻炼要有长期的计划、短期的安排,计划安排要根据锻炼者身体适应运动负荷的能力来制定。

一般情况下,轻微的运动和中强度的锻炼,安排间隔要短,最佳效果为天天练,隔日锻炼也有效果;强度大的运动安排的次数可少些。

2. 强化锻炼意识,把体育锻炼列为日常生活内容,定期保证有一定的体育锻炼时间,逐步养成习惯,使体育锻炼成为生活的重要组成部分。

3. 根据个人能力所及,确立一个能够实现的体育锻炼目标(不宜太高),制定一个切实可行的锻炼计划(能长期坚持)。

四、循序渐进原则

循序渐进原则是指体育锻炼必须遵循人体自然发展、机体适应的基本规律,从不同的主客观实际出发,合理安排运动负荷,在渐进的基础上提高锻炼水平。在体育锻炼过程中,运动负荷的大小直接影响人体机能的变化,负荷是否适宜,对锻炼效果的好差起很大的作用。运动负荷的大小因人、因时而异。即便是同一个人,在不同的机能状态、不同的时间,人体对负荷的承受能力也不尽相同。因此,进行体育锻炼时应循序渐进,运动量安排应从小到大,技术动作应由易到难,由简到繁,逐步提高锻炼水平。为此锻炼者必须做到:

1. 体育锻炼力戒急于求成,必须根据锻炼者自身的实际情况确定运动负荷的大小,做到量力而行,尤其要注意锻炼后疲劳感的适度。

2. 运动负荷应由小到大,逐步提高。开始从事体育锻炼或中断体育锻炼后恢复锻炼时,强度宜小,时间宜短,密度适宜。

3. 注意提高人体已经适应的运动负荷,使体能保持不断增强的趋势。一般应在逐步提高"量"的基础上,再逐渐增大运动强度,使之适应感到胜任的愉快,然后作相应的调整。随时加强自我监督,密切注意身体机能的不良反应。

4. 锻炼开始时,重视准备活动;锻炼结束后,做好放松整理活动。

5. 缺乏一定的体育锻炼基础的人,或中断体育锻炼过久的人,不宜参加紧张激烈的比赛活动。

五、全面性原则

全面性原则是指运用各种身体练习和手段,通过锻炼,使身体形态、机能、身体素质及心理素质等方面得到全面协调的发展。人体是一个有机的整体,它们之间既是互相联系又是互相制约。身体某一机能的提高,直接影响全身各系统机能的普遍提高,同时还会促进身体某方面机能的大幅度提高。体育活动与人体各器官、系统都有着直接的内在联系。"勤体育则强筋骨,强筋骨则体质可变,弱可转强,身心可以并完。"

按照"用进废退"的规律发展,体育锻炼能促进人体新陈代谢的提高,使身体各系统、组织、器官和谐发展,达到身体相对的完善和完美。因此,既要重视身体锻炼,又要重视精神锻炼,这样才能收到良好的效果。为此锻炼者必须做到:

1. 身心的全面发展,要从增强适应社会、环境和抵御疾病的能力,改善机体形态、提高机体功能,陶冶情操、愉快心理、丰富文化生活等方面着眼。

2. 体育锻炼的内容、方法要尽可能考虑身体的全面发展,一般以一些功效大、兴趣较浓的运动项目为主,以其它项目为辅进行全面锻炼。

3. 注意全身的活动,不要限于局部。

4. 在全面锻炼的基础上,有目的、有意识地加强专业实用性的体育锻炼。

六、适宜运动负荷原则

适宜运动负荷原则是指根据每个锻炼者的实际情况,合理地确定其运动负荷和强度。

适宜的生理负荷是指在体育锻炼时的运动强度、锻炼持续的时间及锻炼的频率。适宜的运动负荷能收到良好的锻炼效果。运动负荷不足或过大对身体不仅不能获得理想的效果,还可能损坏健康。

锻炼效果的大小,很大程度上取决于运动刺激的强度,弱的刺激不能引起机体机能的变化,过强的刺激有害于健康,只有适宜的负荷和强度,才能有利于能量的恢复和超量补偿。适宜的负荷是相对的、可变的、渐进的、有节奏的,要根据锻炼者个体的具体情况而确定。为此锻炼者必须做到:

1. 锻炼要量力而行,遵循客观规律和注意自我感觉,要把自我感觉和生理测定相结合,使锻炼具有针对性。

2. 要根据年龄、性别、气候、劳动强度、营养、睡眠、兴趣等综合因素,合理安排运动负荷和运动的间歇。

3. 逐步增加运动负荷,并进行医务监督,使得机能能力不断提高。

确定运动负荷标准的方法较多,脉搏是掌握运动负荷比较实用的方法。常用的方法有:

（1）长沃南氏测定法：一个接近极限运动负荷的脉搏次数减去安静时的脉搏次数，乘以70％，再加上安静时脉搏次数。这是对身体影响最好（获最大摄氧量和心输出量）的运动负荷。即：（近极限心率－安静时心率）×70％＋安静心率＝最佳运动负荷（次/min）。

（2）以脉搏 150 次/min 以下（平均是 130 次/min）的超常态运动负荷为指标，谋求提高有氧代谢能力。

（3）以 180 次/min 减去锻炼者的年龄，作为锻炼时每分钟的平均脉搏数。

坚持体育锻炼，能同时达到健身、健心、健美的效果，提高机体的工作能力，科学地贯彻体育锻炼原则有益于大学生身心的全面发展。体育锻炼中，所有的锻炼原则都是互相联系、互为补充的。在实际锻炼中应认真贯彻，必能取得实际效果。

总之，以上各项原则是相互联系的，在实际运用中，不可顾此失彼。

第二节　体育运动方法

体育运动方法是指根据人体发展规律，运用各种身体练习和自然因素，以培育身体的途径和方式。体育锻炼方法是贯彻体育运动的原则，达到体育锻炼目的的桥梁。

体育锻炼的方法、手段很多，内容也很丰富，形式也很灵活。运用体育锻炼方法，应从实际出发，灵活运用，防止形式主义。

一、常用体育锻炼方法

体育锻炼方法是指根据人体发展规律，运用各种身体练习和自然因素，以培养身体的途径和方式。体育锻炼中广泛采用的方法主要有以下几种：

（一）重复锻炼法

重复锻炼法，是指按一定的负荷标准，重复进行某项练习，以获得健身效果的途径。

重复的次数和时间是决定健身的关键。过量会导致疲劳积累，不及则于健康无益。确定和调节重复的次数和时间应考虑项目特点，如健身跑、太极拳、广播操等就不同于踢足球、篮球。

重复锻炼要注意克服厌倦情绪，防止机械呆板。每次重复都应达到运动负荷的有效价值范围，身体反应超过上限时，可减少重复或暂停，不足时应予增加和变换。

（二）循环锻炼法

循环锻炼法是一种把各种类型的动作，具有不同练习效果的手段，组成锻炼项目，按一定的顺序，循环往复进行锻炼的方法。

循环法所布置的各个练习点，内容要慎重搭配，动作应是已经掌握的，简单易行的，并应规定好练习的次数、规格和要求。由于各练习的动作器械不同，花样翻新，交替进行，可激发兴趣、减轻疲劳、提高密度，有显著的健身价值。

（三）变换锻炼法

变换锻炼法是指在锻炼过程中，采取变换环境、变换条件、变换要求等方式，以提高锻炼效果的一种锻炼的方法。

采用变换锻炼法可以有效地调节生理负荷,提高锻炼情绪,强化锻炼的意向,克服疲劳和厌倦情绪。

变换锻炼法,常用各种辅助性、诱导性和转移性练习,并应注重颜色、乐曲、日光、空气和水的利用。

(四)间歇锻炼法

间歇锻炼法是指重复锻炼之间的合理休整,它是一种提高锻炼效果的常用锻炼法。

间歇性锻炼间歇时间的长短,主要以负荷的有效价值范围为准。一般来说,负荷超过上限时,间歇时间应长些,以防止负荷继续上升,造成体力消耗过量;在下限时,可连续进行,间歇时间应短,密度应大,后次锻炼应在前次锻炼的效果未减退时进行,倘若间歇过长,在效果消失后再进行,就失去意义了。

二、发展身体素质的锻炼方法

身体素质是人体活动的一种能力,是指人体在运动、劳动与生活中所表现出来的力量、速度、耐力、灵敏及柔韧性等机能能力,它是一个人体质水平的重要标志。发展身体素质的锻炼方法有以下几种:

(一)发展力量素质的方法

力量素质是指肌肉紧张或收缩时所表现出来的一种能力。力量素质是身体素质的基础。发展力量素质应根据目的的不同采取不同的方法。按肌肉收缩的性质,力量可分为静力性力量和动力性力量两种。静力性力量肌肉做等长收缩,肢体不产生明显的位移;动力性力量肌肉做等张收缩或拉长,肢体产生明显位移,或推动运动器械进行运动。按肌肉表现出的力量与本人体重的关系,可分为绝对力量与相对力量。绝对力量与体重无关,而相对力量则为每公斤体重表现出的力量。按力量表现的形式分为速度力量和力量耐力。速度力量表现肌肉快速用力的能力,又称爆发力;力量耐力是指人体持续重复克服阻力的能力。

由于存在力量类别的不同,因此发展力量素质的方法也有所不同。静力性力量练习,对提高肌肉的绝对力量有明显效果,其具体方法有:(1)身体处于特定的位置,用最大力量的一半做等长收缩,坚持 5~10 s,重复 5~10 次,每天(或隔日)练习一次。(2)慢速做举重物或做负重蹲起。做静力性力量练习时要注意间歇时肌肉放松。

动力性力量练习方法有:(1)用本人最大负荷量的 60%~70%(中等强度),每组练习 5~10 次,练习 4~6 组,每组间歇 2~5 min。这种练习对发展速度力量比较有效。(2)用本人的 50% 负荷(小强度)快速完成练习,每组 20~30 次,每组间歇 1~2 min。这种练习对发展爆发力效果比较好。

发展力量素质应注意:(1)静力性和动力性练习要相结合,不要片面发展。(2)力量练习的间隔一般为隔日。(3)力量练习时要注意运用正确的呼吸方法。(4)练习前要做好准备活动,练习后要做调整性或放松练习。

(二)发展耐力素质的方法

耐力素质是指有机体长时间工作克服疲劳及疲劳后快速恢复的能力。按运动的外在表现,耐力可分为速度耐力、力量耐力、一般耐力;按所影响的器官分为心血管耐力和肌肉耐力等;按能量供应特点分为有氧耐力和无氧耐力等。练习时,应强调意志品质、呼吸深度和呼吸方法。

1. 发展有氧耐力的方法:发展有氧耐力主要是提高心肺功能。整个锻炼过程以有氧代谢为主,运动时间要求在 15 min 以上(至少为 5 min),1～2 h 为佳。一般采用 2～4 min 的连续练习,或 5～20 min 跑和 2～20 min 间歇跑(跑 1 min 间歇 1 min,跑 2 min 间歇 2 min,直到跑完 5 min 为一组);或采用较长距离的跑、跳绳、球类、骑自行车、溜冰、划船等。

2. 有氧代谢结合无氧代谢的练习,一般是中等强度和中等以上强度的练习。发展无氧耐力的锻炼方法:无氧耐力是指在缺氧情况下,进行肌肉活动的能力。提高无氧耐力的方法主要是采用短时间高强度的练习。强度为 75%,心率大约在 170～180 次/min,一般采用短距离跑、游泳、打篮球等较为剧烈的比赛和时间短、强度大的运动。发展耐力素质应注意的问题:

(1)发展耐力的练习,应注意掌握从适当的运动负荷开始,使练习的运动负荷与耐力素质的提高相适应。练习遵循渐进原则。

(2)耐力练习既艰苦又枯燥,应采用多种方法和手段,同时注意意志品质的训练和培养。

(3)发展耐力素质,要求机体供氧充分,因此应掌握正确的呼吸方法,应根据具体情况将无氧耐力练习与有氧耐力练习相结合。

(三)发展速度素质的方法

速度素质是指人体在单位时间内移动的距离和快速做某一运动的能力。速度可分为反应速度、动作速度、移动速度。各种速度素质练习,都应在体力充沛、精力饱满的情况下进行。

1. 反应速度是指人体对外界各种刺激反应的快慢。提高反应速度可采用各种突发信号让练习者做出相应反应。如起跑、突停、停跳、转身等。

2. 动作速度是指人体完成某一动作和成套动作时间的快慢。减小练习难度法(顺风跑、下坡跑等)、加大难度法(跳高前的负重跳等)和时限法(按一定节拍或跟随别人较快的节奏等,以改变自己的动作节奏或速度),是常用的发展动作速度的方法。

3. 移动速度是指人体在单位时间内位移的距离。一般是在很短的时间内反复快速地进行练习,如快速跑、加快动作频率和发展下肢爆发力量。

(四)发展灵敏素质的方法

灵敏是指在外界条件多变的情况下,人体迅速、准确、灵活、协调地改变身体位置的能力。它是人体各种活动技能和运动素质在运动中的综合表现。发展灵敏素质的方法有在跑跳中迅速、准确、协调地完成各种动作、各种综合练习、各种变换方向的追逐性游戏及球类活动等。

(五)发展柔韧素质的方法

柔韧素质是指人体关节活动的幅度,肌肉、肌腱、韧带等软组织的伸展能力。一般采用静力性拉长肌肉和结缔组织的方法发展柔韧素质成效较快。静力性练习要求保持 8～10 s,重复 8～10 次,如压、搬、劈、蹦、体前屈、转体、绕环等动作,并以感到酸、胀、痛为限。控制在 5～30 次之间的动力性拉伸练习(踢腿、摆腿、甩腰等),这些都是发展柔韧素质的方法之一。

发展柔韧素质应将静力与动力、主动与被动练习相结合,坚持细水长流,勿用力过猛。

三、简易健身锻炼方法

健身方法是为了达到增强体质、增进健康、调节感情、丰富课余文化生活等体育活动目的，而选择运用的各种途径、办法等。根据大学生的年龄特点和学校进行体育锻炼所能提供的条件，可选择如下方式进行健身锻炼。

（一）早操健身法

人在睡眠时，整个大脑处于"抑制"状态，身体各器官的活动降低到很低水平，如新陈代谢下降、呼吸减慢、心搏减慢、血压降低、肌肉松弛，等等。早晨起床后，尤其是爱睡懒觉的人，常常感到朦胧、全身没劲、精神不振作，这是大脑的抑制状态还没有完全消除，全身各个器官的机能活动还处于较低的水平，不能马上投入紧张的学习。特别是晚上"开夜车"睡得晚时，这种状态就更明显。要想尽快摆脱这种精神不振的状态，也就是尽快使大脑由抑制过渡到兴奋状态，起床后做做早操确实是一种很好的办法。做早操，能使大脑神经细胞很快进入兴奋状态，身体各部分的机能也能很快提高，又可以呼吸到新鲜空气，有助于振作精神，从而为新的一天学习或工作准备了良好的身体条件。早操健身锻炼应该根据个人体质状况及生活习惯，注意运动量的控制，一般而言，大学生要进行一个上午的紧张学习，早操的锻炼不宜过激，应适度控制运动量。

（二）走步健身法

人们很久以前就认识到，走步锻炼有益身心健康。我国有句流传已久的谚语是"饭后百步走，活到九十九"。国外也有许多关于走步锻炼法的论述，一位美国体育专家曾说过："作为一种户外活动，走路在锻炼身体方面的作用完全可以同剧烈的运动媲美。"走步、散步不仅能锻炼身体，而且还有助于活跃思维。柴柯夫斯基说："我大部分乐思是我每天在散步时涌现的。"走步健身法分为普通散步法和快速步行法两种：普通散步法，每小时走 3～4 km，每分钟走 60～90 步，每次散步 30～60 min。这种散步方法适用于保健；快速步行法每小时步行 5～7 km，每分钟 90～120 步，每次步行 30～60 min。

（三）跑步健身法

跑步健身法是最简单的有氧运动之一，能够促进机体大量摄取氧气，最有效地增强心肺机能。在新西兰的一些俱乐部，取名为"为生命而跑"、"为预防梗塞而跑"。有的国家的科学家们还建立了"要为健康而跑"的专门委员会，跑步已成为世界性运动。研究结果证明，慢跑吸进体内的氧气大幅度增加，比坐着时要多 10～12 倍，肺通气量增加 10 倍。由于吸入体内的氧气增加，使体内新陈代谢更加旺盛，从而有效地提高了健康水平。作为有氧代谢的慢跑，强度不宜太大，心率应掌握在每分钟 120～140 次之间，运动持续时间在 30 min 左右为宜。

（四）韵律操健身法

韵律操以操为体、以舞为形，融体育与艺术为一体，集健与美于一身，深受大学生们的喜爱，尤其适合女生对美的爱好和追求心理，在音乐的旋律中，做着姿态优美的动作，是发展协调动作最自然，也是最有效的方法之一。人们置身于旋律活动中，能激发人的精神力量和体力。通过锻炼不仅能达到强身健体的目的，又能在锻炼中得到美的陶冶和享受，消除学习时紧张而产生的疲劳。采用韵律操健身法，一般可在早晨、傍晚时进行。做韵律操时，首先要做 3~5 min 的热身运动,主要使身体四肢和躯干的关节和肌肉伸展开,如果气温较低,还应做些慢跑活动。总之,要使身体暖和后,再开始在音乐的旋律中,做各种动作,动作幅度应由小到大。

(五)课间十分钟健身法

学校里每节课之间都有十分钟的休息时间,这是学校生活制度中一项合理的活动。因为在上课时,我们学生的注意力十分集中,神经系统处于高度的兴奋状态,但兴奋一定时间以后,神经细胞本身就自然地转入抑制,降低了接受能力,并削弱了神经细胞的工作能力,表现为注意力不集中,理解力、思考力降低。在课间十分钟里,要在教室外或通风较好的地方,适当地做一些散步,做做操、踢踢腿、伸伸腰等比较缓和的动作。这种活动性的休息能起到缓解疲劳的作用,从而在下一节课上能有较充沛的精力去学习。

(六)日光浴健身法

使人体皮肤直接暴晒在日光下,按照一定顺序和时间要求进行系统照晒,就叫作日光浴。阳光中的紫外线是一种肉眼看不见的光线,它能够加强血液和淋巴循环,促进物质代谢,使血液中的红血球数增多,皮肤里麦角固醇转变为维生素 D,调节钙磷代谢,促使骨骼正常发育。大量的紫外线照射,能使皮肤细胞的蛋白质释放出类组织胺进入血液,刺激造血系统,增加红细胞、白细胞、血小板,使吞噬细胞更加活跃。紫外线还能起到消毒皮肤和刺激汗腺分泌作用。红外线约占太阳光 60%,能使照射部位血液循环加快,振奋精神,使人心情舒畅。

采用日光浴锻炼,一般用直接照射法。采取坐姿和卧姿均可。照射的顺序为先照下肢和背部,然后照上肢和胸、腹部。照射的时间,夏季中午的日光最强,时间应短,冬天紫外线量约为夏季的 1/6,照射时间应延长。一般情况下,日光浴可以从 5 min 开始,以后每次增加 5 min,若全身反应良好,可延长到 1~2 h。日光浴时应注意:日光浴不应在饭前或饭后进行;行浴时尽量裸露身体(只穿短裤),头带草帽或白帽,必要时戴上墨镜;在行浴过程中如发生头痛、心跳、恶心等不舒服现象,应停止照射;在城市中,日光浴最好选在清洁、平坦、干燥、绿化较好、空气流通、向阳避风的地点进行,不宜在沥青地面和辐射反热太高的地方进行。

(七)空气浴健身法

利用空气的温度、湿度、气流、气压、散射的阳光、阴离子等同位素刺激皮肤进行锻炼的方法称为空气浴。空气的温度,温度和气流对人体的刺激,能提高人体体温调节机能。当人体受到 28℃以下刺激时,皮肤血管收缩,肌肉兴奋和收缩力加强。皮肤温度下降,内脏血液循环加强,温度上升。加上空气中阴离子的作用,心肌功能即可得到加强,物质代谢旺盛,促进脂肪燃烧加强。增加食欲,使人精神愉快。提高对感冒和其他疾病的抵抗力。空气浴应从热温度(30~20℃)浴开始,逐渐进入凉空气浴(20℃~15℃),再逐渐向冷空气浴(15℃~4℃)过渡。每次进行空气浴前应做好热身运动,当身体发热,但不出汗,开始做空气浴。做空气浴要根据气温和每个人耐寒程度不一样的情况,因人而异,灵活掌握,以不出现寒颤为度。应注意,遇有大风、大雾、寒流或下雨时,应该在室内进行或停止;应尽量到空气新鲜的地方,如田野、树木多的地方以及江边、海边、湖边进行;空气浴时应少穿衣服,最好有一定的体力活动。严格控制自我感觉,不要等到寒冷不适或者出现"鸡皮疙瘩"时才着衣结束;要持之以恒,有规律地坚持锻炼。严重心脏病和肾病患者不宜做空气浴。

（八）冷水浴健身法

冷水对皮肤的刺激，能反射性地使神经兴奋，激发机体各器官系统的生物功能，因而对增进健康，预防疾病有良好的作用。当全身皮肤接触冷水时，在神经支配下，皮肤血管急剧收缩，血管口径变细，大量血液被驱入内脏和深部组织，此时内脏血管扩张。稍停，皮肤血管又扩张，大量血液又从内脏流向体表。这样在一次冷水锻炼过程中，周身血管都将参与紧张收缩运动，所以也有人把冷水锻炼称之为"血管体操"。这样既增加了血管弹性，又防止了血管硬化。随着锻炼的深化，管理血管的神经支配能力会更加敏捷、更加准确，一旦外界气候、气温有突变，也能做出有益的反应，使人体各器官、系统更加适应环境的变化。

在冷水刺激的作用下，不仅神经系统、心血管系统的功能得以改善，呼吸系统和消化系统的机能也都得到提高，从而使整个身体机能水平也得到提高。因而，也为参加冬泳打下了良好的基础。经常进行冷水锻炼，可提高身体对寒冷刺激的适应能力，可以防止支气管炎、扁桃腺炎、肺炎等疾病的侵袭。没有冷水刺激锻炼习惯的人，在机体受到寒冷刺激时，鼻和咽部的黏膜将发生充血、肿胀；这些部位的生理机能降低，白血球减少，导致局部的抗病能力降低，给病菌以可乘之机。经过冷水锻炼的人则不然，由于他的身体机能得到相应的改善，所以受寒冷刺激时，鼻、咽黏膜就能很好地适应，不易发病。冷水锻炼还能改善皮肤的血液循环，增加对皮下组织的营养供给，从而增加皮脂腺的分泌，使皮肤变得柔韧润滑，富有弹性，增加抵抗力而不易患皮肤病。冷水锻炼可减少脂肪的堆积和胆固醇在血管中的沉积，因而有助于防止动脉硬化。冷水锻炼方法有以下三种：

1. 擦洗法：此方法多从夏季开始，经秋季一直坚持过冬。起初可在晨练后，用湿毛巾擦身 1～2 min，然后用干毛巾擦至皮肤微红为止。为了便于控制水温，可在头天晚上就寝前用水桶或洗脸盆接存所用的水。

2. 冲淋法：习惯了擦身法之后，可开始冲淋锻炼。水温从 28℃ 左右开始，逐渐降低，通常是每隔 3～4 d 降 1 度，直至相当于或略低于室温为止。冲淋时间从 2 min 左右开始，视个人具体情况增加。冲淋的部位是除头部外，全身都要受到冷水的冲淋。冲淋后用干毛巾擦干全身至皮肤呈微红为止。

3. 浸浴法：有条件时可进行浸浴，冷水浸浴，通常在水温 27～28℃，开始浸泡 2～3 min，根据个人锻炼水平以后逐渐加长时间，但必须在打寒战前结束。冬泳属浸浴的一种方法，其收效明显于相对静态的浸浴。时间应随气温的下降，适时缩短。总之，浸浴应以浴后感到温暖舒适、轻松有力为适度。

实施冷水锻炼时，皮肤反应有三个时期：一是寒冷期。皮肤突然接触冷水时，皮肤血管收缩，体表血液被压入内脏和深部组织，从而皮色呈苍白、冰冷，已觉寒气逼人但不打颤。这个寒冷期实际上是人体的动员阶段。水温越低寒冷期越明显，但冷水锻炼有素者，其寒冷期越短；二是温暖期。为适应寒冷刺激，体内产热过程加强，血液温度升高，此时表面血管扩张，内部血液向皮肤涨溢，皮肤由白颜色转为绯红色，皮肤温度回升，血压略有下降，心脏负荷减轻，寒意解除，自我感觉温暖舒适；三是"寒战期"。皮肤血管再次收缩，但由于此时的血管收缩无力，主动扩张变为被动松弛，血流缓慢。故皮肤色变略红，有"鸡皮疙瘩"出现，为加大产热量，四肢肌肉剧烈收缩而颤抖。

第三节　制订运动处方的原则与内容

一、运动处方的概念

运动处方是以增强体质、促进健康、发展身体、提高综合体能水平为目的,而系统性地制订运动计划和实施的方法。运动处方类似于医生给病人开的医药处方,是教练员或医生给进行体育锻炼的人或准备接受体疗的病人,按其年龄、性别、心肺和运动器官的功能,运动经历和健康状况等特点,用处方的形式,规定适当的运动内容和运动负荷称为运动处方。

运动处方的种类很多,通常分为竞技训练运动处方、健身运动处方和临床治疗运动处方三类。

1. 竞技训练运动处方:面向运动员,用以提高专项素质和运动成绩为主要目的;

2. 健身运动处方:针对健康普通人群,用以提高健康体能,预防疾病为主要目的;

3. 临床治疗运动处方:就是以治疗慢性疾病或身体残障,促进身体康复为主要目的。

制订运动处方时,要进行系统的体格检查,了解身体健康状况。健康检查,就是检查是否有病,是否适合于运动,是否适宜参与某些项目的活动。体力测定是确定运动处方的运动项目、强度、持续时间和次数的前提条件,有了体力测定若干数据,才能确定运动处方中的运动负荷。根据运动处方的要求经过一段时间或一个周期锻炼之后,又可通过健康检查和体力测定得到反馈信息,以便及时调整处方的内容和练习的强度、数量、评定运动效果,并为制订下一阶段或周期的运动处方提供依据。因此,可以说运动处方是一个通过身体检查,根据每个人的年龄、性别、运动经历等健康状况而选定锻炼项目,确定锻炼的方法和运动负荷的一个锻炼计划。一个好的运动处方既要体现总的锻炼原则,又要根据每个人的具体状况做一些调整,其目的就是要使每个人都能达到自己的锻炼目标。

二、制订运动处方的原则

众所周知,制订运动处方之前,首先要对身体进行系统的检查和诊断,然后根据身体检查和诊断的情况,开出处方,按照处方进行实际锻炼。经过一个阶段的锻炼,再进行身体检查和诊断,并根据检查和评定锻炼的效果,重新修订运动处方,使之更符合锻炼的实际要求。如此循环往复,不断提高身体锻炼的水平,达到增强体质的目的。制订运动处方必须遵循以下几个原则:

1. 安全有效性原则

制订运动处方,首先必须考虑的是安全,其次是锻炼的有效性。为了保证安全,除了解病史、家族史和医学检查外,制订运动处方必须达到改善心血管和呼吸功能的有效强度。其上限是安全范围,下限是有效范围。

处方主要由运动种类、运动强度、运动时间和运动次数四要素组成。身体条件差的人(体弱、慢性病患者)受运动条件的限制多一些,制订运动处方时必须严格规定运动内容。身体条件好的人,自由度比较大,运动内容也广泛得多。例如,体弱者以散步、太极拳及功率自行车为主要运动内容,而身体健康的青、壮年从跑步到所有的运动形式都可以是处方的内容。

2. 区别对待原则

由于每个人的基本情况和身体条件不尽相同,所以不可能有适应各种情况和不同人群的运动处方。若中老年和年轻人用同一种运动处方,中老年人很可能完成不了,甚至会出现一些危险,而对年轻人来说,则可能锻炼效果不明显,起不到运动处方的作用。因此,制订的运动处方内容必须根据每个人的具体情况,因人而异,区别对待。

3. 动态调整原则

一般书刊杂志上介绍的运动处方,是一种原则性的介绍,应该说有一定的适应面,但并非所有的人都适应。即使是运动医学专家根据检查结果制订的运动处方,也不是适合于一个人的任何情况。对于初定的运动处方,要经过运动实践及多次调整后,才能成为符合自身条件的有效运动处方。

三、制订运动处方的内容

1. 锻炼的目的

依据锻炼者的性别、年龄、职业、爱好和身体健康状况的不同,其目的主要有:强身保健、防治疾病、健美减肥、消遣娱乐、提高运动成绩等。

2. 运动项目

运动项目主要是根据锻炼者的锻炼目的以及所需要与可能来确定。为了健身或改善心血管及代谢系统的功能,防治冠心病、肥胖症、动脉粥样硬化等疾病,可进行耐力项目练习(有氧训练),可选择健身走、健身跑、骑自行车、游泳、登山、上下楼梯、跳绳等。为了增强锻炼者肌肉力量,促进肌肉发达,身体健美,可多选用举重、双杠等项目。为了调节情绪、消除疲劳、防治高血压和神经衰弱等,可选择太极拳、气功、散步、放松操、保健按摩等。为了治疗某些疾病或进行功能训练,可选择医疗体操,如肺气肿、支气管炎应做专门的呼吸体操,内脏下垂者应作腹肌锻炼,脊柱畸形、扁平足应作矫正体操。

3. 运动强度

运动强度对运动效果与安全有直接的影响,适宜的运动强度是执行运动处方的主要措施之一,这是保证达到锻炼效果,预防发生意外事故所必须规定的。运动时常用计脉搏跳动的次数来掌握运动强度(即测 10 s 脉搏次数,再乘以 6,为 1 min 脉搏次数),心率标准则根据年龄特点而有所不同。运动最佳心率的参照值:男 31~40 岁(女 26~35 岁),140~150 次/min;男 41~50 岁(女 36~45 岁),130~140 次/min;男 51~60 岁(女 46~55 岁),120~130 次/min;男 60 岁以上(女 55 岁以上),100~120 次/min。

反映运动强度的生理指标可分为 3 级。大强度:心率最高达 125~150 次/min;中强度:心率达 120~124 次/min;小强度:心率达 100 次/min 以下。在运动处方中应规定运动中应达到而不应超过的心率指标,其标准应根据锻炼者的实际情况而有所不同。

4. 运动持续时间

耐力性运动(有氧练习)可进行 15 min 到 1 h,其中达到适宜心率的时间应该在 5~10 min 以上;医疗体操持续的时间视具体情况而定。运动中应常有短暂的休息;计算运动负荷时要注意运动的密度,并扣除休息的时间。运动强度和运动持续时间决定其运动负荷,运动负荷确定后,运动强度大时练习持续时间应相应缩短。采用同样的运动负荷时,年轻和体质好的人宜选择大强度、持续时间短的练习,体弱者应选择强度小而持续时间较长的练习。

5. 运动次数

最好每天都安排锻炼,这样可调剂每天的生活节奏,也可以安排每周 3～4 次练习,即隔日锻炼 1 次。不论采用哪种方式,都应该注意:负荷量较大时,休息间隔要长一些,反之则可以短一些。总之,以上次锻炼的疲劳消除后,再进行下一次锻炼为宜。

为了保证运动处方的安全和有效,起到增进健康,防病治病的目的,在制订运动处方时应遵循安全有效性原则、个性化原则和动态调整原则。为了保证运动处方的安全有效,制订者要了解锻炼者的病史与家族状况,不断调整、修改锻炼处方,以便更接近符合个人的身体情况,得到好的锻炼效果。

6. 注意事项及微调整。

由于个人的身体条件千差万别,不可能预先准备好适应各种场合的处方。接受运动处方的人,应按处方锻炼,在实行过程中可能出现不适合自己条件的地方,可以自己进行微调,以求适合自己的条件。在执行处方的过程中,主要应注意几方面的情况:(1)禁忌的运动项目和某些易发生危险的动作。(2)运动中自我观察指标及出现指标异常时应停止运动的标准。(3)每次锻炼前后都要做好充分的准备活动和整理活动。

四、简易运动处方的制订

运动处方中的锻炼方式大体分为有氧代谢为主的一般耐力性运动和力量性运动。有氧运动对增强呼吸系统摄氧的能力、输送氧的能力,以及内部组织的有氧代谢利用氧的能力都有显著的作用,从而增强全身的耐力水平和体力。此外有氧运动可将血液中、细胞内蓄积的脂质作为能源消耗掉,达到减肥、改善高血脂的目的,并且可以很好地利用糖元,改善糖尿病。

力量性运动锻炼则主要用于骨骼系统和神经系统等有肌肉力量减弱、神经麻痹或关节功能障碍的人群,以及要求通过力量锻炼达到肌肉发达、健美的人群。前者主要以恢复肌肉力量和肢体活动功能为主,后者主要为发展自己的肌肉力量、增粗肌肉纤维而达到健美的锻炼目的。

如果为了达到放松精神、消防疲劳等目的,则可采用慢跑、太极拳和保健按摩等运动锻炼方式。

1. 步行运动处方

走路不仅简便易行,而且是一种十分有效的有氧锻炼方法和延年益寿的最佳途径。步行的优点在于任何人在任何时间和地点都可以进行,而且动作柔和,不易受伤,特别适合身体肥胖、体弱、患慢性疾病的人和中老年人作为锻炼的方法和手段。步行的唯一不足是比较花费时间,一般要花上慢跑的 2 倍时间,才能获得与慢跑同样的健身效果。

步行锻炼的基本要求:

(1)进行步行锻炼一般安排在清晨、睡觉前、饭后半小时或自己方便的时候。地点宜选择小路、河边、海岸、公园、林荫道等环境清幽、空气新鲜的地方。

(2)为提高步行的健身效果,要注意基本姿势和动作要领,身体放松,抬头,眼看前方,挺胸稍收腹,两臂前后自然摆动,身体重心落在脚掌前部,配合脚步节奏自然呼吸。

(3)步行的形式不同,对增进健康的效果也不一样。例如,在步行中穿插上、下坡,必然增加运动的强度,而上、下坡步行不仅对呼吸循环系统有益,同时可增强腰部和腿部力量。

在松软的沙地、沙滩和草地步行也有同样的作用,年青人为了增加锻炼效果,也可肩负 25 kg 的背包,这样锻炼效果会更好一些。

步行的速度与步行的时间,决定运动强度和运动量的大小。步行的形式可慢可快,也可快馒交替。不管如何组合,要达到健身效果,每次锻炼至少需要 20 min 以上的持续运动,这样才能对身体各器官产生刺激,获得运动效果。

2. 慢跑运动处方

慢跑又称健身跑。自从 1947 年德国学者阿肯提出"长、慢、远"的现代健康跑步方法以来,慢跑活动被列为有益健康,抗病延年的手段,被人们视为"有氧代谢之王"而风行全球。慢跑有别于一般的中长跑,是一种随意地轻松自如,不至于气喘步伐的跑步;运动强度大于步行,是一种中等强度的运动。从运动医学观点看,慢跑比较安全并节省时间,健身效果好,见效快,运动负荷易于控制,不会发生较大的运动损伤等,适用于各种健康人群和有一定运动基础的慢性病患者。慢跑的锻炼方法一般可采用走跑交替、间歇健身跑和短程健身跑。走跑交替法适合于初参加锻炼的人,一般是走 1 min,跑 1 min,交替进行,每隔 1~2 周增加运动量。间歇健身跑,是慢跑和行走相交替的一种过渡性练习,适合于老年人和体弱者,一般从跑 30 s,行走 30~60 s 开始,逐渐增加跑步时间,以提高心脏功能,反复进行 10~20 次,总时间在 12~30 min,以后每周根据体力提高情况再增加量,每日或隔日进行一次。短程健身跑,可从 50 m 开始逐渐增至 100 m、200 m、400 m、600 m……速度一般为 30~40 s 跑 100 m,每 3~7 d 增量一次。

健身跑锻炼的基本要求:

(1)刚开始参加健身跑时可走跑交替锻炼,即先走后跑。一般是走 3 min,跑 3 min,交替进行,每隔 1~2 周逐渐增加运动量。

(2)慢跑虽然说是比较完全的运动项目,但个别人由于跑步动作不合理,使下肢关节受力较大,容易引起膝关节疼痛,发生某些运动损伤。

(3)为了避免发生运动损伤,掌握跑步的技术要领是很重要的。正确的跑步姿势是:上体正直或稍前倾,颈部肌肉放松,两眼平视。两臂摆动时,肩部放松下沉,肘关节处自然弯曲成 90°,两手半握拳,轻松自然地前后摆动。

(4)下肢动作要求蹬地腿的后蹬与摆动腿的摆动协调一致。摆动腿的脚落地,尽可能做到本脚掌着地,同时注意脚掌落地后的缓冲。跑的过程中要求动作轻松自然、重心平稳、节奏性强、肌肉用力和放松的交替能力好。

(5)进行健身跑时掌握好呼吸节奏是十分重要的。所谓呼吸节奏就是呼吸有规律地与步频配合好。一般采用"两步一吸,两步一呼,三步一吸、三步一呼"的呼吸方法。掌握好呼吸的节奏,跑起来就会感觉轻松自如多了。

3. 游泳运动处方

游泳是一项全身运动,不论用哪种姿势游泳,人的肢体都要不停地进行运动,促使身体各部分关节和肌肉得到良好的锻炼。经常游泳不仅身材匀称,富于曲线美,而且也提高了肌肉的力量,刚柔适中。同时对提高内脏器官特别是血液循环系统和呼吸系统的功能,有积极的促进作用。

此外,游泳场的水温一般低于人体温度。水的导热性又比空气快 28 倍,使游泳时人体热量散发很快,也使人体的体温调节功能发生一系列变化,机体会加强产热过程,以补充身体失去的热量,抵抗冷水的刺激。所以在同样的时间、强度下运动,水中要比陆地上消耗能量大,若肥胖者每天游泳 30 min,在不增加饮食的情况下,就会收到良好的减肥效果。

游泳锻炼的基本要求:

(1)进行游泳锻炼,首先必须比较熟练地掌握游泳基本技术。技术不熟练时应在浅水区进行练习,不可随便去深水区,以防溺水。

(2)下水前必须做一些热身活动,如慢跑、徒手体操以及活动全身各关节等,以适应水池中的温度,不可什么准备活动都不做就跳水或下水游泳。

(3)由于陆地上与水中有一定的温差,所以在水中不可停留太长时间。若在水中出现抽筋的情况要会自救,尽可能拉长抽筋的肌群,同时向救护人员求救,以防不测。

(4)游泳时尽可能保持匀速的节奏,也可采用各种游姿交替的方式,以利于全面发展身体不同部位的肌群。上岸后,要用毛巾迅速擦干身体,然后做一些轻松活动,来加强身体产热的过程,以防感冒。

4. 骑自行车运动处方

自行车代步是融娱乐和健身为一体的高效率健身健美方法,它能提高心肺功能,锻炼下肢肌力和增强全身耐力。

骑自行车的强度一般应控制在适宜心率的范围内,其上限＝(220－年龄)×90％;下限＝(200－年龄)×60％。初骑车锻炼者应每分钟蹬 60 次,同散步节奏。对于消遣型骑车者来说,蹬速在每分钟 75～100 次最合适。计算蹬速一般只需要记下 15 s 内一条腿蹬的圈数即可。一般理想蹬速是 15 s 蹬 22 次或 23 次,相当于每分钟蹬 90 次。

骑自行车的能量消耗很大,依运动量(强度)而不同。骑自行车人人都会,但要获得理想的锻炼效果,则必须遵循科学的指导。

5. 有氧运动项目综合运动处方

所谓综合运动处方,是指不局限于某一个运动项目,而是把自己喜欢的,能够参加的体育项目组织起来,因地、适时地进行锻炼,既可以提高锻炼兴趣,又可达到良好的锻炼效果。有氧运动的项目很多,如步行、游泳、骑自行车、跳绳、划船、健美操以及各种球类运动等。如果只采用单一的形式进行锻炼,对青年人来说难免容易产生枯燥乏味的感觉,造成计划无法落实。而采用综合性运动处方,则有很大的优势,也易于坚持,如夏季气温高,跑步出汗太多,可以采用游泳运动;冬天不能游泳则可以健身跑或骑车;遇上天气不好不宜在户外运动时,则可以爬楼梯和跳健美操等。

采用综合运动项目锻炼,一般对年轻人比较适合,可以比较全面地发展人的力量、速度、耐力、灵敏以及柔韧等综合素质,而这些素质的发展和提高又为人体健康打下良好的基础。

综合运动项目锻炼的基本要求:

(1)采用多种运动项目进行锻炼,首先要根据自身状况以及体育基础。应选择一些适合自己的并有兴趣的运动项目,同时要掌握这些项目的基本要领和方法,以便运动时比较轻松自如,又能收到实效。

(2)由于球类运动项目游戏性和趣味性较高,同时又具有一定的竞争性,特别是与同伴一起运动时,不易控制运动负荷和运动强度。因此,应注意主观感觉,当自己感觉疲劳时要及时进行调整,以免造成运动损伤。

(3)如果前一次球类活动运动负荷较大,这次是健身跑,可以进行负荷调整,将跑的速度和距离适当减慢,时间缩短,这样有利于身体的积极恢复。

(4)每次运动或锻炼前一定要做好充分的准备活动,以克服身体的生理惰性。锻炼结束后要做一些整理活动,使身体尽快恢复到安静时的状态。

(5)锻炼一定要保证经常性,中断锻炼后起点要适当降低。健康重在锻炼,锻炼贵在坚持,不是特殊情况,一般不要停止锻炼。

第四节 体育运动的自我监督

自我监督是运动员和体育锻炼者在参加体育锻炼的过程中,对自己的身体健康和功能状况经常进行观察的一种方法。自我监督的内容包括自我感觉和客观检查两部分。

一、自我感觉

1. 精神状态:经常锻炼的健康人,总是精神饱满、精力充沛、心情愉快。但运动量过度或患病时,就会精神不振,身体疲倦和情绪易激动。

2. 锻炼心情:一个人在锻炼前心情愉快,有迫切参加锻炼的愿望,这是健康的表现,反之,如无疾病、情绪刺激等其他干扰因素,对锻炼缺乏兴趣和热情,态度冷漠,甚至厌烦时,则可能是运动量安排不当的表现,或是过度疲劳的早期征象。

3. 不良感觉:体育锻炼后,由于机体受到刺激,一般都会产生一些肌肉酸痛、四肢乏力的现象。若运动量安排适宜,这些现象在适当休息后就会消失,属于正常现象。在休息和营养都能得到保证的情况下,上述现象仍持续较长时间不能消除,则可能是疲劳过度的表现。此外,有时在运动时或运动后,还会出现头痛、头晕、恶心、气喘、胸闷和上腹部疼痛等不良感觉,其原因大多与体育锻炼的内容、方法及运动量安排不当有关。

4. 睡眠:睡眠对消除锻炼后的疲劳具有重要意义。正常的睡眠表现为入睡快、睡很深、早起觉得身体轻松。经常锻炼者若出现入睡难、失眠、惊梦、早起浑身乏力等现象,则应检查锻炼的方法和运动量是否适宜。

5. 食欲:经常参加体育锻炼的人,机体的物质代谢旺盛,故食欲一般较好。但锻炼结束即进食或吃过多的零食则可能引起食欲下降。在正常情况下,若出现食欲不佳,并伴有口渴,就可能与过度疲劳和健康状况不良有关。

二、客观检查

1. 脉搏:脉搏是指动脉血管壁随心脏的舒缩而发生的有规律的搏动,脉搏的快慢在一定程度上可以反映人体心脏的功能状况。在正常情况下,脉搏频率和心跳频率是一致的,所以实际锻炼中常用测量脉率来代替心率的测量。

脉搏除受性别、年龄、体温等因素的影响外,还与锻炼者的锻炼水平和运动量的大小有关。经常从事体育锻炼的人,安静时的脉率较低,与不经常锻炼者做等量负荷时,脉率的上升幅度较小。健康成年人安静时的心率平均为 75 次/秒。

清晨起床前,静卧的脉率称为基础心率。在正常情况下,每个人的晨脉保持相对稳定,若每天早晨的安静脉搏保持不变或有规律地下降,则说明运动量适宜,功能反应良好;若运动后,每天早晨的基础脉率持续上升,则说明功能反应不良,如无疾病等原因,就可能与近期运动量过大、过度有关。

2. 体重:体重是人体发育发展的重要指标,可以反映人体营养状况和消化吸收的情况,大学生的体重基本上是向上增加的。刚开始参加体育锻炼的人,体重的变化有一定的规律:一般在锻炼初期,由于体内储存的脂肪的消耗,体重可下降 2～3 kg;经过一段时间的锻炼,随着肌肉组织等的逐步发达,体重可有所增加。营养不良以及患慢性消耗性疾病时,由于体内脂肪、肌蛋白被大量消耗,可造成体重持续下降。另外,因为夏天天气炎热,饮食、睡眠受影响,体重略为下降是正常的。

第五章　运动营养

第一节　营养素

一、营养

营养是人体不断从外界摄取食物,经过消化、吸收、代谢和利用食物中身体需要的物质(养分或养料)来维持生命活动的全过程。生命的存在,有机体的生长发育,生命活动及各种脑力、体力劳动的进行,都有赖于体内的物质代谢过程,因此人体必须不断地从外界摄取一定数量的新物质,以补充机体的需要。

摄取食物是人和动物的本能,而正确合理地摄取食物则是一门科学。合理的营养能促进生长发育、增进健康、增强免疫功能、预防疾病、提高工作效率和运动功能。营养不良或营养过剩,将影响人体生长发育,使机体免疫力下降,易患各种疾病,导致运动能力下降。因此,要充分发挥营养的保健作用,给人体提供符合卫生要求的平衡膳食,使膳食的质和量都能适应人们的生理、生活、劳动以及一切活动的需要。

二、营养素与运动

食物中的养分称为营养素。它们是维持生命的物质基础,没有这些营养素,生命便无法维持。人体需要的营养素约有 50 种,归纳起来分六大类(图 5-1),即蛋白质、脂类、碳水化合物、矿物质、维生素和水。近年来发现膳食纤维也是维持人体健康必不可少的物质,可算是第七类营养素。这些营养素在体内的功能各不相同,概括起来有下面三方面:

(1)供给能量以满足人体生理活动和体力活动对能量的需要。

(2)作为构建和修补身体组织的材料。

(3)调节体内物质代谢。

$$
\begin{array}{l}
\text{供给热量}
\left\{
\begin{array}{l}
\text{蛋白质} \\
\text{碳水化合物} \\
\text{脂肪}
\end{array}
\right\} \\
\text{调节生理功能}
\left\{
\begin{array}{l}
\text{水} \\
\text{矿物质} \\
\text{维生素}
\end{array}
\right\}
\end{array}
\left.\phantom{\begin{array}{l}a\\a\end{array}}\right\} \text{构成机体组织}
$$

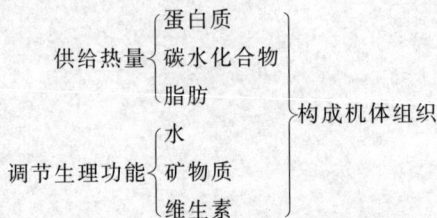

图 5-1　各种营养素的主要功用

（一）糖与运动

糖又称为碳水化合物，它在自然界分布很广，储量丰富，是最经济的营养素，也是人类最重要的能量来源。糖按分子结构的不同，可分为单糖（包括葡萄糖、半乳糖、果糖）、双糖（包括蔗糖、麦芽糖、乳糖）和多糖（包括淀粉、糖原、纤维素和果胶）三类(图5-2)。除纤维素和果胶外，不论是单糖、双糖还是多糖，都可以被人体吸收利用，其功能也基本相同，主要区别只是在人体内被消化吸收的速度不同而已，所有糖类都在消化道内被分解成单糖后被机体吸收。

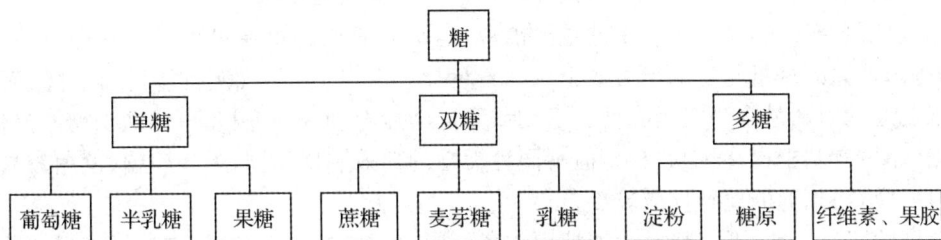

图5-2 糖的分类

1. 糖的营养功用

（1）供给热能

在日常膳食中，糖是热能最主要和最经济的来源，1 g糖在体内产生16.7 kJ(4 kcal)的热能。糖作为供能物质有着许多优点，在氧化时耗氧量少（氧化1 g糖只需耗氧0.81L，而氧化1 g脂肪或1 g蛋白质分别耗氧1.96L和0.94L），并且在有氧或无氧条件下都能分解释放热能，这对从事体育运动的人来说是十分重要的。短时间大强度运动时的热能，几乎全部由糖供给。

（2）构成机体的重要物质

糖是细胞膜的糖蛋白、神经组织的糖脂以及传递遗传信息的脱氧核糖核酸(DNA)的重要组成成分。

（3）节约蛋白质

糖摄入充足时，人体首先使用它作为能量来源，从而避免由蛋白质来提供能量。

（4）抗生酮作用

脂肪代谢过程中必须有糖的存在才能完全氧化而不产生酮体。酮体是酸性物质，血液中酮体浓度过高会发生酸中毒。

（5）保肝解毒作用

肝内糖原储备充足时，肝细胞对某些有毒的化学物质和各种致病微生物产生的毒素有较强的解毒能力。

2. 糖的供给量和来源

（1）糖的供给量

糖的需要量与劳动强度有关，劳动强度越大，时间越长，糖的需要量就越多。一般情况下，糖的供给量占每日总热量供给量的60%～70%。通常成人每日每千克体重需糖4～6 g，运动员则需8～12 g。体内的糖贮备很少，为300～500 g，因此，人体必需从每日膳食中摄取。糖摄入过多时，对身体有许多危害，糖与肥胖病、糖尿病、心血管病、龋齿、近视等疾病的发生有关。实验证明，蔗糖比淀粉容易促发高脂血症。

（2）糖的来源

谷类、薯类、豆类富含淀粉，是糖的主要来源。食糖（白糖、红糖、砂糖）几乎 100% 是碳水化合物。蔬菜水果除含少量果糖外还含有纤维素和果胶。

我国人民的膳食习惯是多糖膳食，糖在膳食中的比例较高，在膳食热量充足的情况下不会缺糖。因此，一般情况下，没有必要在膳食之外再另外补充糖。

3. 糖与运动能力

糖在能量代谢中十分重要，它对人体运动能力有很大的影响。

国内外研究证实，糖是运动中的重要能源，运动时肌肉的摄糖量可以为安静时的 20 倍以上，体内糖原贮存量与运动能力成正比。若糖原贮备减少，不仅使机体耐力下降，而且也使大强度运动时的最大吸氧量降低。运动前和运动后合理地补充糖，可以减少糖原消耗，提高血糖水平，有利于提高运动成绩，但不同种类糖的功效有所不同，如葡萄糖、蔗糖较易引起胰岛素反应，而果糖的此种反应较小。

我国的研究表明，低聚糖对增加糖原贮备，维持血糖，减少胰岛素反应，提高运动的能力等有良好的作用。运动后补糖可促进糖原贮备的恢复。运动后即刻摄入果糖对肝糖原的效果较好，葡萄糖与蔗糖可使肌糖原贮备在 24 h 后保持较高水平。

（二）蛋白质与运动

蛋白质是生命的物质基础。恩格斯曾指出，生命是蛋白质的运动形式。在人体各个器官、组织和体液内，蛋白质都是必不可少的成分。如果蛋白质长时间摄入不足，正常代谢和生长发育便会无法进行，轻者发生疾病，重者甚至可以导致死亡。

1. 蛋白质的营养功用

（1）构成机体组织。

蛋白质是构成细胞的主要成分，占细胞内固体成分的 80% 以上，约占成人体重的 18%。肌肉、血液、骨、软骨以及皮肤等，都由蛋白质组成。婴幼儿、儿童和青少年的生长发育离不开蛋白质。组织的新陈代谢和损伤的修复也都需要蛋白质的参与。例如，小肠黏膜细胞每 1～2 d 即更新一次，血液红细胞每 120 d 更新一次，头发和指甲也在不断地更新。

（2）调节生理功能。

蛋白质与体内生理功能有关。例如，血浆蛋白质维持胶体渗透压，球蛋白形成抗体。蛋白质是体内缓冲体系的组成部分，有维持酸碱平衡的作用。某些氨基酸是制造能量物质（磷酸肌酸）和神经介质（乙酰胆碱）的重要成分。此外，对代谢过程具有催化和调节作用的酶和激素，以及承担氧的运输的血红蛋白等具有特殊功用的物质，也由蛋白质参与构成。

（3）供给热能。

虽然蛋白质的主要功能不是供给能量，但当食物中的蛋白质的氨基酸组成和比例不符合人体的需要，或摄入蛋白质过多，超过身体合成蛋白质的需要时，多余的食物蛋白质就会被当作能量来源氧化分解放出热能。此外，在正常代谢过程中，陈旧破损的组织细胞中的蛋白质也会分解释放出能量。1 g 蛋白质可产生 16.7 kJ 的热能。人体每天所需要的热量有 10%～14% 来自蛋白质。

当蛋白质长期供给不足时，机体将发生蛋白质缺乏症。幼儿和青少年缺乏蛋白质会导致生长发育迟缓、消瘦、体重过轻，甚至智力发育障碍。成年人则出现疲倦无力、精神不振、体重下降、肌肉萎缩、贫血，因血浆蛋白浓度下降，可出现浮肿；酶的活性降低，球蛋白减少，抵抗力下降；肾上腺皮质功能减弱，机体的应激能力降低。妇女还可发生月经障碍。

2. 蛋白质的供给量与来源

（1）蛋白质的供给量

蛋白质的供给量与膳食蛋白质的质量有关。如果蛋白质主要来自奶、蛋等食品，则成年人不分男女，蛋白质供给量均为每日每千克体重0.75 g。中国膳食以植物性食物为主，蛋白质质量较差，蛋白质供给量需要定为每日每千克体重1.0～1.02 g。蛋白质供给量也可用占总量摄入的百分比来表示，蛋白质提供的能量在成年人应占总能量的10％～12％，生长发育中的青少年则应占14％。

运动员所需的蛋白质供给量比一般人高，成年运动员每千克体重为1.8～2.0 g，少年运动员每千克体重为2.0～3.0 g，儿童运动员每千克体重为3.0～3.4 g。运动员的蛋白质热量可占一日总热量的15％～20％，蛋白质来源中最好有1/3为优质的来源。

（2）蛋白质的来源

膳食中蛋白质的来源是植物性食物和动物性食物。动物性食物蛋白质含量高、质量好，如肉类、鱼类，其蛋白质含量一般为10％～30％，奶类为1.3％～3.8％，蛋类为11％～14％。植物性食物主要是谷类和豆类。豆类蛋白质含量为20％～49.8％；硬果类（如花生、核桃、莲子等，为15％～26％；谷类是我国人民膳食蛋白质的主要来源，一般蛋白质含量为6％～10％；而薯类为2％～3％。蔬菜水果等食品蛋白质含量很低，在蛋白质营养中作用很小。

3. 蛋白质与运动能力

蛋白质与人体运动能力有密切的关系，如肌肉收缩、氧的运输与贮存、各种生理机能的调节等。此外，氨基酸可为运动时肌肉耗能提供5％～15％的能量。

体育运动使体内蛋白质代谢发生变化，而不同性质的运动对蛋白质代谢的影响亦有所差异。耐力性运动使蛋白质分解加强，合成速度减慢，机体氨排出量增加；力量性运动也使蛋白质分解加强，但活动肌群蛋白质的合成增加，并大于分解的速度，因而肌肉强壮，以上反应均使机体对蛋白质的需要量增加。运动实验表明：运动前后供给蛋白质，对改善肌肉的质量和肌肉的力量有良好的效果。

若蛋白质摄入量不足，不仅影响运动训练效果，而且可促使运动性贫血的发生。但是，蛋白质摄入量过多，不仅对肌肉壮大和提高肌肉功能没有良好的作用，而且对正常代谢也有不良影响。

（三）脂肪与运动

脂质也称脂类，包括两类物质。一类是脂肪，又名中性脂肪，是由一分子甘油和三分子脂肪酸组成的甘油三酯。另一类是类脂，它与脂肪的化学结构不同，但理化性质相似。在营养学上较重要的类脂有磷脂、糖脂胆固醇、脂蛋白等。由于脂质中大部分是脂肪，类脂只占5％，并且常与脂肪同时存在，因而营养学上常把脂质通称为脂肪。

1. 脂肪的营养功用

（1）供给热能

脂肪是高热能物质，1 g脂肪在体内氧化燃烧可产生37.7 kJ的热量。体内摄入的多余热量，以脂肪的形式贮存，成为机体的"燃料库"。在某些情况下，脂肪是人体的主要能源物质。

（2）构成机体的重要物质

磷脂、糖脂和胆固醇构成细胞膜的类脂层,胆固醇又是合成胆汁酸、维生素 D_3 和类固醇激素的原料。

（3）脂溶性维生素的重要来源

鱼肝油和奶油富含维生素 A 和维生素 D,许多植物油富含维生素 E。脂肪还能促进这些脂溶性维生素的吸收。

（4）增加食物的美味和饱腹感

脂肪可使食物酥软、香脆,增进食欲;脂肪在胃中滞留时间较长,因而可有较长时间的饱腹感。

（5）维持体温和保护内脏

皮下脂肪可防止体温过多向外散失,也可阻止外界热能传导到体内,有维持正常体温的作用。内脏器官周围的脂肪垫有缓冲外力冲击,保护内脏的作用。

2. 脂肪的供给量与来源

（1）脂肪的供给量

每日膳食中有 50 g 脂肪就能基本满足人体的需要。不同地区由于经济发展水平与饮食习惯的差异,脂肪的实际摄入量有很大的差异。我国营养学会建议膳食脂肪供给量不宜超过总能量的 30%。此外,在寒冷条件下可以适量增加脂肪的摄入量;而在炎热环境下,脂肪供给量则应适量减少。膳食中脂肪过多对人体有害,常是导致高脂血症、冠心病、高血压、胆石症等的主要原因,并与某些癌症的发生有关。

（2）脂肪的来源

脂肪的主要来源是烹调用油脂和食物本身所含的油脂。从表 5-1 可见,果仁脂肪含量很高,米、面、蔬菜、水果中含量很少。

表 5-1　几种常用食物中的脂肪含量(g/100 g)

食物名称	脂肪含量	食物名称	脂肪含量
猪肉(肥)	90.4	芝麻	39.6
猪肉(肥瘦)	37.4	葵花子仁	53.4
牛肉(肥瘦)	13.4	松子仁	70.6
羊肉(肥瘦)	14.1	大枣(干)	0.4
鸡肉	9.4	栗子(干)	1.7
牛奶粉(全脂)	21.2	南瓜子(炒)	46.1
鸡蛋	10.0	西瓜子(炒)	44.8
大豆(黄豆)	16.0	水果	0.1～0.5
花生仁	44.3	蔬菜	0.1～0.5
核桃仁	58.8	米、面	0.8～1.5

本表引自王维群主编:《营养学》,高等教育出版社 2001 年版

3. 脂肪与运动能力

脂肪是人体从事长时间运动的主要能源,但必须在氧充足的情况下方可实现,一般是在

运动强度小于最大耗氧量 55%时,脂肪酸才能氧化供能,脂肪供能耗氧较多;在氧不充分时代谢不完全,脂肪不仅不能被充分利用,而且其代谢的中间产物——酮体增加,使体内酸性增高,对身体机能和运动能力有不良的影响。实验证明,在同一运动负荷下,高脂肪膳食使氧消耗增加 10%~20%,高脂肪膳食引起食饵性高血脂症,血液黏性增加,使毛细血管内血液流动缓慢,红细胞的气体交换功能减弱,从而降低耐久力,所以运动员膳食不论在平时还是赛前,脂肪都不宜过多。

有氧运动可使体内甘油三脂和低密度脂蛋白胆固醇减少,而高密度脂蛋白胆固醇增加,这对防治动脉硬化及冠心病有良好的作用。此外,有氧运动促使脂肪组织中的脂肪酸游离出来参与供能,以及运动造成的机体热量负平衡,从而有助于减少体内的脂肪。

(四)维生素与运动

维生素是人体不能合成,但又是机体正常生理代谢所必须的,且功能各异的一类微量分子有机化合物。维生素具有下列共同的特点:

(1)以本体或前体化合物存在于天然食物中。

(2)在体内不能合成,必须由食物供给。

(3)在机体内不提供能量,不参与机体组织的构成,但在调节物质代谢的过程中却起着十分重要的作用。

(4)机体缺乏维生素时,物质代谢发生障碍,表现出不同的缺乏症。

维生素的种类很多,化学结构差异很大,通常按照其溶解性质将其分为脂溶性维生素和水溶性维生素两大类。(表 5-2)

表 5-2　维生素的分类

脂溶性维生素				水溶性维生素							
维生素 A	维生素 D	维生素 E	维生素 K	维生素 B_1	维生素 B_2	尼克酸	泛酸	维生素 B_6	叶酸	维生素 B_{12} 生物素 胆碱	维生素 C

脂溶性维生素在机体内的吸收往往与机体对脂肪的吸收有关,且排泄率不高,摄入过多可在体内蓄积,以致产生有害的影响。而水溶性维生素排泄率高,一般不在体内蓄积,毒性较低,但超过生理需要量过多时,可能出现维生素和其他营养素代谢不正常等不良作用。

对运动员来说,维生素十分重要,它不仅是保证身体健康所必需的,而且有的维生素直接影响人体的运动能力。研究证明,体内维生素缺乏或不足,人体运动能力降低。体内较高的维生素饱和量与较高的运动能力有密切的关系。但是,在机体维生素已充足的情况下再给予超量补充,对运动能力的提高有何影响,目前尚无定论。

现将膳食中较易缺乏或与运动能力关系较密切的几种维生素分别阐述如下:

1. 维生素 A

(1)营养功能

①维持正常视力。维生素 A 是眼内感光物质视紫红质的主要成分,对维持正常视力有重要作用。若维生素 A 缺乏,则视紫红质的合成受到影响,在黄昏或光线较暗时失去正常视力,称为夜盲症。

②维持上皮组织的功能。维生素 A 在维持上皮细胞的正常生长和分化中起着十分重要的作用。维生素 A 缺乏时,可引起上皮组织改变,如腺体分泌减少,皮肤干燥、角化过度、增生、脱屑等,最终导致相应组织器官功能障碍,如眼、呼吸道及皮肤等上皮组织受影响,可引起角膜损害,呼吸道抵抗力下降,皮肤角化和毛囊角质、皮疹等。

③抗氧化和抗癌作用。维生素 A 能对抗自由基,是体内主要的抗氧化剂。近年来的研究证明,维生素 A 能抑制肿瘤细胞的生长和分化而起到防癌、抗癌作用。此外,维生素 A 与抗疲劳有关。

(2)供给量及来源

一般成人及儿童每天需要 1 mg 维生素 A(1 mg＝3333 国际单位)或 6 mg 胡萝卜素。运动员维生素 A 的需要量:一般训练期为 2 mg/d,比赛期为 2～3 mg/d。对视力要求较高的运动项目,如射击、摩托及游泳运动员维生素 A 的需要量至少应为 5 mg/d。若维生素 A 长期摄入过量,可引起蓄积中毒。急性中毒表现为恶心、呕吐、瞌睡,慢性中毒表现为食欲不振、毛发脱落、头痛、耳鸣等。

人体从食物中获得的维生素 A 主要有两类:一类是来自动物性食物的维生素 A,多数以酯的形式存在于动物肝脏、奶及奶制品(未脱落)和禽蛋中。另一类是胡萝卜素,主要存在于深绿色或红黄色蔬菜和水果等植物性食物中,含量较丰富的有菠菜、苜蓿、豌豆苗、红心甜薯、胡萝卜、青椒和南瓜等。我国居民膳食中维生素 A 含量一般较少,主要从蔬菜及水果中得到胡萝卜素,在体内转变成维生素 A。

2. 维生素 D

(1)营养功能

维生素 D 主要与钙和磷的代谢相关,它能促进钙在肠道的吸收,促进骨骼及牙齿的钙化及正常发育,当维生素 D 缺乏时,钙的吸收受到阻碍,血液中钙的浓度降低,钙、磷就不能在骨组织内蓄积,骨和牙齿的发育受到影响,甚至骨盐再溶解而发生骨质脱钙,维生素 D 缺乏可导致佝偻病或骨质软化症。

(2)供给量及来源

维生素 D 的供给量标准,目前我国尚未规定,维生素 D 的需要必须与钙、磷的供给量结合起来考虑,在钙、磷供给充足的条件下,成人每天获得 300～400 国际单位的维生素 D 即可使钙的储量达到最高程度,以上数量的维生素 D 可通过紫外线的照射而获得,紫外线使皮肤中的 7-脱氢胆固醇转变为维生素 D,孕妇及儿童对维生素 D 的需要量增加,应适当额外补充。

含维生素 D 丰富的食物有动物肝脏、鱼肝油和禽蛋等。儿童若长期服用维生素 D 超过 40000 国际单位可导致中毒,表现为厌食、便秘、呕吐、头痛、口渴、多尿、肌张力下降、心率快、心率失常等,甚至可引起软组织钙化。

3. 维生素 E

(1)营养功能

维生素 E 是一种很强的抗氧化剂,在体内可保护细胞免受自由基损害,减少褐脂质(细胞内某些成分被氧化分解后的沉积物)的形式,具有抗衰老、抗癌作用。维生素 E 能提高人体的运动能力,因维生素 E 能减少组织的耗氧量,减少氧债,改善循环,尤其改善微循环,提高氧化过程,改善肌肉营养,有利于心肌供血。维生素 E 还能延长红细胞寿命,抑制分解代谢酶。此外,维生素 E 保护 T 淋巴细胞,从而保护人体免疫功能。缺乏维生素 E 可引起肌肉营养不良或其他组织的某些病变。

(2)供给量及来源

对维生素 E 的供给量标准我国尚无规定。美国建议膳食中维生素 E 的供给量,成年男子为 15 国际单位,成年女子为 12 国际单位(1 国际单位维生素 E 相当于 1.1 mg a -生育酚纯品)。当膳食中的不饱和脂肪酸量增高时,维生素 E 的供给量也应随之增加。

维生素 E 主要存在于食用植物油中,麦胚油、棉籽油、玉米油、花生油、芝麻油是其良好的来源。

4. 维生素 B_1(硫胺素)

(1)营养功能

①促进糖代谢。维生素 B_1 在体内与焦磷酸结合成硫胺焦磷酸脂,是一种辅羧酸,参与糖代谢中丙酮酸的氧化脱羧反应,在糖代谢中起重要作用。当维生素 B_1 缺乏时,糖代谢受阻,体内能量代谢受到阻碍,降低对机体的能量供给。

②促进能量代谢。维生素 B_1 有促进糖原在肝脏中聚积,在能量代谢过程中加速糖原和磷酸肌酸分解作用,有利于肌肉活动。

③维护神经系统的机能。神经组织所需的能量主要依靠糖供给,维生素 B_1 有辅助糖代谢的作用。当维生素 B_1 缺乏时,糖代谢障碍,神经功能减弱,可出现感觉异常,肌力下降,肌肉酸痛等周围神经炎症状;维生素 B_1 严重缺乏时,心肌能量代谢失调,心脏功能下降。

④增进食欲与消化功能。维生素 B_1 与乙酰胆碱的结合和水解有关。乙酰胆碱是重要的神经介质,它促进胃肠的正常蠕动和消化液的分泌,从而使人体保持良好的食欲。当维生素 B_1 缺乏时,乙酰胆碱被胆碱酸酶的破坏增加,使神经传导受到影响,因而使胃肠的活动减弱,消化液分泌减少,食欲下降,消化功能障碍。

维生素 B_1 对运动员有特殊的意义,是运动员营养中较重要的一种营养素,可用于提高运动员能力和防治过度疲劳。

(2)供给量及来源

由于维生素 B_1 参与糖代谢,故其需要量与机体热量摄入成正比。按热量消化量计算,每 4185 kJ 的热量需 0.5~0.6 mg 的维生素 B_1,一般成人每日的维生素 B_1 的需要量为 1.5~2 mg。如大强度运动或过度脑力劳动、高温、缺氧或膳食中糖的摄入增加时,维生素 B_1 的需要量也相应增加。运动员的维生素 B_1 供给量规定为:训练期 3~5 mg/d,比赛时 5~10 mg/d。

粗粮是维生素 B_1 的重要来源,但粗粮经过加工后维生素 B_1 损失较多。瘦肉及动物内脏、蛋类也含有丰富的维生素 B_1,豆类、酵母、坚果、绿叶蔬菜和水果也是维生素 B_1 的良好来源。

5. 维生素 B_2(核黄素)

(1)营养功能

①构成酶的重要成分。维生素 B_2 在体内参与一些脱氢酶的组成,在机体生物氧化过程中起传递氢的作用,与细胞的呼吸有密切的关系,若机体内维生素 B_2 缺乏时,则物质代谢不能正常进行。

②保持眼睛、皮肤、口舌及神经系统的正常功能。当维生素 B_2 缺乏时,可发生结膜炎、

角膜炎、脂溢性皮炎、舌炎、阴囊炎等病症。

③参与蛋白质的代谢。维生素 B_2 是肌肉蛋白质合成不可缺少的因素。缺乏时，肝、血浆以及肌肉中的蛋白质含量都降低，肌肉蛋白质的再生率变慢，所以它对肌肉发育有重要的作用。

（2）供给量及来源

一般认为，膳食中维生素 B_2 的供给量与维生素 B_1 相同，应以每 4185 kJ 热量所需维生素 B_2 表示。世界卫生组织建议维生素 B_2 供给量标志为 0.5 mg/4185 kJ，我国暂定标准与此相同。运动员的维生素 B_2 供给量，一般训练期为 2 mg/d，比赛期为 2.5～3 mg/d。

维生素 B_2 来源于动物肝脏、肾、心脏，牛奶、鸡蛋、绿叶蔬菜和豆类等。若膳食调配不当，则较容易发生缺乏症，可补充维生素 B_2。

6. 维生素 C

（1）营养功能

①促进生物氧化。维生素 C 的氧化还原反应应为可逆反应，在体内形成一种氧化还原系统，起传递氢的作用，提高组织的生物氧化过程，促进物质代谢，从而提高机体的工作能力。实践证明，维生素 C 可以提高运动员的竞技能力，对疲劳和过度训练都有治疗作用。

②促进组织中胶原的合成。维生素 C 是合成细胞间质的必需物质，结缔组织、骨组织、牙釉质中的胶原及毛细血管的细胞间质，都由胶原蛋白构成，而胶原蛋白的形成必须有维生素 C 参与。故维生素 C 缺乏时，细胞间质不能形成，可发生坏血病。坏血病主要表现为毛细血管壁脆性增加，易出血，以牙龈出血最为常见，严重时皮肤和内脏也出血，牙齿松动，牙和骨骼的发育受影响。

③增加机体的抵抗力和抗癌作用。维生素 C 能促进抗体生成，促进血细胞的噬菌能力，从而提高机体对传染病的抵抗力。维生素 C 具有阻碍亚硝胺（致癌物质）合成的作用，在食用香肠和腌肉制品时服用一定量的维生素 C 对预防癌症的发生有益。

④促进铁的吸收。维生素 C 将食物中的三价铁还原为二价铁，有利于机体吸收利用。

（2）供给量及来源

一般成年男子每日需维生素 C 75 mg，女子需 70 mg，儿童少年或成人受伤患病时，维生素 C 的需要量相对增加。维生素 C 主要来源于蔬菜和水果，如青菜、韭菜、菠菜、青椒、花菜、柑橘、山楂。储存和烹饪容易破坏维生素 C，所以蔬菜水果应尽可能保持新鲜和生吃。

运动员维生素 C 的需要量应随运动强度的加大而增加。防止坏血病发生的维生素 C 的最小需要量是 10～20 mg/d；使体内维生素 C 达到饱和水平时的维生素 C 的需要量是100～150 mg/d。推荐运动员维生素 C 供给量：一般训练期为 100～150 mg/d，比赛期为150～200 mg/d。

7. 维生素 PP（烟酸）

（1）营养功能

烟酸在体内以烟酰胺的形式存在，是辅酶Ⅰ与辅酶Ⅱ的组成部分，是组织中十分重要的递氢体，为细胞呼吸所必需，可维持皮肤、神经和消化系统的正常功能。在机体代谢过程中，烟酸具有重要的作用，特别是参加糖、脂类和蛋白质的代谢。

（2）供给量及来源

成人每日烟酸的需要量为 15～20 mg，即为维生素 B_1 的 10 倍。尼克酸广泛存在于动植物性食物中,烟酸含量较丰富的有酵母、花生、稻谷、豆类及动物内脏。烟酸往往与硫胺素、核黄素同时存在。

(五)矿物质与运动

矿物质又称无机盐,是构成人体组织和维持正常生理活动的重要物质。人体组织几乎含有自然界存在的所有元素,其中碳、氢、氧、氮 4 种元素主要组成蛋白质、脂肪和碳水化合物等有机物,其余各种元素大部分以无机化合物的形式在体内起作用,统称为矿物质或无机盐。也有一些元素是体内有机化合物(如酶、激素、血红蛋白)的组成成分。根据这些矿物质在人体内含量的多少,将其分为常量元素,包括钙、磷、钾、钠、镁、氯、硫 7 种,它们都是人体必需的元素;含量小于体重的 0.01% 的元素称为微量元素,种类很多,目前人们认为必需的微量元素有 14 种,它们是锌、铜、铁、恪、钴、锰、钼、锡、钒、碘、硒、氟、铂、硅。微量元素在体内含量虽小,却有很重要的生理功能。

矿物质和微量元素与其他营养素一样,并不是多多益善。在体内,每种矿物质和微量元素发挥其生理功能都有一定的量的适宜范围,小于这一范围可能出现缺乏症状,大于这一范围则可能引起中毒,因此,一定要很好地掌握它们的摄入量。

无机盐对于运动员的重要性,在于运动过程中增强了人体的各种物质代谢过程,因而运动员矿物质的营养状况对其健康和运动能力有重要的影响。近年来,不同运动负荷对矿物质的代谢的影响,以及这些无机盐的营养状况与运动员的机能状态和运动能力的关系已引起重视。下面介绍营养中较易缺乏或对运动员有特殊意义的几种无机盐。

1. 钙

(1)营养功能

①构成骨骼和牙齿。钙是骨骼和牙齿的主要成分,两者合计约占体内总钙量的 99%。在人的一生中骨骼的形状和质量都在不断变化,20 岁前骨骼的含钙量逐年增加,35 岁达到高峰,40～50 岁以后逐年下降。这种随年龄发生的变化,女性早于男性,并可能出现骨质疏松现象。

②维持神经肌肉的正常兴奋性。钙与镁、钾、钠等离子在血液中的浓度保持一定比例才能维持神经、肌肉的正常兴奋性。缺钙时,神经肌肉的应激性增高,肌肉容易发生痉挛。

③参与凝血过程。钙离子是使血液保持一定凝固性的必要因子之一,也是体内许多重要酶的激活剂。若缺乏,则凝血受影响。

(2)供给量及来源

考虑到我国人民以植物性膳食为主,钙的吸收率比较低,我国营养学会推荐的钙供给量为成年人不分男女每日都是 800 mg,青少年、孕妇和乳母应适当增多。奶和奶制品中钙含量最为丰富且吸收率较高。小虾皮中含钙量特别高,芝麻酱、大豆及其制品也是钙的良好来源,深绿色蔬菜,如小萝卜綑、芹菜叶、雪里蕻等含钙量也较高。

我国儿童少年运动员的每日钙供给量规定为:7～11 岁,0.8～1.0 g/d,12～18 岁,1.0～1.2 g/d,并要求乳酸钙至少占 30% 以上。成年人在一般训练期为 0.8 g/d,比赛期为 1～1.5 g/d。据研究报道,我国运动员普遍存在钙摄入不足的问题。为此,对于运动员尤其是那些控制体重的女运动员来说,应该注重从富含钙的食品中摄取钙,以预防骨营养不良。

2. 磷

(1)营养功能

①构成骨髓和牙齿。磷也是构成骨骼和牙齿的主要成分。人体内磷含量的70%～80%与钙结合成羟磷灰石存在于骨骼及牙齿中。

②参与物质能量代谢。磷是体内许多酶的重要成分,在物质代谢中有重要作用。一切肌肉活动、神经系统的活动以及糖和脂肪的代谢,都需含磷的化合物参加,供给肌肉收缩的能量物质,如三磷腺苷、磷酸肌酸都是磷的化合物。机体的能量消耗越大,磷的消耗越多。

③磷与脂肪合成磷脂。磷脂是构成神经组织和细胞膜的重要物质。

④维持血液的酸碱平衡。磷在血液中以酸性磷酸盐与碱性磷酸盐的形式存在,是一对重要的缓冲体系。

由于磷与能量代谢和神经肌肉的活动等有密切关系,磷酸盐的补充能加强体内的磷酸化过程,有可能改善运动能力。磷缺乏时,可引起ATP和磷酸肌酸水平的降低,肌肉能量代谢受损。因而磷是运动员膳食中的营养素之一。

(2)供给量及来源

成人磷的需要量每日为1.5 g,运动员磷的需要量每日为2.0～2.5 g,在能量消耗大或神经高度紧张的情况下,每日需磷3.0～4.5 g,若膳食中蛋白质和钙的含量充足,则所得的磷也能满足机体的需要。

磷广泛存在于动植物组织中,一切富含蛋白质的食物中都含有磷,如蛋类、肉类和鱼类等。植物性食物中,豆类和绿色蔬菜含磷量也较高。

3. 铁

(1)营养功能

铁是合成血红蛋白的主要原料之一。血红蛋白的主要功能是把新鲜氧气运送到各组织。铁缺乏是不能合成足够的血红蛋白,造成缺铁性贫血。铁还是体内参与氧化还原反应的一些酶和电子传递体的组成部分,如过氧化氢酶和细胞色素都含有铁。

(2)供给量及来源

每日铁供给量成年男子为12 mg,妇女为18 mg,孕妇和乳母为28 mg。运动员推荐的每日铁供给量:常温下训练,男子为20 mg,女子为25 mg;高温下训练,男子为25 mg,女子为30 mg。运动员均为缺铁性贫血的高发人群,应加强医务监督。若要改善运动员的铁营养状况,宜选择富含铁的食物。

含铁较多的食物有动物肝脏、蛋黄、豆类、绿色蔬菜、五谷的外皮及胚叶部分,此外,在做菜时最好用铁锅,并用醋等酸性食物,可使铁锅的铁质溶解,增加食物中的铁供给量。蛋白质和维生素C能促进铁质的吸收,但食物中若脂肪过多则影响铁的吸收。

由于铁的营养状态直接影响到运动员的运动能力,因此经常性监测和评价运动员的铁营养状况,对于保护运动员的健康和提高运动能力有重要的意义。

4. 氟

(1)营养功能

在体内氟主要分布于骨骼和牙齿中,其主要功能是预防龋齿和老年性骨质疏松症。但过量摄入氟可引起中毒,首先出现牙齿珐琅质的破坏,牙面光泽逐渐消失,出现灰色斑点,即为斑牙症。

（2）供给量及来源

食物中含氟量较低,每日膳食中摄取氟 0.8～1.6 mg,饮水中摄入 1.5 mg,即每人每日氟的总摄入量为 2.3～3.1 mg,此量满足机体需要又不会出现机体中毒,茶是含氟量最高的饮料。

5. 锌

（1）营养功能

①促进生长发育,参与核酸和蛋白质的合成,可促进细胞生长、分裂和分化,也是性器官发育不可缺少的微量元素。人体缺锌时,儿童少年生长停滞或迟缓,出现创口愈合不良,少年期性器官发育幼稚化。

②改善味觉,增进食欲。

③增强对疾病的抵抗力。

（2）供给量及来源

成人每日所需锌 2.2 mg,以膳食中锌的吸收率为 20％计算,每日锌供给量为 15 mg,孕妇和乳母为 20 mg。动物性食物是锌的可靠来源,海牡蛎含锌最丰富,其次为畜肉、禽肉、肝脏、蛋类、鱼及一般海产品。

现在对运动员的锌需要量尚缺乏研究,但估计会比正常人高。运动员宜从含锌丰富的食品,如高蛋白食物、海洋生物以及鲜肉中摄取锌,以保证良好的锌营养状态。

（六）水与运动

水是一切生物体的重要组成部分,是人类赖以维持最基本生命活动的物质,对维持机体的正常功能和代谢具有重要作用。所以,水是一种重要的营养素。一般情况下,水相对较容易得到,人们往往忽视了它的重要性,实际上水的重要性甚至超过其他营养素。人体内所有生命现象和物质代谢过程都有水的参与,如消化作用、血液循环、物质交换、组织合成,都是在水溶液中完成的。体内许多有毒物质也是随水排出的。

水在人体内的含量较多,机体各部分都含有水,水的总量约占体重的 60％,其中 40％为细胞内液,20％为细胞外液,细胞外液包括血浆及细胞间液,其含水量分别占 5％和 15％。其余水分在骨骼、软骨和结缔组织中。

1. 水的营养功用

（1）水是细胞和体液的重要成分

人体各种生理活动和生化反应都在体液进行,水是必不可少的介质,没有水一切代谢活动便无法进行,生命也停止了。

（2）运输作用

许多物质可以溶解在水中通过循环系统转运。即使是难溶或不溶于水的物质,如脂类及某些蛋白质也能分散于水中成为胶体溶液,通过血液循环运输至全身各组织器官。

（3）维持正常体温

水的比热高,能吸收较多热量,以保持体温不至发生明显的波动。体内物质代谢产生的热量可通过汗液蒸发散热,使体温维持恒定。

（4）润滑功能

水在体内还有润滑作用,如关节腔内的滑液,能减少关节活动时的摩擦,口腔中的唾液可使食物容易吞咽,泪液可防止眼球干燥。

（5）维持脏器的形态和机能

体内结合水与蛋白质、黏多糖和磷脂等相结合而形成胶体,使脏器维持一定的形态和坚实性。例如,心脏含水 79%,主要为结合水,使它的形态坚实而成固体。而血液含水 83%,主要为游离水,有利于血液循环流动。失水过多导致血液浓缩、血流缓慢,从而影响其对肌肉的供氧和代谢废物的排泄,出现肌肉酸痛,运动能力下降。体内含水量达到体重的 4%~5%时,肌力下降 20%~30%。有研究表明,脱水对短时间力量运动项目(如举重)的运动能力无明显的影响,但对极限运动和耐力项目有严重的影响。

人体失水量占体重的 1%~2%,就会感到口渴、尿少;当失水量占体重的 5%时,皮肤就开始起皱纹,感觉口干唇焦,甚至出现意识模糊或幻视;当失水量占体重的 14%~15%时,则危及生命。一个人只饮水不吃饭可维持生命 20~30 d,而不饮水的人仅能生存 5~6 d,从这意义上讲,水比食物对维持生命更为重要。

2. 供给量与来源

许多因素(如年龄、环境温度、劳动强度和维持时间)可影响人体对水的需要量。一般情况下,正常人每日约需水 2500 mL。10~14 岁青少年每日每千克体重需水 50~80 mL,而成人每日每千克体重需水 40 mL。人体主要通过饮水和进食食物获得水分。碳水化合物、脂肪和蛋白质代谢过程中也产生一部分水,称为代谢水,但数量较少。

第二节　热　能

一、热能的概念

机体的一切生命活动,如细胞的生长繁殖、组织的更新、营养物质的运输、代谢废物的排泄、心脏的跳动、肌肉的收缩和神经的传导等,都需要热能。没有热能,任何器官都无法工作,生命也就此停止了。

人体所需要的能量来自食物中的糖、脂肪和蛋白质。食物在体内经酶的作用进行生物氧化释放出热能。目前,国际上以焦或焦耳(Joule,简称为 J)为热能的计量单位。1 J 即是 1 牛顿的力使 1 kg 物质移动 1 m 所消耗的能量。以往营养学上惯用卡(cal)或千卡(kcal)表示热量。1 kcal 即使 1 L 15 ℃纯水升到 16 ℃时所吸收的热量。焦耳与卡之间的换算关系是:1 kcal=4.184 kJ;1 kJ=0.239 kcal。

二、影响人体热能消耗量的因素

人体对能量的需要与其消耗的能量相等,人体消耗的能量用于基础代谢、体力活动和食物的特殊动力作用。对于生长发育中的儿童,还包括生长发育所需要的能量。

(一)基础代谢

基础代谢是维持生命基本活动的最低能量需要,即身体完全安静、松弛,无体力、脑力劳动,无胃肠消化活动,清醒静卧与室温 18 ℃~25 ℃舒适条件下的代谢状态。基础代谢消耗的能量是维持生命活动最基本的能量需要。人体的基础代谢受体表面积、体形、年龄、性别、内分泌状态精神因素等影响。人在平静思考问题时,对能量代谢并无明显影响,产热量的增加一般不超过 4%。但精神紧张伴有情绪激动时,如在恐惧、焦虑、愤怒、紧张等情况下,能量代谢明显增强。这一方面是由于精神紧张时,骨骼肌的紧张性也加强,这时虽无明显的肌肉活动,但热量产生已经提高;另一方面是交感神经兴奋,肾上腺素分泌增加,使体内组织代谢加强,产热量增加。

一般来说,基础代谢男性比女性高,儿童和青少年比成年人高,寒冷气候下比温热气候下高。

(二)体力活动

人体能量消耗的主要部分是体力活动的消耗。体力活动消耗能量的数量与活动强度、活动持续时间以及工作的熟练程度有关,其中肌肉活动对热能代谢的影响最显著。机体进行轻微的活动均可提高能量代谢率,剧烈运动或劳动时,产热量可增大到安静时的 15～20 倍。

(三)食物的特殊动力作用

人体由于摄入食物而引起能量代谢额外增高的现象叫作食物的特殊动力作用。它是由于食物在消化、运转、代谢及储存的过程需要消耗能量。各种营养的特殊动力作用强弱不同,蛋白质最强,其次是碳水化合物,脂肪最弱。一般混合膳食的特殊动力作用所消耗的能量约为每日消耗能量总数的 10%。

(四)生长发育

儿童和青少年的生长发育需要能量来建立新的组织,每增加 1 g 新组织约需要消耗 20 kJ 能量。同样,孕妇体内胎儿的生长发育和自身生殖器官的增生也需要消耗相应的能量。能量摄入必须和生长速度相适应,否则生长便会减慢或者停止。

三、热能供给量的标准

根据我国居民饮食习惯,一般成人膳食中糖、蛋白质和脂肪供能各占总能的 60%～70%、10%～15%、20%～25%。人体热能的需要量因劳动强度、年龄、性别、生理特点等因素有所不同。人在不同年龄阶段,体内热能需求有所不同,儿童少年生长发育迅速,代谢旺盛,能量代谢相对较高。因此,在确定儿童少年热能需要时,除根据基础代谢、食物的特殊动力作用以及体力活动等三方面的消耗外还应该考虑供应生长发育所需的能量物质。

人体热能来源主要是食物中的糖类、脂肪和蛋白质。一般成人热能摄入量和消耗量保持平衡,就能维持各种正常的生理活动和身体健康。热能供给量过多或不足时都会影响健康,甚至引起疾病,长期热能供给不足可发生营养不良症;热量过剩,则在体内转变成脂肪,形成肥胖。

中国营养协会将 18～44 岁的男性的体力活动强度分为五级,按体力活动强度的差异提出了不同的能量供给量标准。极轻体力劳动:以坐着为主的工作,如办公室工作、组装和修理收音机、钟表等工作,业余有一定的文化活动;轻体力劳动:以站着为主的工作,有少量走动,如一般实验室操作和教师讲课等;中等体力劳动:如学生的活动和汽车司机的工作;重体力劳动:如炼钢工人、农民的劳动;极重体力劳动:如非机械化的装卸、伐木、采矿等。女性仅为四级(无极重体力劳动一级)。儿童、青少年及孕妇、乳母的能量供给量应相应地增多。

关于热能供给量的具体标准见 1988 年中国营养学会推荐的我国人民每日膳食中热能供给量(表 5-3)。

表 5-3　我国人民每日膳食中热能供给量

	劳动情况	热能/kJ(kcal)
成年男子	极轻体力劳动	10041.6(2 400)
(体重 65 kg)	轻体力劳动	10878.4(2 600)
	中等体力劳动	12552(3 000)
	重体力劳动	15062.4(3 600)
	极重体力劳动	17572.8(4 200)
成年女子	极轻体力劳动	9204.8(2 200)
(体重 55 kg)	轻体力劳动	10041.6(2 400)
	中等体力劳动	11715.2(2 800)
	重体力劳动	14225.6(3 400)
	孕妇,后 5 个月	+1255.2(+300)
	乳母,一年内	+4184(+1 000)
少年男子	16~19 岁(体重 54 kg)	+4184(+1 000)
	13~15 岁(体重 42 kg)	12552(3 000)
少年女子	16~19 岁(体重 54 kg)	10878.4(2 600)
	13~15 岁(体重 42 kg)	11296.8(2 700)
儿童	10~13 岁	10460(2 500)
(不分性别)	7~10 岁	9623.2(2 300)
	5~7 岁	8363(2 000)
	3~5 岁	6694.4(1 600)
	2~3 岁	5020.8(1 200)
	1~2 岁	4602.4(1 100)
	1 岁以下	418.4(100)/1000 g 体重
	6 个月以下	502.1(120)/1000 g 体重

本表引自王堆群主编:《营养学》,高等教育出版社 2001 年版

　　超过表 5-3 中年龄范围者应适当减少热能供给量,校正的原则如下:40~49 岁减 5％,50~59 岁减 10％,60~69 岁减 20％,70 岁以上减 30％。

　　在一定时期内机体的热能收支不平衡,首先反映在体重变化上,然后可发展到降低身体机能影响健康,引起疾病,甚至缩短寿命。所以,无论热量过多还是不足都会对人体健康产生危害。

（一）热量过多的危害

　　摄入热量过多,其多余部分在体内转变为脂肪,使体脂增多,体重增加,形成肥胖。肥胖对健康不利,大量脂肪积聚在皮下,还有许多脂肪沉积在一些内脏上。脂肪过多引起的肥胖

也增加了机体的负担,妨碍活动,对提高运动成绩不利。过于肥胖者,由于肺泡换气不足而发生缺氧,心脏工作负担加重。肥胖者还易发生高血压、冠心病、脂肪肝、糖尿病、胆石症、痛风症等疾病。

（二）热量不足的危害

长期摄入热能不足,体内储存的脂肪和糖原将被动用,甚至体内的重要物质——蛋白质也被动用分担供能,使体重减轻,瘦体重也减轻,导致肌力减弱,工作效率下降。

造成热能不平衡的原因有两方面:饮食与运动。就个体而言,可能是摄入热量过多或不足,也可能是缺乏运动或运动过度。因此,解决问题一定要根据具体情况而定。

此外,某些疾病也可能引起热能失去平衡。评定热能是否适当最简单的方法是观察一定时期的体重变化或测量皮脂厚度,以使能量摄入和消耗保持动态平衡。

四、人体需热量的测定

热能的需要量是以本人的消耗为依据的。人体热能消耗的测定,较精确的方法有直接测热法和间接测热法,但这两种方法都需要复杂的技术设备,不易进行。一般在营养测定中常采用较简单的活动观察计算法或体重平衡法。

（一）活动观察计算法

详细观察和登记受试者一天(24 h)中各种活动的内容及时间,然后将各项活动的热能消耗率乘以从事该活动所占用的时间;将 24 h 内各项活动的热能消耗量相加,得出某人一天的能量消耗。采用平衡膳食时,在此基础上再加上 10% 的食物的特殊动力作用所消耗的热量,就是一天的热量需要量。观察天数越多,准确性越大,一般需要 5~7 d。(表 5-4)

表 5-4　一日活动能量消耗调查表

姓名:＿＿＿＿＿＿　　性别:＿＿＿＿＿＿　　年龄:＿＿＿＿＿＿　　　　单位:＿＿＿＿＿＿

体重(kg):＿＿＿＿＿＿　　运动专项:＿＿＿＿＿＿

日期:＿＿＿＿年＿＿＿月＿＿＿＿日

活动内容	时间(min)	热能消耗[kJ/(kg·min)]	共计(kJ/kg)

全天的能量消耗＝＿＿＿＿＿＿＿(kJ/kg)×体重＿＿＿＿＿＿＿(kg)＝＿＿＿＿＿＿＿kJ

运动活动能量消耗＿＿＿＿＿＿＿kJ/d,为总能量的＿＿＿＿＿＿＿%。

调查者:＿＿＿＿＿＿

（二）体重平衡法

只适用于健康成年人。健康成年人有维持热能平衡的调节机制,使热能的摄入与消耗平衡。因此,精确的计算出一定时期(连续 15 d 以上)所摄入的食物热量,并测定此时期始末的体重。根据体重的变化,按每克体重消耗相当于 0.034 kJ 热量进行计算,即可得出此时期的热能消耗。这种方法虽然简单,但不精确,只宜作参考。

（三）根据不同劳动强度简单计算法

根据受试者的活动强度差别,按表 5-5 的热能值乘以体重即得一天的热能需要量。(说明:单位为每天、每千克体重需要的热能)

表 5-5　不同劳动强度的热能需要

活动类别	需要热能〔kJ/(kg.d)〕
极轻体力劳动	0.15～0.17
轻体力劳动	0.17～0.19
中等体力劳动	0.19～0.21
重体力劳动	0.21～0.25
极重体力劳动	0.25～0.29

本表引自姚鸿恩主编:《体育保健学》,高等教育出版社 2001 年第三版

第三节　运动项目和比赛的营养要求

一、运动员营养的一般要求

良好的营养是运动员取得优异成绩的前提之一,营养不当,会使运动员的生理功能和运动能力下降,影响训练效果,妨碍运动成绩的提高。随着体育科学的发展,人们对营养的认识已不仅仅是用来维护运动员的身体健康,而是进一步研究如何根据不同运动项目运动员体内物质代谢的特点,科学地利用营养因素以促进运动成绩的提高。

运动员合理营养的基本要求:

（一）热量平衡

运动员食物的数量应满足运动训练或比赛能量消耗的需要,即使运动员能保持适宜的体重和体脂;食物的质量应保证各种营养素的需要及其适宜的比例。食物中能源物质蛋白质、脂肪和碳水化合物的比例应根据不同运动项目而定。一般情况下,蛋白质提供的能量占总能量的 12%～15%,脂肪提供的能量占总能量的 25%～30%。参加水上运动项目或冬季运动项目的运动员的脂肪能量可适当增加,但脂肪供给的能量以不大于总能量的 35% 为宜。碳水化合物提供的能量为总能量的 55%～65%。耐力运动项目的碳水化合物提供的能量可达到总能量的 70%。不同的运动项目、运动强度和持续时间,总的能量消耗不同,需补充的能量也不同。运动员每天能量消耗在 14647～16740 kJ 范围内。

（二）充足的维生素

运动员体内代谢旺盛,激素分泌增加,大量排汗,维生素的损失较多,所以要补充充足的维生素。合理摄入维生素可以提高运动成绩,若过多服用某一种维生素可导致维生素之间的不平衡,不但不能改善工作能力,还会产生不良影响;若维生素摄入量较少时,易出现缺乏症状。各种维生素摄入量只有保持适宜的比例,才能使其在体内发挥良好的作用。(表5-6)

表 5-6　不同项目运动员的维生素需要量(mg/d)

类别	维生素 A	维生素 B$_1$	维生素 B$_2$	维生素 PP	维生素 C	维生素 D	维生素 E
非运动员	1.5	1.5	2	20	75	2	5
速度、力量运动员	2	4～6	3	25	100～200	2	7
耐力运动员	2	6～10	4	25～30	100～300	2	10

本表引自运动医学编写组:《运动医学》,人民体育出版社 1999 年版

对维生素的需要量,因运动项目不同而有所区别。长时间的耐力性项目对维生素 B$_1$、维生素 C 的需要量很大。剧烈运动对维生素的需要量增加,而运动员对维生素缺乏的耐受性又比一般人差,这样可使维生素缺乏症提前出现。运动员早期维生素缺乏症表现为运动能力下降,容易疲劳,免疫力减弱。一旦维生素得到补充,运动员维生素缺乏而出现的症状会随之得到改善。

（三）充足的无机盐

运动员对微量元素和矿物质的需要量较多,一方面是由于运动时体内代谢加强,激素分泌与酶的活动增强,同时大量排汗,微量元素和矿物质丢失较多。另一方面,体内充足的微量元素和矿物质储备,可改善机体的工作能力,提高运动成绩。(表5-7)

表 5-7　运动员的矿物质需要量

时间	钾/g	氯化钠/g	钙/g	镁/mg	铁/g
训练期	3	15	0.8	300～500	15
比赛期	4～6	20～25	1～1.5	500～800	20～25

（四）合理的热量分配

三餐热能的分配应根据运动训练或比赛的任务来安排,运动员在上午训练时,早餐应有较高的能量,并含有丰富的蛋白质、无机盐和维生素等;下午训练时,午餐应适当加强,但要注意避免胃肠道负担过重;晚餐的能量一般不宜过多,以免影响睡眠。早、中、晚三餐摄取的能量大致为 30%、40%、30%。大运动量训练时,能量消耗增加 20922～25106 kJ(5000～6000 kcal)或更多,可采用加餐的措施,可采用点心或其他加餐的办法,但运动员一日食物的总重量不宜超过 2.5 kg。体积过大的食物会影响运动能力,尤其是有合理冲撞的运动项目训练更需要注意食物的体积。

大运动量训练或比赛前的一餐一般应当在 3 h 以前完成,因为正常情况下胃中食物的排空时间为 3～4 h,不容易消化的食物,如牛肉,可在胃内停留 5～6 h。运动时,内脏缺血,

若进食和运动训练的间隔时间太短,不仅影响消化,食物停留在胃内,也会影响运动。运动结束后,血液主要分布在肢体皮肤血管内,内脏仍处于暂时性缺血状态。因此,运动结束后不宜立即进食,需要休息至少 40 min 以后再进食。

总之,运动员的食物要从营养学观点出发,选择那些易消化吸收的营养丰富的食物,同时注意酸碱性食物的搭配,烹调时尽量保留食物的营养成分,此外还要注意食物的色、香、味,以增进运动员的食欲。

二、不同运动项目的营养特点

不同运动项目,因其项目特点不同,对机体的能量代谢的要求也不同,对膳食营养也有特殊的需要。因此,必须针对各类比赛项目要求提供特殊的营养。

(一)速度性运动项目的营养特点

速度性运动的代谢特点是能量代谢率高,运动中高度缺氧,能量来源主要依靠磷酸原供能系统和糖无氧酵解供能系统。因此,膳食中应含较多易吸收的碳水化合物、维生素 B_1、维生素 C、蛋白质、磷,以满足肌肉的神经代谢的需要。蛋白质的供给量为每日每千克体重 2 g 以上,占一日总热量的 15% 以上,且优质蛋白质占 1/3。因糖的无氧酵解可在短时间内产生大量的乳酸,应在赛前多吃蔬菜、水果等碱性食物,以增加体内的碱储备。

(二)耐力性运动项目的营养特点

耐力性运动项目的运动时间长,其代谢特点是热能和各种营养素的消耗大,能量代谢以有氧氧化为主,肌糖原消耗增加,蛋白质、氨基酸代谢加强,脂肪成为主要的供能物质。因此,耐力性运动对各种营养素的需要量均较高。膳食中应多选择一些含碳水化合物丰富的食物,如馒头、面包、发面饼、饼干、蜂蜜、果酱、果冻、蛋糕等食物,或采取赛前补糖措施,以提高肌肉和肝脏的糖原储备量。糖在平时膳食中的供热比可占 50%~60%,大运动量训练或比赛可提高到 70%,蛋白质对于维持运动中机体的血糖水平有重要的意义。由于体内肝糖原储备不多,成人能动用的不到 70 g,不能满足长时间运动的需要,转而靠脂肪供能。但是脂肪只能氧化供能,不能转化为葡萄糖,因此血糖水平需由氨基酸转化成葡萄糖来维持。所以蛋白质对于耐力性运动员很重要,在膳食总热量中可占 12%~14%。为了使食物具有高热能且体积小,以减轻胃肠负担,膳食中可适当增加脂肪含量,其供热比可占总热量的 30%~50%,如添加牛奶、奶酪等,还可采取少食多餐制,以提供足够的热量。此外,耐力性运动员出汗较多,可以补充一些含电解质的糖的饮料,以维持血的容量,降低循环系统的应激性和防止机体过热。

(三)力量性运动项目的营养特点

力量性运动要求肌肉有较强的力量和爆发力,该运动热能消耗较大。为了发展肌肉,膳食中对蛋白质和维生素 B_2 的需求量大,蛋白质供给量要达到每日每千克体重 2 g 以上,占一日总热量的 15%~20%,其中优质蛋白质占 1/3。为了保证神经肌肉组织的正常功能,要补充足够的钠、钾、钙、镁等电解质和碳水化合物及维生素 B_1。此外,从事举重、摔跤等项目的运动员还有控制体重和急性降体重的特殊营养问题,应特殊安排。

(四)灵巧性运动项目的营养特点

灵巧性运动对机体的协调和神经系统的紧张性要求较高,同时对体重与体质成分要求较高。其代谢特点是热能消耗不大,对热能平衡要求较严格。膳食中热能不宜过多,以免影响体重或体脂,应有充分的蛋白质摄入,其热能供给平时为 12%～15%,控制体重期可达 18%。为保证神经系统的机能,需要足够的维生素 B_1、维生素 C 和磷。此外,体操等项目的运动员还有控制体重的特殊营养问题,应特殊安排。

(五)其他运动项目的营养特点

足球、篮球和排球等运动项目,对速度、耐力、灵巧、力量各方面素质的要求较全面,运动量大,热能消耗大,因此对营养的要求也要全面,需要量较高。游泳、水球等水中运动,除具有耐力或速度等特点外,机体散热较多,能量消耗大,膳食中需要较多的脂肪,同时需较多的维生素 A 以保护皮肤。射击、射箭等对运动员视力要求较高,膳食中要求含较多的维生素 A。

三、比赛前的营养

运动员的比赛成绩取决于科学的训练方法、良好的竞技状态和合理的饮食营养。合理的饮食营养有助于提高运动员的训练效果和竞技能力,并促进运动后体力的迅速恢复。但必须指出,饮食营养促进竞赛能力的良好作用不是在短期内产生的,所以不能过高地期望赛前饮食营养产生"奇迹",运动员在比赛前处于高度兴奋和精神集中的胜利紧张应激状态,胃肠道和脾区的血流量减少以及下部肠蠕动增加使运动员消化机能减弱,可出现食欲减退和腹部不适甚至腹泻等症状。比赛前的饮食营养有助于为运动员保持良好的竞技状态创造条件;相反,如果比赛前饮食营养不当,如采用饥饿或脱水等不合理措施快速减轻体重,常会使运动员的比赛能力下降,甚至发生消化功能紊乱、腹胀、腹痛、呕吐、腹泻、低血糖、疲劳无力和肌肉痉挛等情况,以致降低竞赛能力,影响运动竞赛成绩。

比赛期的营养根据比赛的阶段一般分为赛前、赛中和赛后三个阶段的营养安排。

(一)赛前营养

比赛前的营养安排与运动员比赛时的体内营养状况和机能状况有很大关系。我国学者将比赛前的营养养分分成比赛前的营养和比赛当日赛前一餐的营养。

1. 比赛前期的营养安排

比赛前期的营养,一般以比赛前 10 d(训练调整期)为赛前营养调整时期。此时的营养任务主要是使运动员保持适宜的体重,增加体内维生素储备、碱储备及糖原储备,所以其饮食营养措施具体要求如下:

(1)保持适宜的体重和体脂。运动员在赛前均不同程度地减少运动负荷,相应地减少热量的摄入,以免热量过多,使体脂和体重增加。多余的体重和体脂是限制耐力、速度和力量的因素,比赛前期的营养应使运动员保持最佳的体重和体脂水平,以获得最佳体能。

(2)适当减少蛋白质和脂肪等酸性食物的摄入,因为蛋白质和脂肪的代谢产物是酸性的,增加体内的酸性,促使疲劳发生。

(3)饮食多样化,食物色香味美,营养平衡,含有充足的无机盐和维生素。

(4)增加碱储备,可多吃水果和蔬菜。

(5)保持体内有充分的水分,对于大量出汗的运动项目,在赛前训练时应特别注意及时补液。

(6)赛前增加糖负荷和补糖。

(7)按比赛时的情况调整进餐时间和食物组成,使运动员逐渐适应比赛时的膳食安排。

2. 比赛当日赛前一餐的营养安排

运动员在比赛期间处于高度紧张状态,消化机能减弱,比赛当日赛前一餐对运动员在比赛时的生理状况有很大的影响,尤其是长时间、长距离的比赛项目,能量消耗大,赛前一餐的营养膳食很重要。具体营养膳食要求是:

(1)食物量不要大,食物体积要小、重量要轻,能量为20.9~41.8 kJ,以七成饱为宜。

(2)食物要易于消化吸收,不含粗纤维多和易产气的食物,如芹菜、韭菜、大豆等。

(3)热源比例一般要求高糖、低脂、低蛋白质。但长时间比赛项目可适当增加脂肪比例,以免过早产生空腹感和血糖水平过早下降。

(4)低盐,摄入盐过多会增加机体的排水量。对于大量出汗的比赛项目,应在赛前补液约500 mL。

(5)赛前补糖,一般耐力性运动项目可在比赛前2h或赛前即刻补糖,这对节省体内糖原、防止低血糖和延迟疲劳发生有积极的意义。但应避开在赛前15~45 min补糖。

(6)赛前服用维生素C,其用量为15~200 mg,赛前30~40 min服用。

(7)膳食采用平时已习惯的和喜爱的食物,不宜换新的食物或改变饮食习惯的进餐时间。

(8)赛前一餐应在比赛开始的2.5 h以前完成。赛前30 min内进餐会出现胃肠部饱满感,影响比赛。

(9)赛前一餐不宜服用咖啡或浓茶,以免使赛中尿量增多。赛前不可服用含酒精的饮料,因为酒精会延缓反应时间,产生乳酸盐,影响细微的协调能力。

(二)赛中营养

运动员在长时间、剧烈的比赛中,体力消耗很大,体内营养储备不能满足需要,使肌糖原含量下降,血糖下降,易产生疲劳。比赛中大量出汗,会使体液处于相对高渗状态。为了及时补充比赛中消耗的能源物质和水分,可在比赛中补充食物和饮料。食物以含碳水化合物为主,并含各种营养素的流质或半流质膳食为宜,食物体积要小,以免影响呼吸,运动员可根据饥饿感觉选择进食。赛中饮料补充以低渗为主。

(三)赛后营养

赛后的饮食应该是含高糖、低脂肪、适量蛋白质和容易消化的食物。为促进赛后的恢复,补液(采用含电解质的运动饮料)极其重要。液体的补充量应满足体重恢复到赛前的水平。

在体内能量储备物资的恢复方面,补充糖类食物或含糖饮料的时间越早越好,同时补充电解质、维生素、微量元素和碱性食物的平衡膳食。

第六章　体育运动保健

第一节　体育运动与卫生

一、体育锻炼卫生

体育卫生是运用卫生学和体育科学的理论、知识和技能,研究体育锻炼过程中影响人体健康的各种因素,以及人体与体育锻炼之间的相互关系,制定并实施在体育锻炼中必须遵循的各项体育卫生要求和措施,用以帮助与指导体育锻炼者进行科学、合理的体育锻炼,达到增强体质、增进健康的目的的一门科学。

体育锻炼是人体在一定负荷条件下,通过多次重复的身体练习,给人体各器官系统以一定的强度和量的刺激,使机体在形态结构、生理机能和生物化学等方面的适应性增强。在这一过程中,为保证刺激的性质、强度、数量、时间等因素能达到预期的效果,必须遵循体育锻炼的基本原则。

二、个人卫生

个人卫生与人体健康关系密切,在日常生活中人们往往不是很重视,因此引起许多疾病。个人卫生牵涉面广,主要介绍以下几个方面。

(一)健康行为和生活方式

健康行为和生活方式是人体健康的保证,它包括生活制度、饮食卫生、皮肤和牙齿卫生、睡眠卫生、生活习惯等。

1. 生活制度

在日常生活中,每个人都应该建立自己的生活制度,这对于增进健康、提高工作和学习效率、提高运动能力都有很大的帮助。随着工作、学习任务的改变,生活制度也有可能随着不同的情况而改变。但在条件允许下,应尽量保持生活制度的相对稳定,每天按时起床、早锻炼、工作、学习、休息、进餐和睡眠。还要安排一定的时间参加体育活动,根据自己的情况教学锻炼,掌握适宜的运动量。

2. 饮食卫生

为了生命与健康,人们需要从外界摄取一定数量的食物,保证人的生长发育和从事各项活动。食物中要有一定的营养来满足身体在生活、劳动和体育锻炼中的需求。养成一日三餐的正常饮食习惯,做到早餐要吃饱、中餐要吃好、晚餐要吃少。早餐往往不引起人们的重视。长期不吃早餐会使人的血糖低于正常值,使大脑的营养供应不足,久之对大脑有害。早餐质量与智力发展也有密切的联系。根据研究,一般吃高蛋白早餐的学生在课堂上的最佳思维状态普遍相对延长,而清淡饮食的学生则能保持较旺盛的精力。人们摄取的食物要满足生命活动的需要,但不能暴饮暴食。现代营养学研究发现,长期饱食会导致脑部血流减少,出现大脑早衰和智力减退等现象。

3. 皮肤和牙齿卫生

皮肤内有丰富的神经末梢,它是一个感觉器官,能保护人体免受外界各种侵害。皮肤中有皮脂腺和汗腺,皮脂腺分泌皮脂以保护皮肤的润滑;汗腺分泌汗液,排出部分代谢产物,调节体温。当皮脂腺和汗腺的排泄管口堵塞时,可引起细菌繁殖而发生毛囊炎或疖肿。因此,应经常用肥皂和温水擦洗皮肤以保持皮肤清洁,但要避免用过热的水长时间洗澡,以免引起皮肤过分脱脂而干燥及嗜睡,全身乏力等现象。体操和划船运动员应特别注意保护手掌皮肤。游泳后要进行淋浴。脚趾间皮肤易脏,容易发生糜烂和感染,更应注意清洗。指甲要剪断。各种皮肤病患者要积极治疗。

牙齿缝间常有食物残渣,容易引起细菌繁殖。因此,每天早晚都应刷牙,每餐饭后用温水漱口,以保持牙齿及口腔的清洁。若患有牙病要及时治疗。

4. 睡眠卫生

睡眠是维持机体正常生命活动的自然休息,人类大概有 1/3 的时间是在睡眠中度过的。充足的睡眠使人精力充沛,头脑清醒,学习与工作更有效率。睡眠能保护大脑皮层细胞恢复功能与体力。睡眠前应保持安静,避免刺激,一般在睡眠前 1～1.5 h 即停止运动,但轻微运动如散步等则无不良影响。晚餐不要吃得过饱,临睡前不宜饮用刺激性的饮料,也不要用脑过度,以免影响睡眠。用温水洗脸、刷牙及洗脚都能促进睡眠。青少年每天应保证 8～9h 的睡眠时间,若经常睡眠不足,会引起过度疲劳。卧室应保持清洁,夏天通风散热,冬天保暖,气温适宜,空气新鲜,环境安静,被褥清洁保暖。睡觉时不要蒙头,要使用高度适当的枕头,按时作息,不要卧床闭目思考,以免影响睡眠,导致失眠。

5. 生活习惯

要养成良好的生活习惯,必须克服以下嗜好。

（1）吸烟

烟草中的化学成分十分复杂,含有尼古丁、吡啶、烟焦油、一氧化碳等多种有毒物质。吸烟会引起植物神经系统功能紊乱,久之出现神经过敏、记忆力减退、失眠、多梦等,还会破坏上呼吸道的正常防御功能,使呼吸道易感性增加,引起咽喉炎、气管炎、肺气肿,并使牙齿发黄松动和短缺脱落,舌苔厚腻性、味觉减退。

总之,吸烟对人体健康的危害是多方面的,尤其对儿童少年的危害更大,因此必须教育儿童少年养成不吸烟的良好习惯。

（2）酗酒

少量饮酒能活血、增加食欲,但大量饮酒或饮酒成瘾,对人体健康将会产生严重的危害。酒对人体产生毒害的主要成分是酒精,酒精浓度越高,对人体的危害也越大。经常过量饮酒会引起慢性酒精中毒,使大脑皮层功能紊乱,兴奋与抑制过程受破坏,中枢神经系统抑制过程减弱,导致神经衰弱、头昏、头痛、记忆力减退、精神萎靡不振、动作协调性明显下降等症状。同时还会影响机体的脂类代谢和运输,促使心肌出现脂肪性变,从而使心肌收缩力量减弱,影响心脏功能。酒精也会引起血管硬化、肝硬化等。若饮酒的同时吸烟对人体的危害更大,因为尼古丁可溶解在酒精中更易于人体吸收。

总之,大量饮酒或经常饮酒成瘾对人体健康的危害是多方面的,要教育儿童少年养成不饮酒的良好习惯。

(二)精神卫生

精神卫生即心理卫生,有狭义的精神卫生是指精神障碍(如各种精神症、老年痴呆症等)的防治。广义的精神卫生则是指人们在一定环境中健康生活,战胜不良刺激,改造并适应环境,提高精神的健康水平,更好地适应社会生活。

一个人的健康,应包含身体、精神和环境适应三个方面的良好状态。人不是简单地、孤立地不受外界环境影响而进行特定的代谢过程的生物有机体,而是不断地与自然环境和社会环境相互作用的精神和身体的复合体。精神因素同人的疾病和健康关系密切,有些精神因素就是某些疾病的致病原因,如神经衰弱,多因工作、学习过度紧张,个人遭遇重大不幸事件促成的,但也有由于个体的多疑、孤僻、急躁、任性、心胸狭窄、多愁善感、抑郁不快等性格特征引起的。又如冠状动脉硬化性心脏病是一种常见的中老年疾病,对于冠心病的发病机制,除生物医学因素外,目前普遍认为冠心病是近代社会发展起来的一种身心性疾病。心脏病学家们认为,冠心病患者在行动上与正常人存在着明显的差异,他们经常表现为个性强、固执急躁、紧张、冲动和时间节奏感强等特征,因而他们常处于一种紧张状态。高血压、心脏病等也都与精神因素,特别是与情绪不佳有关。

我国古代就已认识到心理因素不仅是致病的原因之一,而且也是致病的因素之一。我国医学认为,七情(喜、怒、忧、思、悲、恐、惊)太过可致病。

现代医学表明,心理因素同样与威胁人类生命最重要的疾病之一的癌症也有密切的关系,心理冲突不仅对癌症的突然发生起重要作用,而且对癌症的发展时间也起重要的作用。大量事实证明,改善社会生活环境,创造良好的人际关系,经常保持喜悦欢快的良好情绪,心理处于怡然自得的乐观状态,有利于保持充沛的精力,敏捷思维,可提高大脑及精神系统的功能,有利于健康。

因此,在重视身体保健的同时,精神卫生也必须得到足够的重视和加强。尤其是对青少年,首先要加强思想品质的教育,培养和陶冶高尚的道德情操。在日常学习、工作、生活中要培养他们学会善于克服不良情绪,建立良好的情绪,胸怀宽广,乐观开朗,正确对待自己和他人的优缺点,积极参加社会活动,关心、热爱集体。培养广泛的兴趣,积极参加体育活动,建立良好的生活习惯,注意劳逸结合,克服吸烟、酗酒等不良嗜好,都是促进身心健康的有效方法。

三、环境卫生

人体与周围环境有着密不可分的关系,作为人体活动的体育锻炼当然与环境须臾不可分。环境包括自然环境和社会环境,自然环境是诸如阳光、空气、水、气候、动植物等自然界各种因素的综合,是人类赖以生存和发展的必要条件,同时,自然环境中的有害因素又会危害人的健康,造成人的疾病。社会环境是由社会经济条件、劳动条件、生活方式等因素所组成的,对人体的健康有着有利和有害的影响。良好的社会经济条件、适宜的劳动条件、有规律的生活方式、合理的膳食营养、经常性的体育锻炼等会增进人的健康;反之,不良的社会环境有害人体的健康。

经常从事体育锻炼的人会明白环境因素影响体育锻炼的效果。例如，热环境、高海拔和空气污染能导致体育锻炼时心率加快、呼吸急促、耐力下降等。因此，了解环境因素如何影响体育锻炼的效果，对于从事体育锻炼的每个人来说是至关重要的。

（一）不同运动环境的卫生要求

1. 冷环境中体育锻炼的卫生要求

（1）体育锻炼期间热量的维持

在冷环境中进行体育锻炼时，散热能力增强和患热辐射疾病的概率大大缩减，为防止身体热量的过多散发，穿着合适的保暖服装是必要的。人体在冷环境中锻炼，机体的反应可归纳为产热和保温两个方面：在冷刺激的作用下，机体内分泌系统分泌有关激素，交感神经释放的去甲肾上腺素使体内产热；同时在冷刺激作用下，皮下血管收缩，皮肤和皮下组织血流量减少，皮肤表面与环境之间的温度差偏小，导致体内散热减少，从而保持体温在正常范围。

在冷环境中进行长时间锻炼（1～4 h）或在冷水中游泳，会导致身体热量过度散发超过机体对体温的调节控制能力，引起过低的体温。体温过低会损害中枢神经系统，造成精神迟钝和判断能力下降，将会增加冷伤害的危险性。为了避免体温过低对身体造成的危险，可以通过缩短冷环境中锻炼的持续时间，穿着合适的服装及避免在水温过低的冷水中游泳来维持体温恒定。

（2）冷环境中体育锻炼的注意事项

正确的冬练"三九"，对提高人体的适应能力是有益的。坚持在冷环境中进行体育锻炼的人与一般人相比，抗寒能力可增加 8～12 倍，并可增强对疾病的抵抗力，防止感冒、贫血、肺炎等疾病的发生。但是，在冷环境中血液循环缓慢，肌肉和韧带弹性、伸展性降低，关节灵活性变差，很容易造成肌肉损伤和关节扭伤，因此，在冷环境中进行锻炼必须对以下几点建议予以重视。

①在冷环境中锻炼要因时、因地、因人制宜。一般来说，南方冬季气候较温和，可做强度较大的运动，像足球、篮球等都是很好的锻炼项目。北方比较寒冷，户外可进行滑冰、长跑等项目；室内可以练习举重等。个人可根据自己的能力和喜好，选择合适的项目，强度和时间要安排适当，量力而行。

②在体育锻炼前一定要充分地做准备活动。充分的准备活动对冷环境中进行锻炼至关重要。由于冷环境中气温低，人的肌肉和韧带弹性、伸展性及关节的灵活性都比较差，肌肉的黏滞性降低，关节活动的幅度增大等，做准备活动有助于防止锻炼时肌肉、关节和韧带的损伤。同时，做准备活动还可以提高神经中枢的兴奋性，增强内分泌活动，克服内脏器官的惰性，加快血液循环和新陈代谢，以及更好地满足体育锻炼时的需要。

③体育锻炼时要注意呼吸的方法。在冷环境进行体育锻炼，主要用鼻子呼吸，不要张大嘴巴呼吸。因为鼻内黏膜的血管丰富，腔道弯曲，对吸入的冷空气有加温和湿润作用，可以避免冷空气直接刺激咽喉而引起呼吸道感染、喉痛和咳嗽。

④在体育锻炼中要注意预防冻伤和感冒。户外锻炼时间不宜太长，锻炼后要及时穿戴保暖。在特别寒冷的时候，注意对手、脚、耳、鼻尖和面颊等处的保护，因为这些地方最容易冻伤。锻炼结束之后，要把汗及时擦干并换上干衣服，以防感冒。

（3）冷环境中体育锻炼的服装

在冷环境中进行体育锻炼,合适的服装是一个关键问题。理想的服装应当在具有保温、防寒作用的同时,又能保证汗液的正常蒸发,使锻炼期间产生的过剩热量能够被散发,以维持正常体温。在冷环境中锻炼维持正常体温的服装应当是多层服装,可以通过层与层之间滞留的空气达到防止热量散发的目的。空气是一种很好的绝缘体,多层服装能够非常有效地滞留空气,接近身体被滞留的空气区域越厚,绝缘的实际效果就会越好,因此多层的轻质服装比一个单单只有厚度和体积的服装有更好的绝缘效果。

太臃肿的服装不仅会限制行动的自由,而且还会导致体热不易散出,体热的增加导致流汗,被汗液浸湿的服装将失去绝缘性能。实际上湿衣服促进身体热量的散发,在特别冷的天气状况下,会导致体温的降低,这往往是十分有害的。在锻炼期间所穿的服装,随着温度、风速、运动、强度和持续时间的变化而变化。风在冷环境当中是一个重要的影响因素,风速越快,就会使人感觉越冷。由于风的影响而导致的一种“冷的感觉”要比单单由气温导致的冷的感觉来得强烈,也就是说,由于风而导致身体感觉到的实际温度比正常气温更低。

（4）冷习服

人体经过冷环境中有规律的体育锻炼,可对环境温度逐渐产生适应,耐寒力增强,维持身体正常生理状态,产生冷习服。具体表现为:在低温环境中,体温不易降低,基础代谢率较高,皮肤血管紧张度较高,皮肤温度较一般人低。

评定人体对冷的习服有三种基本方法:①测定产生寒战的皮肤温度阈值,习服者寒颤发生推迟。②测量手和足的温度,习服者的手、足温度保持正常,而未习服者温度下降。③观察在寒冷中入睡的能力,未经习服的人会因为打寒战太厉害而不能入睡。习服者入睡能力提高,可以在寒冷中入睡。

2. 热环境中体育锻炼的卫生要求

（1）体育锻炼与热应激

人体在热环境中进行体育锻炼会造成正的热平衡,机体内积蓄的热量过多,机体会产生一系列的反应——热应激。在热环境中锻炼时,血管扩张和张力降低,肌肉工作及皮肤毛细血管血流量增加会使机体散热加强。为代偿肌肉工作和皮肤的血流量的增加,内脏血管收缩,最大吸氧量下降,肌肉的耐力降低;在热环境中运动,会抑制甲状腺素分泌,使能量代谢水平有所降低,有阻于提高机体对炎热的耐受性;排汗加快了体内热量的散发,钠流失相应增加;由于内脏血流量的减少,尿量也明显减少。

热应激是由热量和湿度两者共同引起的,不仅仅是由于气温的缘故,湿度越高,身体的“实际的”温度也就越高,所谓“实际的”温度是指身体实际所感觉到的温度。在高湿度环境中,蒸发将受到阻碍,机体不能通过蒸发过程使正常情况下应散发的热量散发不掉,这样体温便会增高。

显而易见,在55℃高温下进行体育锻炼是非常危险的,然而对于大多数人来说,在环境温度为29.5℃且湿度高的情景下进行锻炼,同样具有危险。换句话说,这后一种情况,身体所感觉的“实际的”温度仍然很高。身体在中等程度高的环境温度和高湿度情况下,实际感觉的温度要比环境温度高。究竟热环境对你的身体产生多大影响,最好的方法是监测心率,在热环境所对应的不同变化。

考虑到热量和湿度相结合,会对身体造成一定的危害,因此在热环境中锻炼必须遵循以下几点原则,争取把危害降低到最低限度。

①开始进行体育锻炼时,速度不宜太快,应逐渐增加速度。锻炼时间不宜太长,保持在15～20 min 之间。

②锻炼强度不宜大,应经常检查自己的心率,以便控制心率在目标心率之内。

③穿着合适的服装。

④不要服用过量的盐分。通过服用过量的盐分来补充体育锻炼中身体失去的盐分,这已经习以为常了。但最近的研究表明,没有必要这样做,因为许多人在他们的饮食当中就含有大量的盐分。实际上,过量的盐分对应付热应激和补充身体所失去的钠是多余的,而补充身体在体育锻炼中所丧失的水分却是尤为重要的。

⑤在锻炼前、中、后,喝足够量的凉的饮料。

⑥在一天之中最凉爽的时候进行锻炼。早晨进行锻炼是最好的,因为大量的从地面辐射的热量经过一夜已经散发掉了,这时的气温可能是一天之中最低的。日落之后,这又是一个比较好的锻炼时间,可以避免太阳的直接辐射。如果你不得不在一天中最热的时候锻炼,必须寻找阴凉处进行,以避免阳光的直接照射。

(2)热环境中体育锻炼的服装

有许多的方法和手段能够减少热辐射伤害,穿着合适的服装就是其中一个重要方法。合适的服装能使身体吸收的热量降低到最小。穿着的服装应尽可能少,以便最大限度地加大身体与外界环境接触的表面积,这有利于热量蒸发。穿着服装应当是轻便的,原料应当是透气性和吸水强的轻质棉、亚麻制品之类,这将促进对流和蒸发的冷却过程。笨重的服装和由橡胶或塑料所制成的服装透气性差,会阻碍身体热量的蒸发,这是因为潮湿的空气被限制在皮肤周围,使热量散发不出去,这样的服装不宜选用。同样材料的服装,浸湿的比干燥的更不利于热量的交换。当你的服装由于出汗而使水分饱和时,从温度调控的角度来说,对于促进热量的交换意义不大,必须换干衣服。由于深色的衣服较易吸收从太阳辐射的热量,在户外锻炼应当穿浅色的服装。在太阳直接照射的地方锻炼,要戴遮阳帽,以防中暑的发生。

(3)体育锻炼中的热习服和热伤害

在热环境中进行体育锻炼,身体会逐渐适应环境温度的变化,同时生理上发生相应的变化能协助身体更好地散发热量,并提高对炎热的耐受力,导致一种热适应状态称为热习服。热习服发生是非常迅速的,在短期(10～12 d)暴露在热环境中,生理状况发生巨大的变化——排汗阈值下降、排汗明显增加、排汗率提高、血容量增加、皮肤导热能力增强、心率降低等,最终导致心率和体温降低。最重要的是热习服降低了锻炼期间受热伤害威胁的可能性。

热伤害指在体育锻炼时,热负荷超过了身体调节体温的能力,并对身体造成了伤害。它能对神经系统产生严重的损害,甚至会导致死亡。有以下几种最常见的热伤害:

①热衰竭

是由于循环血量不能满足皮肤血管的舒张而引起低血压和虚弱。热衰竭能造成视觉的模糊、偶尔的意识丧失、苍白的脸色、黏湿的皮肤等症状。热衰竭也能发生在一个已经热习服的个体身上。伴有这种症状的人应被及时送到阴凉处,仰卧,解开衣服,用冷水或冰袋降温,在 1 h 当中每隔 15 min 喂患者半杯水。

②热痉挛

其特征是肌肉产生痉挛或肢体发生抽搐,这经常发生在不适应热环境的人群当中。热痉挛往往是由于体育锻炼中出汗多,造成人体脱水及盐分丢失,特别是由于出汗所引起的细胞内外钠钾比例的失调所造成的。伴有这种症状的人应当被及时送到通风良好的阴凉处,仰卧,并及时给患者喝两杯含有盐分的凉水。

③中暑

这是一种严重威胁生命的紧急状态。其症状为:流汗停止、发热、干燥的皮肤、软弱无力的肌肉、肢体不由自主地抽动、腹泻、呕吐、急促而强烈的心脏搏动、幻觉、精神混乱及昏迷等。应当认真对待任何一种症状并采取相应的措施。把患者移到阴凉的地方,使患者仰卧,解开衣服,头部垫高并冷敷,尽可能快地降低体温(如使用水、冰、冷饮料、风扇等),并立即把患者送往医院。

上述这些症状都是由于身体暴露在热环境中所造成的,中暑者身体内丢失了大量必需的水分和电解质,热量的储存量增加导致体温升高,其中最重要的是水分的丢失。为了补充丢失的水分,可以通过饮用适量的液体饮料来解决。总之,不注意任何引起热辐射疾病的先兆,将会导致症状的进一步加重。

3. 高原环境中运动的卫生要求

我们知道,海拔越高,气压越低。高海拔地区日照时间长、气温低、日温差大、气候多变。大气压与氧分压随着不同海拔高度的变化而变化,对人体的机能活动以及运动能力都会产生很大影响。那么,在高海拔地区进行体育锻炼身体的反应如何呢?

(1)高海拔对运动能力的影响

在高海拔地区进行体育锻炼时,最主要的问题是低气压限制动脉血中运输的氧气量。海拔越高,空气越稀薄,大气压越低,氧分压也会随之下降。肺泡里的氧分压取决于进入肺泡的氧量,海拔越高,从大气中获得的氧气量会越少,肺泡氧分压就会随之降低,对肺泡与血液之间的气体交换有直接的影响,动脉血氧分压也将同样降低。氧分压过低会对身体进行各种活动产生严重影响,可导致红细胞中运输氧的血红蛋白氧饱和度下降,机体组织利用氧的量减少。这种结果导致了向锻炼中所动用的肌肉运输的氧气量的减少,从而使体育锻炼的持续时间以及最大吸氧量都被减少。也就是说,海拔高度越高,最大吸氧量和锻炼的耐久力下降也就越大,并导致运动能力的下降。

(2)高原习服

高海拔的低氧环境会给人体各系统,特别是对呼吸循环系统带来不利的影响。但伴随着在高海拔地区停留时间的延长,身体将产生对缺氧的一系列适应,这被称为高海拔适应或称高原习服。

为了解决锻炼中肌肉的低氧问题,身体将运用生理调节手段,以适应高海拔低氧环境。机体对低氧的适应,表现为在安静状态或运动时保持较大的肺通气量,肺通气量的增大可使肺泡通气量加大,肺泡与动脉血中氧分压升高,这有利于促进氧向组织的扩散,使组织获得充分的氧气供应;血液氧容量增大(即血液运输氧的能力增强)、血液中红细胞数量增多、血红蛋白浓度增加、动脉血氧容量提高;骨骼肌等器官中毛细血管增生、数量增多、毛细血管开放的数量增加、组织中的毛细血管网的密度增高,这有利于氧向组织细胞的扩散。在高海拔地区进行体育锻炼时,降低运动强度(与海平面高度的强度相比)是很有必要的。但假如在高海拔地区锻炼的时间短暂,没有必要改变你的锻炼频率和持续时间。由于在高海拔地区空气比较干燥,锻炼时急促的呼吸将导致水分丢失,因此在锻炼期间及锻炼后要及时补充水分。

(3)高海拔反应与预防

进入高海拔地区,多数人或多或少地有一些缺氧的表现。特别是当海拔超过 3000 m 时,人体对缺氧的反应比较明显:头晕、胸闷、心慌、气短、恶心、呕吐、腹泻、疲倦、失眠或嗜睡、心率加快、血压升高、食欲减退等,这些不良的反应一般 3 周后可自动消失。进行有计划的适应性锻炼(例如人工低压环境中的锻炼),对尽快适应高海拔环境是一种积极而有效的措施。进入高海拔地区之后,要先休息一段时间,然后逐渐加大体育锻炼时的运动强度,提高机体对缺氧的耐受能力。在高海拔地区进行体育锻炼,要严格控制锻炼的强度和时间,并注意饮食,以糖类和蛋白质及维生素多的食物为主,少吃多餐。还要注意预防感冒。冬季注意防寒、防冻伤。

4. 其他运动环境的卫生要求

(1)潜水

潜水是利用储气瓶内的高压空气经自动装置进行调节后供潜水者呼吸。潜水时要用到许多专门的器具,如呼吸器、面镜、蛙鞋、潜水服、潜水刀、潜水手套、浮力调整装置、调节器及余压表。潜水要注意以下事项:

①一般潜水员潜到水深 3 m 处,就会感到耳朵疼痛,那是水压变大的因素。一般的耳压平衡法是,从面罩上面捏住鼻子,使鼻孔阻塞,然后用力吹气,就能将空气灌入耳管。做耳压平衡时,保持头部朝上,每往下潜一个深度,就应立即作耳压平衡,尤其是在浅水处,做耳压平衡的次数应增多。

②潮汐对潜水的影响。潮汐对潜水人员非常重要。平时是 6 h 会有一次涨或退,其中一个月两次的大涨潮(相对有大退潮)潜水员一定要小心,此时的水流特别的强劲。

③选择适合的入水点。风浪太大,不适合由岸边入水;走向海中,水深及膝时,须注意不要被浪冲走;水深及腰时,把握退下的瞬间,纵身游向海洋。

(2)冲浪

冲浪是一种非常紧张刺激的水上运动,是运动员站立在冲浪板上,或利用腹板、跪板、充气的橡皮垫、划艇、皮艇等驾驭海浪的一项水上运动。不论采用哪种器材,运动员都要有很高的技巧和平衡能力,同时要善于在风浪中长距离游泳。冲浪时要注意以下事项:

①冲浪时每个人在海上的距离要保持两个冲浪板的长度。

②若你是初级的冲浪手,注意下水前要检查装备,安全绳、救生衣一定要检查好,做二十分钟暖身运动后,方可下水。

③适宜冲浪的浪形以中间崩溃往两边斜面推进的海浪最好,最危险且最不好的浪是以一排涌起瞬间崩溃的海浪,此时请上岸休息。

④在海中冲浪时如果看到水母出现,或是被水母咬到,请赶快上岸。

⑤在外海冲浪时最靠近第一个起浪区的冲浪手,如果有一道疯狗浪从你的上方整排盖下来时,你要迅速把冲浪板往后,赶紧拨水躲藏。

⑥冲浪被海浪卷下去那一刹那,身体要缩成跟球一样,往冲浪板后面跳落水中,不要跳到冲浪板前面,从水中踩水上来时,要以手先露出水面。

⑦在珊瑚地形、石头地形、鹅卵石地形请穿珊瑚鞋戴防撞安全帽,请在涨潮时冲浪,退潮时千万不要下水冲浪。

⑧适合冲浪的时机:风来前二天至三天,过后二天至三天最适合冲浪。

第二节　常见运动伤病的预防、处理与野外活动遇险自救

运动伤病是指在运动中由于外界各种因素引起组织或器官的破坏或体育运动安排不当,造成体内功能紊乱出现异常或疾病。

一、运动伤病的预防

1. 掌握运动伤病的基本知识。体育锻炼者要了解运动过程中机能变化规律和运动伤病的相关医学与保健知识,掌握体育锻炼的基本原则,为预防运动伤病的发生奠定基础。

2. 加强思想教育工作。加强体育锻炼的目的性教育,使体育锻炼者充分认识到运动伤病带来的痛苦与危害。加强预防伤病的教育,不管在什么情况下进行体育锻炼,都要贯彻以预防为主的方针,提高体育锻炼者防伤意识,为减少运动伤病的发生打下思想基础。

3. 进行科学的运动。进行合理科学的锻炼是预防伤病的先决条件。在锻炼的过程中,必须遵循体育卫生的基本原则,合理安排锻炼内容,认真做好准备活动,积极进行运动后的整理活动。只有科学的运动才是降低运动损伤发病率的重要保证。

4. 加强医务监督。加强自我监督和保护,掌握保护支持带的使用,加强场地和环境卫生的监督,不在不良场所进行锻炼,加强锻炼者之间的保护和帮助。

二、常见运动损伤及处理

(一)皮肤擦伤

擦伤是外伤中最轻又是最常见的一种。在运动中摔倒、与他人或器械发生碰撞等,都可能使皮肤受摩擦引起擦伤。擦伤可发生在身体的多处部位,在受伤现场可以用凉水冲去表面的灰尘、细沙等异物,用干净的物品(手绢或布料等)按压伤口减少出血;如果受伤部位位于上、下肢,也可以握住伤口远侧的位置以减少出血,然后及时到医务室进行消毒包扎。

(二)挫伤、肌肉拉伤和关节韧带扭伤

在运动中相互冲撞、被踢打、受到足球或器械等的撞击,或钝力直接作用于身体某部都可能发生挫伤。最常见的挫伤部位是大腿和小腿的前部,而头、胸、腹部和睾丸的挫伤也时有发生,并常因某些器官的损伤而合并休克。

肌肉主动收缩时的力量过大超过了本身能承受的能力,或肌肉受力牵拉时超过了本身的伸展程度,都可引起肌肉的拉伤。在踢足球和短跑时,经常可能发生的有小腿和大腿肌肉拉伤。

关节韧带扭伤是在外力作用下,关节发生超常范围的活动所致。根据外力的大小,轻的

扭伤可引起韧带部分纤维的断裂,重的可导致韧带完全断裂,同时合并发生其他损伤。体育运动中常见由于场地不平,或跳起落地时身体失去平衡导致踝关节外侧副韧带的扭伤,以及打篮球、排球时,手指受到球的撞击引起掌指关节或指间关节的扭伤。

上述三种外伤在发生时,都可引起剧烈的疼痛和受伤局部的出血肿胀,此时千万不要按揉,以免引起出血肿胀的加重。正确的做法是立即用冰块进行冷敷,但不要直接放在受伤局部,可以用毛巾等包裹冰块后冷敷。如果现场得不到冰块,也可以用冷水冲洗局部,这样可以起到镇痛和减轻肿胀的作用。同时用毛巾等加压包扎受伤部位、抬高受伤肢体,避免支撑重量,然后再到医务室或医院做进一步治疗。

(三)骨折与脱位

骨折和脱位是较严重的外伤,虽然在体育运动中的发生率较低,但是一旦发生,有的因为疼痛剧烈和合并其他的并发症而易导致休克,而不正确的处理常会引起损伤的加重。在运动中相互的冲撞、蹬踏、跌倒时受到地面的反作用力等都可引起骨折和脱位的发生,一般上、下肢的骨折和脱位发生较多。

骨折和脱位发生的当时会出现受伤部位的疼痛、肿胀、畸形和关节功能丧失等症状。对于骨折、脱位判断明确或怀疑有骨折、脱位时均应在现场按骨折进行处理。

1. 止血

对有伤口出血的受伤者,首先应采取适当的方法止血,如用干净的布类或用无菌材料覆盖在伤口上,并稍加压包扎。对于上、下肢的骨折,如果有较大动脉的出血(出血急、量大,血色鲜红),可用胶皮管、毛巾或宽布条捆扎在伤口的近心端,但不可直接缠绕在患处,其间应垫以布片或棉花等软物,并放一卷垫物在动脉位置上,以加强效果,每隔 15～20 min 要放松 15 s,放松时应在伤口上用敷料压迫止血。

注意不要冲洗出血的伤口;露在伤口外的骨端未经处理不可放回到伤口内,以免引起感染;应盖上干净的布类或无菌材料。

2. 就地固定受伤部位

及时的固定可以避免伤骨或脱位端的移动,防止损伤加重并减轻疼痛,且有利于转运。因此不要勉强解脱受伤者的衣服,尽量避免不必要的搬动,制止受伤者做各种活动,如下肢骨折时不要搀扶其行走;如果受伤肢体肿胀严重,可剪开其衣服。

未经固定的伤员,在没有把握或条件不充分的情况下,对骨折、脱位造成的肢体弯曲、扭转或畸形不可勉强复位。可就地选用木棒、木板、毛巾、宽布条等物品,也可用受伤者的健侧肢体或躯干进行临时固定。固定的范围,一般应包括受伤肢体的上下两个关节,在固定物的两端、骨突处和空隙处要用软布或毛巾垫上,防止产生压迫性损伤。如果肢体明显畸形而妨碍固定时,可以将伤肢沿纵轴稍加牵引后固定。固定用的毛巾、宽布条应缚扎在受伤部位的上下段。上肢固定后,可用布条或衣物等悬挂于胸前,下肢固定后应与健侧捆缚在一起后再转运。

固定要牢靠,松紧度要适宜。过松则失去固定的作用,过紧则会压迫血管神经。因此,在固定四肢时,应露出指(趾)端,以观察血液循环的情况。如果指(趾)端出现苍白、青紫、发麻、发凉、疼痛时,应立即调整松紧度或重新固定(如图所示)。

3. 正确地转运

包扎固定后,不要慌张地背起受伤者就往医院跑或采用一人抱头、一人抱腿的抬法,也

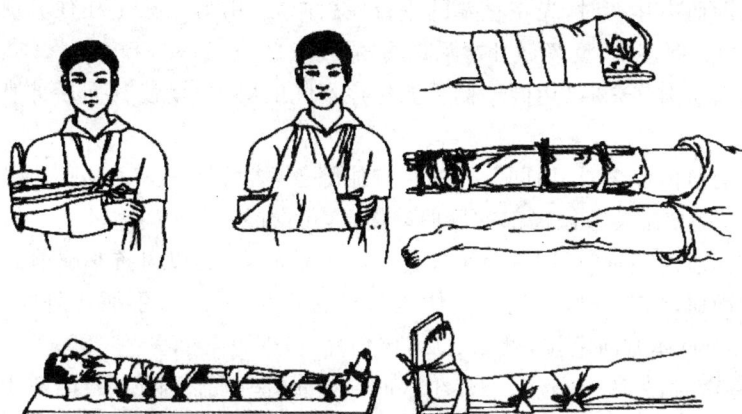

不要让受伤者屈身侧卧等,防止受伤处错动摩擦引起疼痛和损伤周围的血管、神经及重要器官。

对已判断有脊椎骨折或疑有脊椎骨折的受伤者,不能随意搬动和进行不必要的检查;不论受伤者是仰卧还是俯卧,尽可能不要变动原来的位置;禁止用被单或软物抬运,以免加重错位,使脊椎进一步损伤。理想的方法是三人搬运法:即三个人并排蹲着或跪在伤者一侧,用手分别托住其头、肩、背、臀部和下肢,使受伤者保持平卧姿势,然后三人同时抬起,步调一致地向前行进,将受伤者移送或轻轻放至硬板担架上。在送往医院途中,将受伤者四肢和躯干用布条固定在担架上,防止途中颠簸移动,增加受伤者的痛苦。疑有腰椎骨折时,如果受伤者处于仰卧位,可在腰下垫上沙袋或卷起的衣物;疑有颈椎骨折时,务必使头部固定于伤后位置,头颈两侧垫上沙袋或卷起的衣物,防止颈部屈伸或左右旋转。

三、常见运动疾病及处理

(一)肌肉痉挛

肌肉痉挛俗称抽筋,是肌肉不自主的强直收缩,在运动中发生最多的是在小腿部位。剧烈运动时(特别是天热时)大量出汗,体内电解质的平衡发生紊乱;在寒冷环境下运动时,未做准备活动或准备不充分,肌肉受寒冷的刺激等原因都可引起肌肉痉挛。

痉挛的局部肌肉坚硬,疼痛剧烈,短时间内不易缓解。这时可给予牵引,几秒钟后即可缓解。例如,小腿痉挛时,先让痉挛者平坐或仰卧,伸直膝部,双手握住痉挛小腿的足部,将其缓慢背伸,但不要使用蛮力。

游泳时,由于肌肉受到冷水刺激或疲劳等原因也能造成肌肉痉挛,常见的部位是手指、手掌、脚趾、小腿、大腿和腹部等。无论肌肉痉挛发生在什么部位,切勿惊慌失措,可采用仰泳,一手划水,及时采取牵拉痉挛肌肉的方法进行自救。具体方法:

1. 手指肌肉痉挛时,先将手握拳,然后用力张开,伸直,反复做几次后即可解除。

2. 手掌肌肉痉挛时,双手合掌相对按压,反复做几次后即可解除。

3. 前臂及上臂前面肌肉痉挛时,用另一只手抓住痉挛的手尽量向手臂背侧做局部伸腕动作,然后放松,反复做几次后即可解除。

4. 前臂后面肌肉痉挛时,用另一只手托住患臂的手背,尽量做屈腕动作,然后放松,反复做几次后即可解除。

5. 上臂后面肌肉痉挛时,先将痉挛的手臂屈肘向后,用另一只手托住其肘部弯向背后,即可对抗后面的肌肉痉挛,反复做几次后即可解除。

6. 大腿前面肌肉痉挛时,用同一侧手抓住痉挛腿的脚,尽量使其向后伸直,反复做几次后即可解除。

7. 大腿后面肌肉痉挛时,用同一侧的手按住膝盖,然后另一只手抓住脚趾,尽量向上抬起或双手抱住大腿使髋关节做局部的屈曲动作,即可解除。

8. 小腿前面肌肉痉挛时,用一只手抓住脚趾尽量向下压,以对抗小腿前面肌肉的痉挛。

9. 小腿后面肌肉痉挛时,一只手按住痉挛腿的膝盖,另一只手抓住脚底(或脚趾)做勾脚动作,并用力向身体方向牵拉,做几次后,放松片刻,即可解除。

10. 胃部痉挛时,先吸一口气,仰浮于水面,迅速屈髋、屈膝靠近腹部,双手抱膝,随即下肢向前伸直,注意不要用力过大,反复做几次后即可解除。

(二)运动性腹痛

运动中腹痛常由下列原因引起:

1. 准备活动不充分,开始运动时速度过快或强度太大,以致内脏器官还没有提高到应有的活动水平就承受较大的负荷,引起大量的血液淤积在肝脾,肝脾被膜上神经受牵扯,引起肝脾区疼痛。

2. 运动前进食易产气或难消化的食物,可导致胃肠痉挛或功能紊乱引起腹痛。

3. 运动中呼吸缺乏节奏,呼吸肌活动紊乱,造成疲劳和痉挛,引起下胸部和上腹部疼痛。

运动中出现腹痛时,应适当减慢速度,调整呼吸和动作节奏,用手按压疼痛部位,或弯腰慢跑一段距离,腹痛常可减轻或消失;如疼痛仍不减轻,甚至加重,应停止运动,并做进一步的诊断和处理,以排除其他疾病。

(三)中暑

在高温或高热环境中长时间地进行体育运动,特别是在湿度高、通风不良及头部缺乏保护而被烈日直接照射等情况下,机体体温调节出现障碍,散热困难,或脑膜高度充血而影响中枢神经系统失去体温调节作用引起体内热量积蓄过多导致中暑。在中暑现场可以这样急救:

1. 首先应将中暑患者迅速移至通风好的阴凉地方,解开衣扣,让病人平卧,用冷毛巾敷其头部和用凉水擦洗身体,同时用扇子或电扇吹风,以使其逐渐降低体温。

2. 尽量鼓励中暑患者喝清凉饮料,如冷盐开水、茶水等。

3. 点按人中、合谷、曲池等穴位,一般轻度中暑者,都能较快地痊愈;较重的中暑患者,如发生了昏迷等,经上述急救无效时,应立即送医院诊治。

(四)晕厥

晕厥是一种短暂的意识障碍。由于情绪极度激动或精神受到强烈刺激;运动时间过长,坐下休息后突然站起;中、短跑时突然站立不动;举重练习时吸气后憋气使劲举起杠铃等情况,造成心血输出量减少,大脑暂时性供血降低等都可能导致晕厥。运动时饥饿或剧烈运动时间过长出现低血糖,使脑部能量供应减少也会出现晕厥。

运动中出现晕厥时,先让患者平卧或头稍放低,也可稍垫高下肢,松解衣物,同时保暖,做双下肢向心方向推摩或揉捏,以加速血液回流,必要时可掐人中、百会、涌泉等穴位促使患者苏醒;如果有呕吐,应使患者头转向一侧,防止呕吐物堵塞呼吸道;神志不清或有呕吐时,患者不得进食药物、食物或饮料等;清醒后给含糖热饮料,并继续休息、保暖。如果上述处理无效,应立即送医院进一步救治。

(五)溺水

溺水通常指人体淹没于水中,因呼吸道被水阻塞或喉头肌痉挛而出现窒息性疾病的现象。常因严重缺氧导致呼吸衰竭、心跳停搏而死亡。

溺水大多数是游泳时突然丧失游泳能力,或在水中肌肉痉挛、身体患病、昏厥、疲劳等引起,或水性不熟,心情紧张,游泳技术不佳,不了解水情进入深水等各种意外原因所致。

对溺水者的抢救,必须争分夺秒。当溺水者被抢救上岸后,立即清除口腔和鼻腔内的分泌物或其他异物,并将其舌头拉出,以保持呼吸道的通畅。如果上腹鼓胀,说明腹内有水,应迅速进行倒水。倒水的方法:将溺水者腹部横置于抢救者屈膝的大腿上,使溺水者头部朝下,随即用手按压其背部,将胃内和呼吸道内的水倒出。若呼吸、心跳已经停止,应迅速进行人工呼吸(口对口或口对鼻)和胸外心脏按压。急救措施有以下几个方面:

(1)要尽快地就地抢救,同时与医生联系。

(2)倒水和清除口、鼻内异物时,动作要敏捷,切莫延误了抢救时间。

(3)应尽早进行人工呼吸和胸外心脏按压。这一点进行得早与晚,常是抢救能否成功的关键。因此,不要在检查呼吸、心跳是否存在上花费时间,可一人抢救,另一人检查。

(4)抢救必须不间断地进行 2 h,除非交给了医生处理或患者确实死亡。

1. 口对口人工呼吸的方法

人工呼吸是指利用人工操作来维持已停止呼吸的伤员的肺内气体交换,使其逐步恢复自主呼吸,称人工呼吸。

人工呼吸是在患者确保呼吸道通畅的情况下,急救者一手托住患者下额,使头后仰保持气道通畅。另一手捏住患者鼻孔,防止漏气。然后深吸一口气向患者口内吹入,吹完气后放开捏鼻孔的手。每次吹气应持续 2s 以上,确保呼吸时胸廓起伏。如果只做人工呼吸,通气频率为 16～18 次/min 左右,反复进行,直至患者恢复自主呼吸或确定死亡为止。

2. 胸外心脏按压方法

急救者双手重叠,放在患者的胸骨中下 1/3 交界处,用力向下压(将胸壁下压 3～4 cm),随后将手放松,每分钟以 60～80 次的频率有节奏地进行,抢救儿童时频率稍快些。下压时力量要均匀、缓慢,用力不要过猛,松手要快,注意不要造成肋骨损伤。急救已经开始,就要连续下去,不能间断,一直做到患者恢复自主呼吸、心脏跳动或确定死亡为止。

3. 判断死亡的四个特征

呼吸停止、心跳停止、瞳孔扩大对光反射消失、角膜反射消失。只出现 1～2 个特征,并非真死。如四个特征同时齐备,且手捏眼球时,瞳孔变成椭圆形,即为真死。

四、野外活动遇险自救

野外活动就是要离开自己熟悉的生活环境,到大自然中去体验生活。长期在城市生活的人一到野外就不知所措,不识可食植物,不会就地取火、自做饭菜,不会辨别方向,遇到危险也无法自救等。因此,常去野外活动就会摸索出野外生存的本领,一旦发生置身荒郊野岭无助的情况时,就能应付自如了。

　　野外活动的环境条件存在着不确定性,因此在进行野外活动(如登山、攀岩、拓展训练等)时可能会遇到事先无法预料到的突发事件。因此携带一些基本装备是很有必要的。下列是大多数人认为必须携带的基本装备:登山包、睡袋、地图、指北针、头灯(含备用电池与灯泡)、备用粮食、备用衣服、太阳镜、瑞士刀、火种、急救箱。

　　(一)进行野外运动时的注意事项

　　1. 选择合适的鞋、袜

　　在野外活动,保护好双脚是至关重要的。鞋和袜的基本功能就是用来保护双脚。在进行野外活动时穿的鞋不能太"合脚",而是应至少比平时穿的鞋大一号,这是因为长时间的步行会使脚部肿胀,如果穿上时感到正好,那么步行一段时间后就会感觉有些挤脚了。通常要选择舒适、柔软的旅游鞋,最好不要穿新鞋。袜子要选择吸汗、柔软的棉质的为好。

　　2. 露营时要注意的事项

　　(1)应尽量在平坦的地上搭帐篷,不要在河岸和干涸的河床上扎营。(2)帐篷的入口要背风,帐篷要远离有滚石的山坡。(3)为避免下雨时帐篷被淹,应在蓬顶边线正下方挖一条排水沟。(4)帐篷四角要用大石头压住,同时,保持帐篷空气流通,防止着火。(5)保持睡袋的干爽、多穿衣服、睡前热身。

　　3. 野外运动中的安全保护

　　要掌握自我保护和相互保护的技术和方法,以应对在野外活动中遇到的陡峭的冰雪坡、岩壁、湍急的河流、岩石裂缝等难以越过的地形。

　　4. 能量补充

　　进行户外运动身体内的热量流失很快,因此最好准备一些高热量、高能量的食品(如巧克力、糖果、奶酪等),以备及时补充。

　　(二)野外活动遇险自救

　　1. 迷路

　　在山野行走,有时与朋友错过或自己迷失方向,这时赶快回到自己所认识的地方,拿出地图和罗盘,找出自己所在的地点,再找目的地的方向。平时背着行李在山野中行走,只有注意看脚底和前方,忽略了周边的风景和标志。休息时,多眺望附近景观,遇到意外时,就有应变能力。迷路时折回的路途和来时相反,与地图对照,要注意这一点。不要直走下坡路,以为可以找到出路,这很危险。因为下坡路视野范围小,方向不易确认,最好回到自己所认识的地方,重新开始走。

　　2. 食物中毒

　　食物中毒是由于摄取的食物所引起的消化系统障碍而出现发烧、呕吐、下痢、腹痛等主要症状。在野外吃东西,通常比较不卫生,于是细菌就趁机而入,所以必须非常注意卫生,以防集体食物中毒。

　　治疗方法是以安静和保温为原则,让腹部保暖。若呕吐及下痢不要忍着,尽量排出来,并充分摄取水分,同时马上服止泻药。

　　3. 出血

　　(1)直压伤口止血

　　受伤时,不要慌乱、大叫大闹,浪费救助的时间。如果一点伤口,用清洁布块直接压在伤口上面即可止血。如果血量不大,就用消毒纱布盖好,绷带固定即可。

(2)危害生命的出血

如切伤或砍伤,血流不止,那是动脉出血,非常危险,必须用止血带止血。先在要止血的部位用三角巾、毛巾或衣服垫好,将止血带的一端留出一部分并用一手的食指、中指夹住将止血带拉紧拉长,绕肢体 2～3 圈(压在留出的那一部分止血带上)后,将残留端夹在食指、中指间拉出即可。

(3)冷却肿包

打击头部,有肿包时,给予冷却,可减轻疼痛。如果有伤口,将污染物洗净,用消毒水消毒,贴上纱布,再用绷带绑好。如果还有恶心、耳鼻流血症状,可能头盖骨受伤或脑振荡,要保持患者安静休息,尽快与医院联络。

4. 扭挫、脱臼、骨折

在野外行动的时候,无时无刻都要注意安全,避免危险。但是,不管如何注意,扭挫、骨折、脱臼等还是会发生。

(1)脚踝扭伤。在野外行走稍不注意或脚踩空,就很容易造成脚或踝关节扭伤。这时要立即冷敷,以宽布条和布兜来固定。如果还要继续走路,鞋子不要脱掉。一旦脚肿起来而穿不上鞋子,这时就踩穿着鞋子,用绷带固定起来行走。

(2)脱臼。脱臼是关节成脱位状态,不要让外行人治疗,一定要看医生。在紧急处理时,不要移动患部,冷敷就好。有时与骨折一样,必须以托板撑着。

(3)骨折。骨折急救的目的在于用简单而有效的方法抢救生命,保护患肢,使患者能安全而迅速地运送到医院。骨折急救的原则就是不要乱动,一定要固定患部,这可缓和疼痛,防止肌肉及神经、血管等的损伤,避免再次骨折。固定时是以三角巾、托板来施行,要点如下:

①托板要比骨折部分上下二关节之间的长度稍长。

②绑着骨折部分两端的关节外侧。

③托板不要直接接触皮肤,可用三角巾包扎患部。

④衣服有所妨碍时,不要脱掉,直接以剪刀或小刀剪掉。

5. 担架

在野外活动受伤已经经过紧急处理的病人或伤者,要立刻送往医院,而运送的原则是尽量不要动到患者。因此,用担架送最理想,若是头部、胸部受伤、骨折等的情况,一定要用担架护送。

在野外没有担架怎么办呢?那就要用现有的东西来做。毛毯及强韧的衣类、门板、椅子等都可利用,不论用什么做,都必须可长时间运送使用。在完成担架之后,先找个与患者差不多的人来试乘。

运送过程中注意事项:

(1)搬运时原则上让患者仰卧,但当患者没有意识时,要注意是否会将呕吐的残渣物堵塞了咽喉而窒息,因此要将患者的脸转侧向。

(2)如果患者几乎都是以腹式呼吸,不要固定腹部,只要固定胸部、腰部、脚尖三处即可。

(3)运送时一般应将患者的脚向前方。

6. 烫伤

野外焚烧柴火或烹饪时,常发生烫伤。烫伤的程度可分为三种:(1)皮肤变红,有刺痛感觉;(2)起水泡;(3)皮肤烫烂,例如热油烫到皮肤,皮肤就会被烫烂,如果是身体一部分烫伤,并不会危害生命。此时,先用清洁纱布盖住,立刻送医院。第二种烫伤起水泡,注意不要使水泡破裂,用纱布轻盖,用冷水冷却。如果烫伤部位与衣服相连时,不要脱下衣服,连衣服一起用水冷却。同时要给患者补充水分,注意休息。

7. 异物进入眼睛或耳朵

(1)异物进入眼睛

在野外行走时,经常有尘埃或小虫进入眼睛。此时,不要用手揉眼睛,如果用手揉眼睛会擦伤眼球,要忍耐一下,让泪水流出异物。如果异物进入上眼皮,抓起上眼皮,用手推下眼皮,刺激泪水流出;如果异物进入下眼皮,抓下眼皮,用湿纱布轻轻擦掉。异物仍不能排出时,让眼睛在杯水中一开一闭,即可洗掉异物。如果戴隐形眼镜,有剧烈刺痛时,要将隐形眼镜摘下来洗净。到野外活动前,最好到药房买好药水以备用。

(2)异物进入耳朵时

在野外活动,经常有小虫等异物飞入耳朵,这时将耳朵朝向有光源的地方,或者用手电筒照亮,小虫喜爱明亮的地方,就会朝向光源飞出。不要勉强用挖耳器具或棉棒挖耳朵,那只会使小虫往更深处去,反而易伤害耳朵。

8. 被狗咬伤

野外行走,经常会遇到一些防不胜防的事情。步入乡村,常有被狗咬伤的事件发生。不要轻视狗、猫、老鼠等小动物,这些动物的牙齿有许多细菌,弄不好也可能致命。对狗要特别注意,若被狗咬到,会有患狂犬病的危险。

狂犬病是死亡率百分之百的可怕疾病。被咬之后觉得倦懒,有不安感、瞳孔散大、唾液过多、出汗、失眠等症状,过了 2~3 d,体温升高到 38℃ 左右,精神也陷入了兴奋状态,开始痉挛。再不久,伤口附近的肌肉开始麻痹,这麻痹扩大到全身之后,人就死亡。

不要忽视小小的伤,如果被狗等咬到了,马上用水冲洗,再用浓肥皂 3% 的甲酚液、双氧水等,彻底地清洗消毒,然后马上送到医院治疗。

9. 被昆虫刺伤和咬伤

野外经常有群蜂攻击人,特别是雌蜂腹部产卵管会变成毒针,遇到危险时,就用毒针刺入。被刺到的人,会有剧痛,眼花恶心。常见有长脚蜂、蜜蜂和大蝴蜂。尤其是大蝴蜂,针毒强烈,会致人于死。对蜂针毒的反应,因人而异,第一次被刺到,会肿痛,擦软膏或用冷水冷却即可治愈。毒针尚留在皮肤上时要小心拔出。

10. 被蛇咬伤

在野外活动经常会遇到蛇类,特别要注意的是毒蛇。毒蛇有青竹丝、雨伞节、眼镜蛇等,尤其是眼镜蛇,动作敏捷,一不小心碰触,就会被咬伤。被毒蛇咬到,伤口剧痛发肿,要立刻用绳子绑紧伤口上方靠近心脏地方,避免毒液随着血液循环到人体内。要稳定患者的害怕情绪,快速送医院。

大多数蛇不会主动攻击人,只有人不小心踩到或要抓它,才会被蛇咬。蛇属夜间活动的动物,白天多在洞里休息,夜间才出来活动。在山野中行走,不要随便把手插入树洞或岩石空隙。

第七章　篮　球

第一节　篮球运动概述

　　篮球运动于 1891 年由美国马萨诸塞州斯普林菲尔德市基督教训练学校体育教师詹姆斯·奈史密斯博士发明的。由于这项运动深受人们的喜爱,因此传播很快,1892 年传入加拿大和墨西哥,1893 年传入法国,1895 年由基督教青年会传入中国。1904 年美国青年会男子篮球队首次在第三届奥运会上进行了表演。此后,篮球运动逐步在中美洲、亚洲、欧洲和大洋洲开展起来。随着这项运动的发展和提高,参赛人数由最初的无限制到规定为 5 人,规则由 1892 年的 13 条发展到现在的 60 条。1932 年 6 月 18 日国际业余篮球联合会在瑞士日内瓦成立,1936 年第十一届奥运会上男子篮球被列为正式比赛项目。1968 年成立国际小篮球委员会,1976 年第 21 届奥运会又增加了女子篮球比赛。从此,篮球运动登上国际竞技运动的舞台。

　　新中国成立后,篮球运动得到了蓬勃的发展,在建立健全篮球等级制度和运动员等级制度的同时,运动水平迅速提高。篮球运动是我国开展最普及、最广泛、最受群众喜爱的运动项目之一。近年来,随着广播电视、网络服务业的迅猛发展,越来越多的人从各种渠道欣赏到世界各国高水平篮球队的表演,特别是在国际赛场上一些世界著名球星的精湛技艺,更是征服了亿万观众的心,同时也吸引了更多的人从事篮球运动。

詹姆斯·奈史密斯

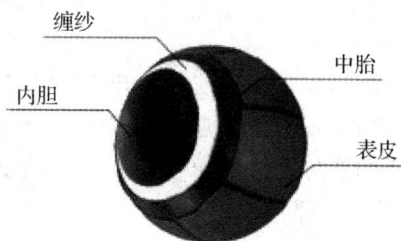

缠纱　中胎　内胆　表皮

篮球

第二节　篮球基本技术

篮球技术可分为进攻和防守两大类。进攻技术有传接球、投篮、运球和持球突破;防守技术有防守对手和抢、打、断球;在进攻和防守技术中都包含有移动和抢篮板球技术(表 7-1)。对于学生来讲,只要练习掌握一些比赛中的常用技术,并能组合运用,就能享受篮球运动所带来的无穷乐趣。

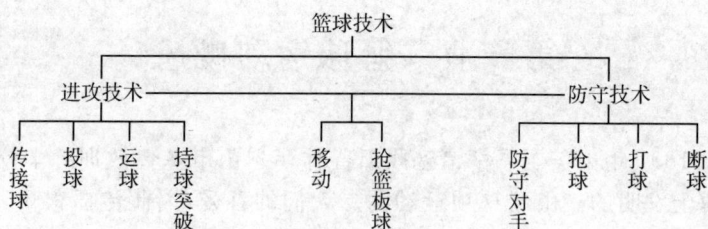

表 7-1　技术动作

一、移动

(一)运用时机

1. 进攻队员积极摆脱防守人的控制,争取获得良好的接球和攻击机会;防守队员认真阻止进攻队员接球和攻击。

2. 进攻队员协助同伴创造有利的进攻机会;防守队员协助同伴防守。

3. 进攻队员为牵制对手拉开空间,或做佯攻移动,破坏防守配合。

4. 进攻队员掌握投篮时机,主动冲抢前场篮板球;防守队员观察、判断,转身挡人,积极抢篮板球。

5. 当投篮结束时,进攻队员迅速转攻为守;防守队员快速反击。

(二)技术要点

1. 合理的准备姿势

准备姿势是两脚左、右(或前、后)开立,两脚距离约与肩同宽;两膝弯曲,大、小腿之间的角度大约在 135°左右;脚掌着地;上体微向前倾;两臂屈肘,置于身体两侧;上体微向前倾,两眼平视。这样的姿势能维持身体平衡,又能快速破坏平衡,向欲进方向迅速移动。

2. 正确的观察、判断

观察、判断是正确运用移动技术的前提,它贯穿于整个比赛的每个技术和战术配合之中。观察首先要弄清自己所处的位置和距离,同时要看清其他进攻队员及防守队员的位置分布和阵式。观察既要做到面广,还要有重点。如抢到后场篮板球,观察重点是本队的快下队员、接应队员和防守队员的位置分配,由此决定传球给谁和自己的跟进路线。半场阵地进攻中观察重点是本队的主攻方向及防守队员的破坏行动,根据观察结果决定自己是拉开牵制、佯攻移动,还是空切、掩护等。外线队员的观察重点首先是内线队员的攻击位置,判断防守队员的阻挠行为,然后决定自己或接应、穿插、拉开、迂回,或冲抢篮板球。观察要有主有次,由点到面,由局部到全局。然后根据情况进行综合分析,做出正确判断,采取合理的行动。

3. 突然、快速,富有节奏

移动技术的运用必须突然、快速,出其不意,攻其不备,才能取得良好效果。灵活变化表现在能根据场上不同情况,由一个动作迅速转化为另一个动作。例如前进中受阻,就要改变方向前进,变方向后又碰到防守人,再变为转身前进,等等。这一连串的跑、改变方向和转身要应变自如、衔接连贯、富有攻击性。跑动中还要有节奏。比赛中慢跑固然不能摆脱防守,但一个节奏的快跑也不一定能制造良好的攻击机会。只有根据场上情况快、慢结合,富有鲜明的节奏,才能取得良好的效果。

4. 善于做假动作

移动技术的运用,应真真假假,虚虚实实,声东击西,这样往往会取得事半功倍的效果。善于以假乱真,真假变换的做法,往往能达到最终的目的。

（三）动作方法

移动是其它技术运用的基础,其动作方法很多（表7-2）。在练习中一般是在开始阶段比较集中地进行,练习顺序可以按跑、急停、转身、跳、滑步等分别组合进行,在练习这些动作的同时,要结合学习基本站立姿势、起动、撤步、交叉步等动作。

动作关键:重心转移快,快速蹬地和摆臂,碎步加速。

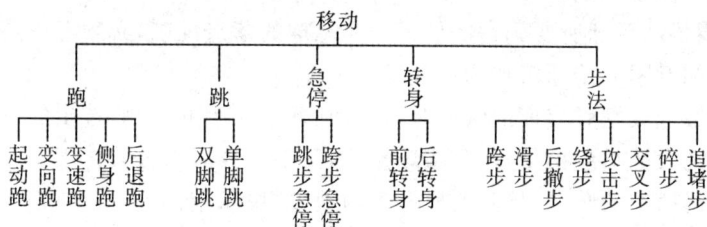

```
                          移动
        ┌──────┬──────┬──────┬──────┬──────────────┐
        跑     跳     急停    转身            步法
     ┌┬┬┬┬┐  ┌┬┐   ┌┬┐    ┌┬┐    ┌┬┬┬┬┬┬┬┐
    起变变侧后 双单   跳跨    前后    跨滑后绕攻交碎追
    动向速身退 脚脚   步步    转转    步步撤步击叉步堵
    跑跑跑跑跑 跳跳   急急    身身       步 步 步  步
              跳跳   停停
```

表 7-2　移动

二、传接球

（一）传接球技术动作的种类

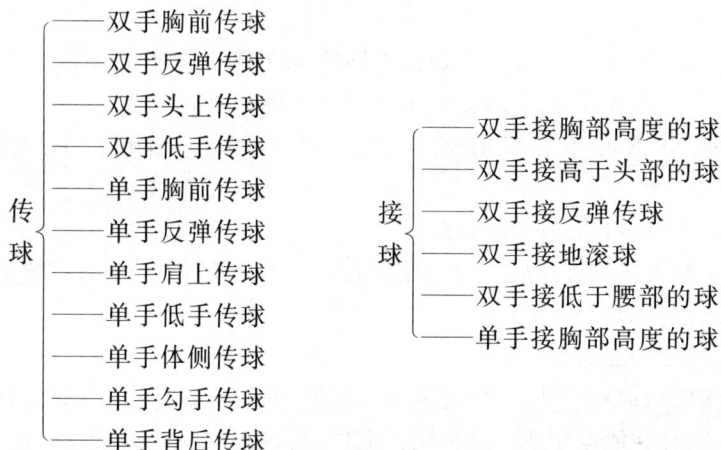

```
        ┌── 双手胸前传球
        ├── 双手反弹传球
        ├── 双手头上传球
        ├── 双手低手传球                ┌── 双手接胸部高度的球
传   ├── 单手胸前传球              ├── 双手接高于头部的球
        ├── 单手反弹传球          接 ├── 双手接反弹传球
球   ├── 单手肩上传球          球 ├── 双手接地滚球
        ├── 单手低手传球              ├── 双手接低于腰部的球
        ├── 单手体侧传球              └── 单手接胸部高度的球
        ├── 单手勾手传球
        └── 单手背后传球
```

（二）传接球的运用时机

1. 传球的最佳时机就是接球人刚刚摆脱防守，出现最有利机会的一刹那，对方来不及调位即接到了球。也就是人到球到，恰到好处。

2. 接球人和防守人移动重心相反，出现接球机会就立即传球。如后卫欲将球传给前锋，前锋先做下压动作摆脱防守，当防守队员跟随向篮下移动时，前锋队员突然变下压为上提动作，与防守队员形成相反的移动方向，这时后卫及时传球给前锋队员，即为最好的机会。

3. 接球人用身体挡住防守人时应立即传球。当前锋摆脱防守切入篮下准备接球投篮时，后卫最好的传球时机是在前锋用身体完全挡住了防守队员时立即传球。如传球过早，前锋未摆脱防守，容易被对方断球；而传球过晚，也会被防守人从身后绕出断球。

（三）传接球的技术要点

1. 具备正确的手法和全身的协调用力

手法是指手腕的翻转、屈伸和手指弹拨的用力方法，它直接影响出球的方向、速度和飞行路线。手指、手腕拨球力量大，抖动急促，则出球速度就快；相反，则球飞行的速度就慢。除手指、手腕用力外，全身协调一致的用力也非常重要，这样不仅可以扩大传球面，增多传球点，而且可以增强传球的灵活性，提高传球的运用效果。

2. 掌握球落点的一般规律

球的落点指传球后球所要到达的位置。要想球的落点准确，必须考虑到对手的位置，移动的速度、方向和意图。传球落点的一般规律是：

（1）传球给原地或摆脱接球的队员时，要传到远离对手的一侧，传出的球平直而快；

（2）传球给高大队员应吊传，便于接球投篮，又不易被对手截获；

（3）传给内线插上的队员，传到前面一步的地方，快而直；

（4）传给快攻向前跑的队员，要有提前量，以球领人，球传得要有弧度；

（5）折线传球击地点一般是离接球人三分之二的地方，有时通过防守人的传球，反弹点可在脚侧。

3. 传球必须有明显的目的性

每次传球都应有明确的目的，盲目传球不仅误成绩，而且容易被防守截获。传球目的性表现在：

（1）助攻妙传，同伴有很好的机会，不失时机地传给同伴，使同伴达到投篮目的；

（2）为了调整进攻队形、队员和球的位置，以便重新发动进攻；

（3）为了调整和打乱对方的防守布置，使防守不易集中到有球的一侧，便于同伴接球后投篮和突破；

（4）为了调整传球的角度，而向邻近同伴传球。

要想传好球，还必须了解本队的进攻战术、攻击点、战术变化以及对方的防守战术形式。根据不同的变化，采用不同的传球方式。

4. 突然、快速、有攻击动作和假动作

传球时多用手指、手腕的急促抖动动作，尽量避免臂前伸，暴露球的部位和传球方向，出其不意。突然、快速地传球，往往能成功地把球传出。同时，传球前要有攻击动作和假动作迷惑对方，隐蔽自己真实的传球意图，使对手产生错觉，从而达到传球目的。

眼睛的视线和传球落点分开。传球时不要直眼注视接球人,避免传球的落点和视线相一致。善于用眼的视线迷惑对方,吸引防守人的注意力;当防守人全力以赴封堵视线方向时,要突然把球传给另一方向的接球人。

用攻击动作吸引防守人注意力,主要表现在:

(1)运球上篮变传球。当运球突破到篮下时,尽管遇到防守人的封盖,突破者仍要做投篮攻击的动作,使防守者注意力集中在投篮上,然后乘机变投为传。

(2)投篮变传球。持球人做瞄篮动作,当防守人上来封盖时,则突然改变投篮动作,从防守人手臂下方传球给接球人。

(3)突破变传球。持球人做突破动作,当防守人堵截突破路线,用手打、抢球时,持球人突然改变突破动作,从防守人手臂上方将球传给接球人。

(4)假传变真传。持球人做传球动作,当防守人封堵方向时,改变传球方向,从其他方向将球传给接球人。

5. 传球方法及其运用

双手胸前传球(图7-1),技术要点是蹬地伸臂,抖指翻腕,拇指下压,中食指拨球。此方法可向不同方向、不同距离中的同伴传球。

双手低手传球(图7-2),技术要点是两手向上翻腕,手指轻轻地挑拨球。此方法一般用于内线策应时或外围外员之间交叉掩护时,也可在其他近距离的情况下使用。

图7-1 双手胸前传球   图7-2 双手低手传球

单手肩上传球(图7-3),技术要点是从肩上方向后引球,蹬地挥摆臂、抖腕、手指拨球。此方法多用于远距离传球,如长传快攻时。

单手体侧传球(图7-4),技术要点是单手侧引球、划弧、屈腕、手指拨球。此方法多用于外围队员传球给内线时,可传弧线球,也可传反弹球,结合左晃右传的假动作,效果更好。

图7-3 单手肩上传球   图7-4 单手体侧传球

单手背后传球(图7-5),技术要点是单手后引球、屈腕,手指向传球方向。此方法隐蔽性强,多用于突破分球时和对手防守严密时向侧后方向的传球。

运球中单手推拨传球(图 7-6),要点是运球手主动迎球,前臂、手腕内转,掌心对准传球方向,手腕前扣,手指拨球。此方法快速、突然,不易防守,在快攻或配合进攻运球中都可使用。

图 7-5　单手背后传球　　　　　　　　　　　图 7-6　单手推拨传球

6. 接球

(1)眼睛应注视来球的方向,判断球的力量、速度和落点,以便采用适当的方式来接球;

(2)接球时必须摆脱防守,上步卡位,不要原地不动等球,以防对手断球。接球后应迅速持球于胸前,保护好球和保持身体平衡,以便迅速衔接下个动作。

(3)接球前应先观察攻、守双方的情况,判断防守的意图,以便接球后立即完成下一个攻击动作。

(4)接球后应尽量减少球在自己手中停留的时间,更不应盲目地拍一下球。在自己没有机会的情况下,应立即把球传给同伴,以调动防守,使对方处于紧张被动的局面,创造更好的攻击机会。

三、投篮

(一)运用时机

1. 当防守人距投篮者比较远,来不及防守(或没有防守投篮的准备)及干扰(或干扰比较小)的情况下。

2. 在自己比较有把握的位置上或特别有信心时。

3. 经过配合出现了预期的投篮机会。

4. 当同伴占据了良好的抢篮板球位置时。

5. 在特定的战略战术要求下强行投篮。

6. 同伴拉开牵制,造成一对一局面时。

(二)技术要点

1. 选择正确的瞄篮点

运动员投篮时都有各自的瞄篮点,有人喜欢以篮圈前沿中心为瞄篮点,有人则主张以篮圈后沿中心为瞄篮点,根据我国大多数运动员的统计,以篮圈中心点为瞄篮点的居多,因为这个点和球的落点相一致,所以容易命中。碰板投篮的瞄篮点,因投篮的距离、角度的不同,所以碰板点也不相同,一般的规律是:距离较远,投篮角度小,碰板点距离篮圈越高,越远;投篮的距离近,角度大,碰板点距离篮圈越近,越低。总之,要使投篮反射出的球正好落在篮圈的范围内为好。

2. 创造良好的投篮时机

良好的投篮时机可以增强投篮者的信心,提高投篮命中率,同时也为全队抢篮板球和保持攻、守平衡做好了准备。寻找良好的投篮时机主要靠个人和全队配合来创造。

在个人寻找机会时,投篮者首先要观察防守人的位置和距离,判断其防守行动。一旦对手失掉良好的防守位置,难于干扰,就应果断投篮。

利用全队配合寻找机会,主要是通过传切、策应、掩护、突分等基础配合和利用全队战术创造出来的机会。例如当同伴突分时,其他队员应立即移动,寻找空当接应同伴传球进行投篮。

3. 突然、快速、灵活变化

投篮有一定的动作顺序、出手角度、出手节奏和球的飞行弧度。但在有防守人干扰时,又表现为不固定性,需视对手的防守情况灵活运用。例如,快出手投篮就是看到防守人上来时,投篮者改变原来的节奏,加快投篮速度,在防守人封盖前完成投篮;变弧度投篮是在高大队员封盖时,改变投篮出手角度,提高出手弧度,以避开封盖;从底线突破上篮,未遇到补防队员时,可以用正常的节奏投篮,变化投篮节奏,或用投反手篮,避开防守人的封盖。

4. 具有稳定的心理素质

在关键的比赛中稳定的心理因素是至关重要的。有的人投篮技术动作很好,平时命中率也很高,但在比赛中,由于患得患失,怨天尤人,不敢负责任,增加了投篮的心理负担,因而不能正常发挥技术,降低了投篮命中率。在比赛中要克服不良的心理障碍,要有必进的信心,只要是机会好,或者是全队配合要求的时机,都要敢于投篮。比赛中还要情绪稳定,不应受裁判、场地、观众和比分等多种因素的影响,要始终头脑冷静,全面观察,细心分析,做出正确判断,采取合理、果断的投篮行动,这样就会准确地投中篮。

(三)投篮动作方法

1. 篮球技术动作的种类

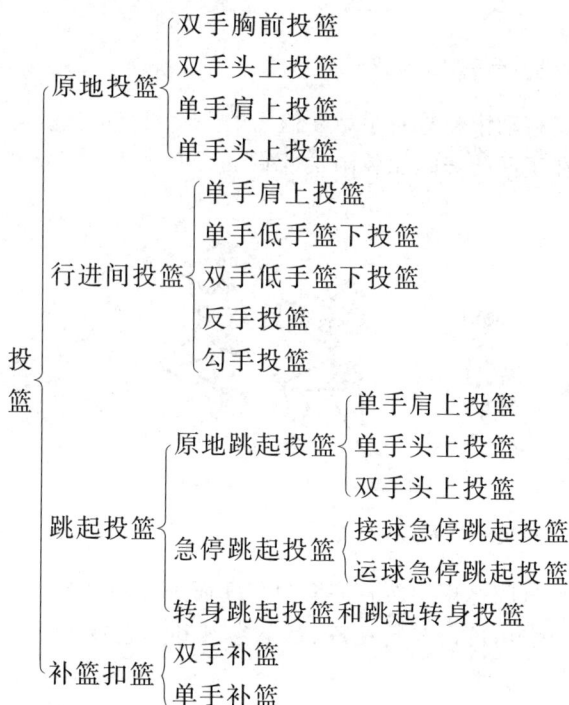

投篮
├ 原地投篮
│ ├ 双手胸前投篮
│ ├ 双手头上投篮
│ ├ 单手肩上投篮
│ └ 单手头上投篮
├ 行进间投篮
│ ├ 单手肩上投篮
│ ├ 单手低手篮下投篮
│ ├ 双手低手篮下投篮
│ ├ 反手投篮
│ └ 勾手投篮
├ 跳起投篮
│ ├ 原地跳起投篮
│ │ ├ 单手肩上投篮
│ │ ├ 单手头上投篮
│ │ └ 双手头上投篮
│ ├ 急停跳起投篮
│ │ ├ 接球急停跳起投篮
│ │ └ 运球急停跳起投篮
│ └ 转身跳起投篮和跳起转身投篮
└ 补篮扣篮
  ├ 双手补篮
  └ 单手补篮

2. 常用的动作方法及其运用

(1)双手胸前投篮,它的优点是投篮的力量大,距离远,而且便于和传球、运球突破相结合,缺点是投篮时持球和出手点低,防守容易干扰。比赛中女运动员运用较多(图7-7)。

图7-7 双手胸前投篮

(2)单手肩上投篮,是比赛中运用比较广泛的一种投篮方法,是行进间单手投篮、跳起投篮的基础。它具有出手点高,便于结合其他技术动作,能在不同距离和位置上运用的特点(图7-8)。

图7-8 单手肩上投篮

(3)行进间单手低手投篮,是在快速移动中超越对手后在篮下的一种投篮方法。它具有速度快,伸展距离远的优点,防守队员在正面防守时比较困难(图7-9)。

图7-9 行进间单手低手投篮

(4)急停跳起投篮,是进攻队员在行进间运用突然急停摆脱防守而进行的跳起投篮。它具有突然性强,出手点高和不易防守的优点,可以与传接球、运球突破和其它技术动作结合运用,可在原地和行进间急停完成跳起投篮(图7-10)。

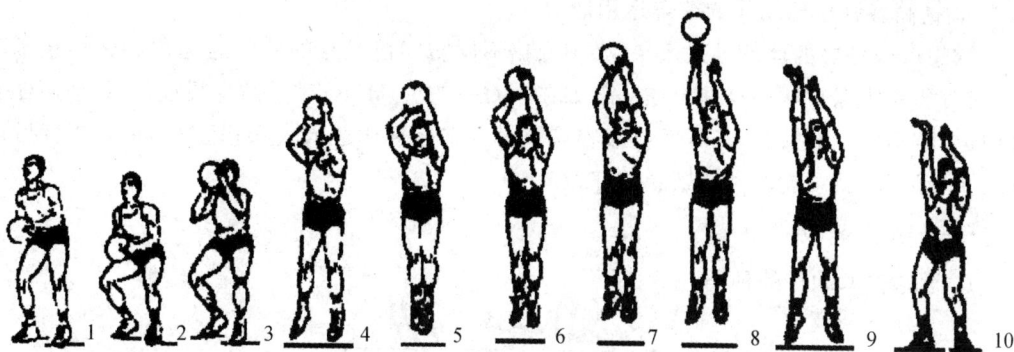

图 7-10 急停跳起投篮

四、运球

(一)运用时机

1. 当同伴被防住不能接球时。如抢到篮板球或接应者接到第一传后,其他队员都被防住不能接球时,为了发动快攻,造成多打少的机会,可以运球突破或快速运球推进。

2. 当对方采用扩大紧逼防守时。此刻传球受到干扰,经常有被截获的危险,采用运球突破直接投篮,或以突破造成对方补防的混乱,将球传给同伴投篮。

3. 当快攻结束阶段已形成以多打少的优势时。此时可采用直接运球投篮。如防守者补防,则分球给同伴投篮;形成以多打少,防守密集篮下时,可采用强行运球上篮吸引防守,伺机分球给同伴投篮。

4. 根据战术需要,调整进攻队形,组织和发动阵地配合时。如 8 字运球掩护;运球转移寻找合适的角度传球给中锋。当本队战术要求拉开一侧已形成一对一局面时,可强行运球突破投篮,或运球挤到篮下,利用时空差投篮。

(二)技术要点

1. 掌握正确的运球技术

运球要养成抬头运球和屈膝降重心的基本姿势,提高观察判断和随时起动超越防守人的能力。切忌低头看球,以免贻误战机。

2. 合理运用假动作

(1)用身体虚晃假动作。当防守人在运球者正前方防守时(正面攻守),运球者以头及上体向左(或右)做虚晃动作,引诱防守人跟随堵截,运球者立即从右面(或左)突破过人。

(2)用拨球假动作。当运球者和防守人成正面攻防时,可将球拨向一侧。如防守人堵截,再迅速把球拨向另一侧,创造时空差,快速超越对手。运球人可两手迅速交替运球,伴做左右寻找突破机会,调动对手,造成防守者判断错误。当他向一侧堵截失去重心时,运球人迅速从另一侧超越。有时把身体虚晃和熟练的拨球同时运用,能起到更好的运球过人效果。

(3)用半转身假动作。当运球者和防守人成正面攻防时,运球人做向后半转身,同时转头。当防守人向转身一侧堵截时,运球人突然做前转身从原运球方向突破。

(4)用改变运球假动作。如果快速运球甩不掉对手,可伺机突然减速,当防守人也慢下来的时候,运球人再次突然加速超越对手。

3. 提高各种运球动作的综合运用能力

欲想取得良好的运球过人效果,必须根据不同防守情况有的放矢地运用和变换技术动作,同时要养成保护球的良好习惯。例如在一对一的攻、守中,对手贴身很近,若只会用体前变向运球,不仅不能摆脱防守,而且极容易被对方掌握规律造成失误;这时如果采用背后运球或转身运球,就可能顺利地摆脱防守。

(三)运球的动作方法

1. 运球技术动作的种类

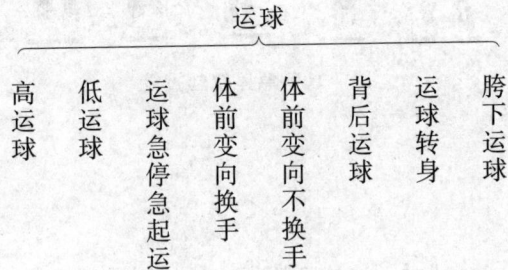

运球

跨下运球 | 运球转身 | 背后运球 | 体前变向不换手 | 体前变向换手 | 运球急停急起 | 低运球 | 高运球

2. 常用动作方法及其运用

(1)体前变向换手运球,是当对手堵截运球前进的路线时,突然向左(或右)改变运球方向,借以摆脱对手(图 7-11)。

图 7-11 体前变向换手运球

84

(2)背后运球,当防守逼近,不能用直线运球、体前变向运球突破时应用这一方法(图 7-12)。

图 7-12 背后运球

(3)胯下运球,当防守队员迎面堵截,无法直线运球时应用这一方法来摆脱对手(图 7-13)。

图 7-13 胯下运球

五、持球突破

(一)运用时机

1. 防守人未占据合理位置,出现位置偏差时。

2. 当防守队员重心上提或前移时。

3. 利用突破吸引防守,为同伴创造进攻机会时。

4. 对方犯规较多,以持球突破达到"杀伤"对方有生力量或获得罚球的机会。

5. 利用突破打乱防守部署,为本队创造良好的进攻机会。

(二)技术要点

1. 广阔的视野,良好的判断,是突破的重要前提。突破前要进行观察,做出正确的判断,观察判断的内容有:对手的脚步移动速度、位置、距离、重心、步法和整体防守的布置等。

（1）对手的脚步移动：速度慢，可立即突破。

（2）对手的防守位置：偏右从左边过人，偏左从右边突破。

（3）对手的防守距离：防守距离近，可立即过人。

（4）对手的重心：双腿直立，重心上提、重心前移、重心静止或失掉平衡，出现上述情况，应立即突破。

（5）对手的步法：如果对手是平步防守，应从对手弱脚的一侧过人。如果对手是斜步防守，应从对手的前脚的外侧突破。

（6）整体防守的弱、强区域：从弱的一侧突破。

2. 充分利用假动作

（1）用投篮假动作：投篮是防守人最敏感的动作，只要持球人一做瞄篮动作，防守人就会做反应，利用对手封盖投篮时重心升起或防距缩短的变化，立即过人。

（2）传球假动作：在有效攻击区，持球队员以任何方式向某个方向做传球动作，防守队员会做出相应的封堵动作。进攻队员可用传球声东击西，真假结合，根据对手的封堵动作选择突破口。

（3）跨步假动作：持球队员的摆动腿向左（或向右）跨步，诱使防守人跟随移动来堵截，持球人乘机从防守人右（或左）边突破过人。

（4）利用半转身假动作。

3. 根据本队战术需要合理运用

（1）对方扩大防守，需要用突破压缩防区，为自己和同伴创造攻击机会。

（2）形成一对一局面，对方很难进行协防，强行突破投篮。

（3）某防守队员 4 次犯规或对方全队 7 次犯规，为杀伤对方主力队员或创造罚球机会，可大胆突破。

4. 同投篮、传球结合运用

突破后会出现三种情况：一是通往篮下的道路无人防守，可以立即加速上篮；二是突破后有人补防，此时，要急停跳投；三是突破后发现同伴有良好的机会，要即刻分球给同伴投篮。总之突破后要和加速上篮、急停跳投，以及传球技术衔接好。

（三）持球突破的动作方法

1. 持球突破技术动作的种类：同侧步（顺步）突破前转身、突破后转身、突破交叉步。

2. 常用的动作方法及其应用

（1）交叉步突破

以右脚做中枢脚为例。两脚左右开立，两膝微屈，身体重心降低，持球于胸腹之间。突破时，左脚前脚掌内侧迅速蹬地，上体稍向右转，左肩向前下压，重心向右前方移动，左脚向右侧前方跨出，将球引于右侧，接着运球，中枢脚蹬地向前跨出迅速超越防守（图 7-14）。

图 7-14　交叉步突破

（2）同侧步（顺步）突破

以左脚为中枢脚从防守人的左侧突破为例。准备姿势同交叉步突破。突破时，左脚内侧蹬地，右脚迅速向右前方跨出，同时向右转体探肩，重心前移，在左脚离地前，用右手放球于右脚侧前方，然后左脚迅速蹬地向右前方迈出，（第二次蹬地加速度），超越对手（图 7-15）。

图 7-15　同侧步突破

六、组合技术

在篮球比赛中，参与者对技术的运用极少是单个使用的，现代篮球比赛中运用的组合技术有上千种。我们只要掌握最常用的一些组合技术，就可以举一反三，学会掌握更多的组合技术。

常用组合技术的关键和运用时机有以下几种：

（一）接球—跳起单手肩上投篮

1. 技术关键：接球的同时腿弯曲，立即起跳投篮。

2. 运用时机：组合技术突然性强，场上每一位队员可在任何位置上运用。

（二）移动接球—运球—上篮

1. 技术关键：快速跑动中的接球和运球超越防守队员。

2. 运用时机：在快攻快下或跟进中接同伴的球离篮下又远时用，也可在阵地进攻中移动接球后运球突破防守时运用。

（三）背接球—假动作—转身—跳投

1. 技术关键：假动作要逼真，转身起跳要快。

2. 运用时机：此组合技术是内线队员在比赛中的常用技术。一般多运用在中近距离背对防守，为了诱骗防守者移向一侧时使用。

（四）接球—突破—急停—跳投

1. 技术关键：及时抓住防守队员向后或侧向滑步的机会突然停止，急停的步法就是跳起投篮的步法，急停与跳投的衔接要突然。

2. 运用时机：接球后被对方严密防守不便直接投篮时，运用此组合技术为自己创造跳投的机会。此组合技术在比赛中运用较多，运用范围也较广。

（五）移动单脚起跳双手抢前场篮板—跳投

1. 技术关键：及时的起跳时机和起跳位置，双手在空中触球和抢球。

2. 运用时机：冲抢篮板时，为了更好地控制空中面积和有力地争夺球时运用此组合技术。

七、抢篮板球

比赛中双方队员在空间争抢投篮未中从篮板或篮圈反弹出的球，统称为抢篮板球。一场篮球比赛中投篮并不是结束，而是攻守双方进入拼抢篮板球的激烈争夺阶段，在一定程度上也是决定胜负的重要因素之一。下述几种为主要的抢篮板球技术：抢进攻篮板球，近篮队员抢篮板球，篮下防守队员抢篮板球。

（一）抢进攻篮板球

抢进攻篮板球时应根据场上所处位置，及时地判断球可能反弹的方向，利用快速起动，直接冲向篮下或借助于闪晃的假动作迅速绕过对手，攻占有利位置，积极主动地争抢篮板球。

（二）近篮队员抢篮板球

当本队队员投篮出手时，近篮队员如果从对手左侧绕过冲抢篮板球，其左脚先向左前方跨出一小步，脚尖稍内扣，用上体做虚晃动作把对手诱向左侧，然后左脚迅速蹬地，右脚向右前方跨出一步，重心移至右脚同时，左脚向左前方绕跨，挤到对方前面，占据篮下有利位置，两膝微屈，两肘抬起，充分发挥弹跳力，借助腰腹力量向球反弹的落点起跳，在最高点补篮或把球抢下来。

（三）篮下防守队员抢篮板球

对方投篮时，篮下的防守队员应根据与进攻队员之间不同的距离采用不同的挡人方法。如与对手之间距离较近，则可采用后转身或撤步后转身挡人；如与对手保持一定距离，则用前转身或上步前转身挡人。挡住对手后，两脚左右开立，屈膝，两肘外展，借以占据较大面积，要在任何情况下能向各个方向及时起跳，两臂向上伸展，在跳至最高点用双手或单手迅速抢摘球。得球落地时，转体侧对前场，并使球远离对手将球握紧，但要便于及时传球或运球。

八、防守技术

防守是防守队员合理地运用脚步移动和手臂动作积极地抢占有利位置,阻绕和破坏对手的进攻意图和行动,并以争夺控制球权为目的。下面我们介绍两种个人防守对手的方法,对无球队员的防守和对有球队员的防守。

(一)防无球队员

防无球队员,主要是集中精力控制对手活动,不让其接球,特别是对在威胁性较大的投篮位置和区域能接到球的队员。防守时,两脚左右或斜前方开立,两腿弯曲,身体重心降低,上体稍向前倾,张开两臂占据空间,两眼平视,观察对方的球的变化,随时准备用积极的脚步移动断球和堵截进攻者接球的路线。

(二)防持球队员

进攻队员接到球后,有可能投篮、突破或传球,防守者要善于发现对方的动向,并根据场上的情况,正确判断进攻者的意图,随时占据有利位置,积极主动地进行防守。防守时,防守者应保持低重心的防守姿势,与进攻者的距离是既能阻止对方投篮又能防其突破(约一至两步半的距离),两手上下伸展运用。当进攻者持球突破时,防守者应以后撤步结合侧滑步移动,始终抢前堵截运球突破者的进攻路线,迫使进攻者改变方向或停止运球。

九、打球动作方法

可分打原地持球队员的球、打运球和打上篮队员的球。

(一)打原地持球队员的球

有自上往下和自下往上两种打球方法。打球时一般与持球队员动作相反,进行逆向迎击,这样可借助反向合力增大击球力量,易于将球击落。当对手持球由胸以上部位向下移位时,宜采用由下往上的方法打球。打球时多用手指、手掌击球,用手指、小臂与手腕的短促快速动作弹击,不可挥大臂上步抢打(图 7-16)。

图 7-16　打原地持球队员的球

(二)对手运球突破时打球

(以从防守者左侧运球突破为例)。防守应在左脚向左滑步抢位堵截同时,看准球从地面弹起的刹那间,突然用左手打球(图 7-17)。

图 7-17 打运球突破时的球

在防运球突破时,当运球者处于即将超越防守者的瞬间,为了弥补防守失误,可从后面打球。从后方打球时(仍以从防守者左侧突破为例),防守者以左脚为轴做前转身,迅速向对手运球的侧后方跨步的同时,利用手臂、肩和腰的伸展动作,用右手从运球者的后方击球。

(三)对手运球上篮时的打球

防守者侧身跟随运球队员,当对方起步上篮跨出第二步,刚要起跳把球由体侧移到腰腹部位的瞬间,防守者可用(右)左手自上往下的斜击方法将球打落。为了避免犯规,打球的手臂要迅速从对手身旁撤离(图 7-18)。

图 7-18 打运球上篮时的球

十、抢球动作方法

抢球动作多在防守者离持球者近,而对方保护球不好时运用。当进攻队员终止运球刚拿起球时,或持球转身将球暴露时,或进攻队员跳起接球,以及抢到篮板球刚落地保护球不好时,防守者趁机出其不意地将球抢掉。抢球时动作要快而狠,果断有力,当手指接触球或控制住球的同时,利用拧、拉和身体扭转力量,同时手臂要迅速向腰腹回收,将球抢夺过来。抢球的手法一般是一手在上,一手在下直握。

十一、断球动作方法

断球可分为断自己防守队员的传球、断进攻队员传给自己防守队员的球和补防时的断球三种。

（一）横断球

是从侧面跃出截获进攻队的传球。如向侧断球时,身体重心下降准备起动,重心迅速向右移,以短而快的助跑,单脚或双脚用力蹬地跃出,身体伸展,两臂前伸,用双手或单手将球截获(图 7-19)。

图 7-19 横断球

（二）纵断球

是从对手背后或侧后方突然用绕前防守步法跃出,截获进攻队的传球。当防守者要从对手右侧绕前断球时,右腿先向前跨第一步,然后侧身跨左脚绕到对手身前,同时重心前移,左脚(或双脚)用力向前跃出,身体伸展,两臂前伸将球截获。

第三节 篮球基本战术

篮球的基本战术就是战术的基本配合,是几个人之间组成的简单配合,包括进攻与防守两个部分,它是组成全队战术的基础。比赛中战术的多端变化,都离不开基本战术的配合。

一、进攻战术:包括传切配合、突分配合、掩护配合和策应配合

1. 传切配合

传切配合是同队队员之间,利用传球和切入所组成的简单战术配合,常在进攻中采用。

(1)一传一切:持球队员传球给同伴后,徒手摆脱对方向篮下切入,再接回传球投篮或突破(图7-20、图7-21)。

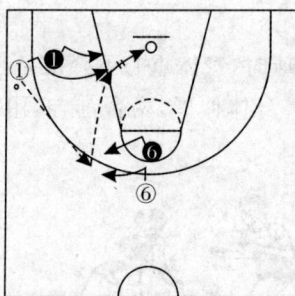

图 7-20　一传一切　　　　图 7-21　中间传切

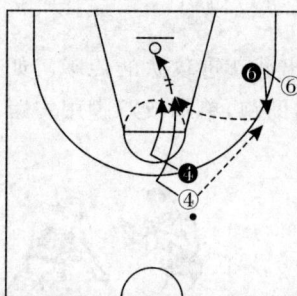

(2)空切配合:是指无球队员掌握时机,突然摆脱对手,切向防守空隙区域接球投篮,或做其他进攻动作(图7-22)。

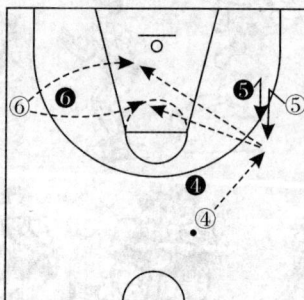

图 7-22　空切配合

(3)突破分球:当持球队员运球突破上篮受阻,立即将球传给同伴(图7-23)。

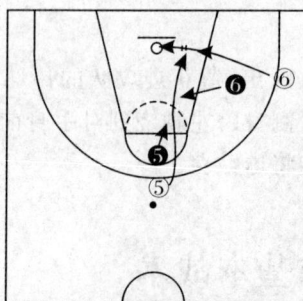

图 7-23　突分配合

2. 掩护配合

掩护配合是采用合理的行动用自己的身体挡住同伴防守的一种配合方法。掩护配合有前掩护、侧掩护和后掩护，以及运球掩护 4 种形式。

(1)前掩护:是掩护队员站在同伴防守者的身前进行的掩护(图 7-24)。

(2)侧掩护:是掩护队员站在同伴防守者的侧面或侧面稍后的位置进行掩护。包括给有球队员做侧掩护(图 7-25)和给无球队员做侧掩护(图 7-26)。

图 7-24　前掩护配合　　　　　　图 7-25　　侧掩护

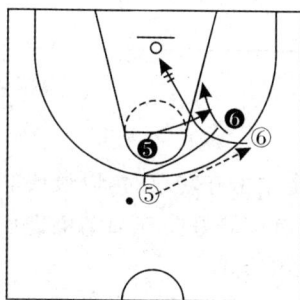

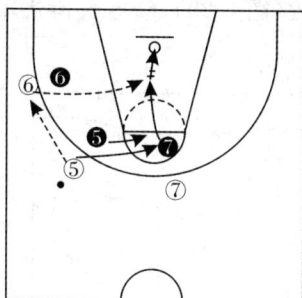

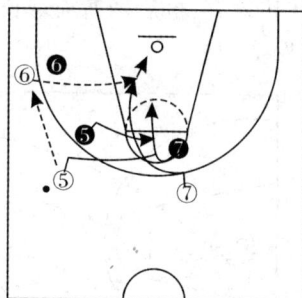

图 7-26　给无球队员掩护

(3)后掩护:是掩护队员跑到同伴防守者的身后进行掩护,叫后掩护(图 7-27)。

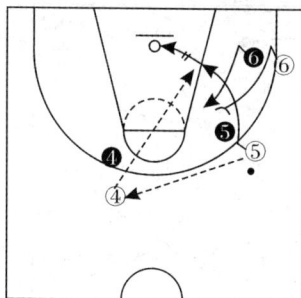

图 7-27　后掩护

(4)运球掩护:是掩护者利用运球去给同伴掩护,使同伴借以摆脱防守创造机会的一种配合方法(图 7-28)。

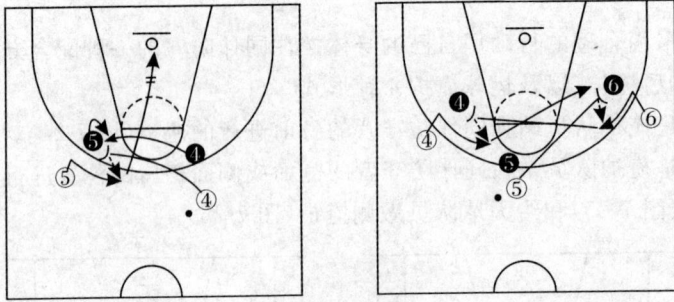

图 7-28 运球掩护

3. 快攻

快攻是在比赛中由守转攻时,以最快的速度、最短的时间创造人数上、区域上的优势,抓住战机,在对方没有部署好防守前结束进攻。

(1)快攻的组织形式

有长传快攻、短传快攻和结合运球突破快攻 3 种。

①长传快攻:是防守队员在后场获球后,用一次或通过接应队员长传给快下的队员进行投篮的配合。长传快攻有:抢后场篮板球长传快攻(图 7-29)、断球长传快攻(图 7-30)、跳球获球后长传快攻(图 7-31)。

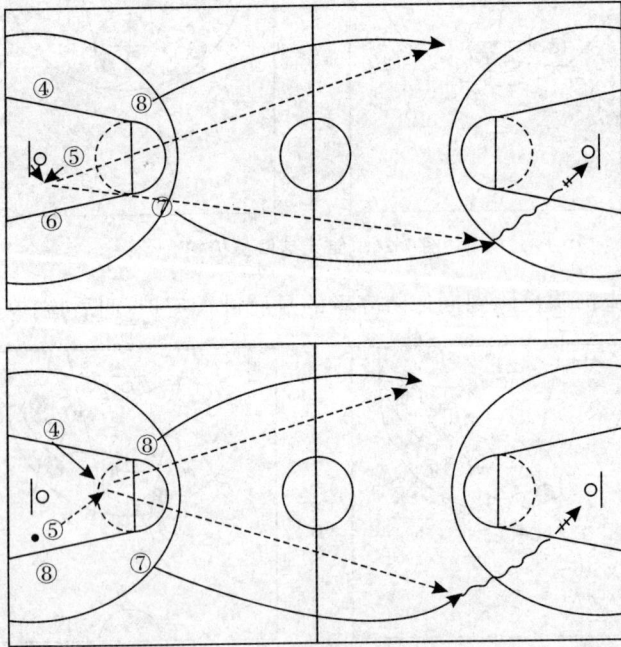

图 7-29 后场篮板球长传快攻

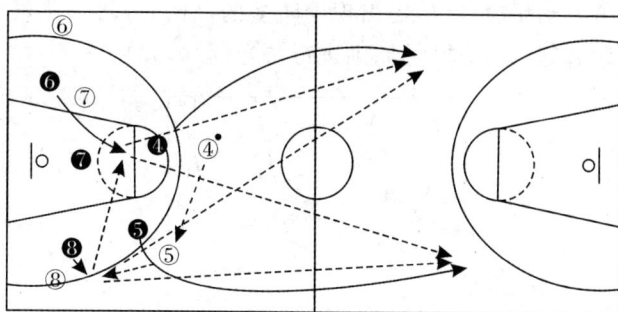

图 7-30　断球长传快攻

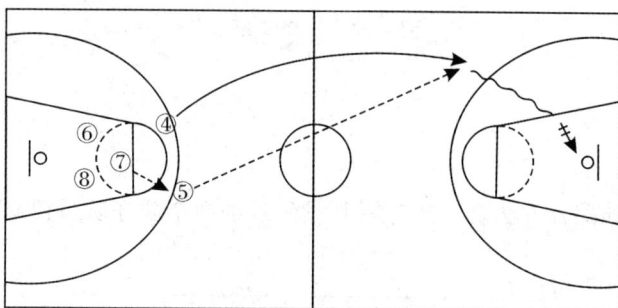

图 7-31　跳球长传快攻

②短传快攻:是防守队员在后场获球后,队员之间用快速传球推进进行攻击的一种配合。特点是参加人数多,路线清楚,灵活多变,容易成功。

③结合运球突破快攻:防守队员获球后,无法采用长、短传球推进,应立即快速突破,寻找配合机会。

(2)快攻的方法

由发动、推进、结束三个阶段组成。

(3)发动快攻的时机

抢篮板球,抢、断球,掷后场端线界外球和跳球等。

(4)二攻一(一防二)

①二攻一:多在快攻结束时运用,利用快速传球、运球,形成以多打少的局面(图 7-32)。两个队员要保持适当的距离,根据防守情况投篮或分球。

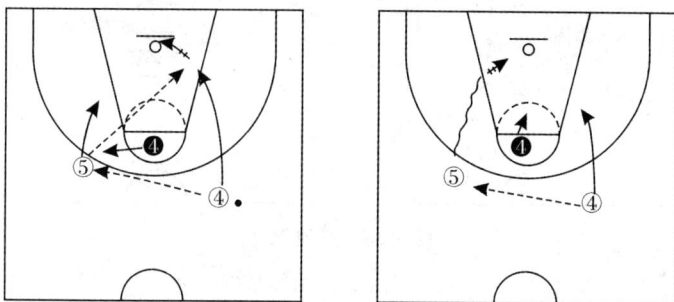

图 7-32　二攻一配合

②一防二：当对方发动快攻,在后场出现少防多的局面时,防守队员应及时选择有利位置,根据"防强放弱,防有球,放无球"的原则进行防守(图 7-33)。

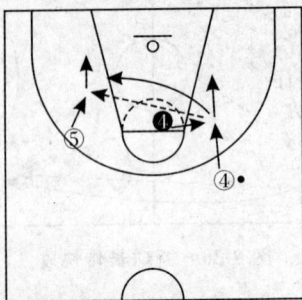

图 7-33　一防二配合

二、防守战术

1."关门"配合

是防守战术基础配合方法之一。"关门"是邻近的两个防守队员协同防守突破队员的配合方法(图 7-34)。

图 7-34　关门配合

2. 挤过配合

挤过配合是防守战术基础配合的一种方法(图 7-35)。

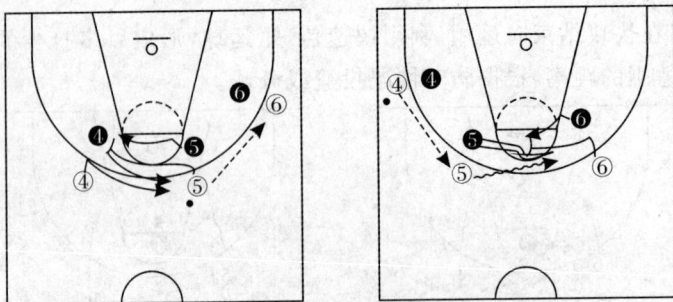

图 7-35　挤过配合

3. 穿过配合

是进攻队员掩护时,防守掩护队员及时提醒同伴并主动后撤一步,让同伴从自己和掩护队员之间穿过去,继续防守原来各自对手的方法(图7-36)。

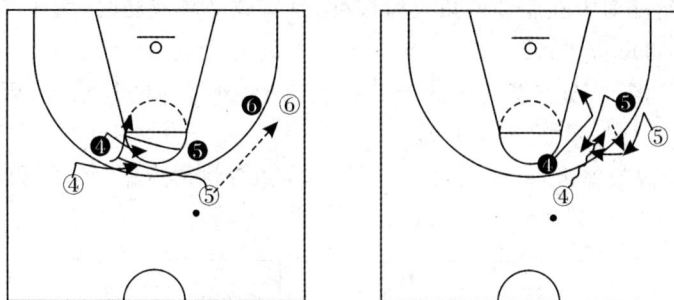

图 7-36 穿过配合

4. 交换配合

是防守队员被对方掩护队员挡住移动路线时,为了破坏进攻队员的掩护配合,防守队员之间彼此及时地相互呼应交换各自防守对手的一种配合方法(图7-37)。

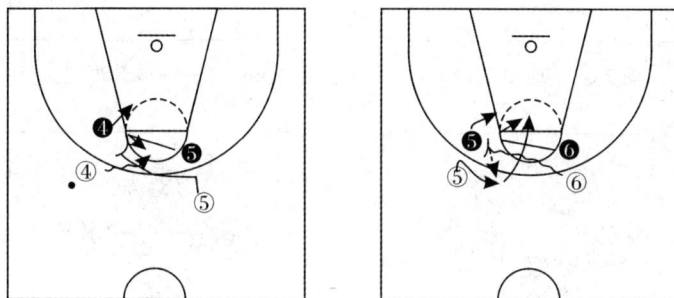

图 7-37 交换配合

5. 半场人盯人防守

全队退至后场盯着自己的对手。常见的有半场缩小(松动)人盯人防守和半场扩大(紧逼)人盯人防守。

半场人盯人防守应遵循"以人为主,人球兼顾"和"有球则紧,无球则松"的原则。合理运用防守基本配合,进行强有力的抢、堵、封、断,控制和破坏对手的进攻配合(图7-38)。

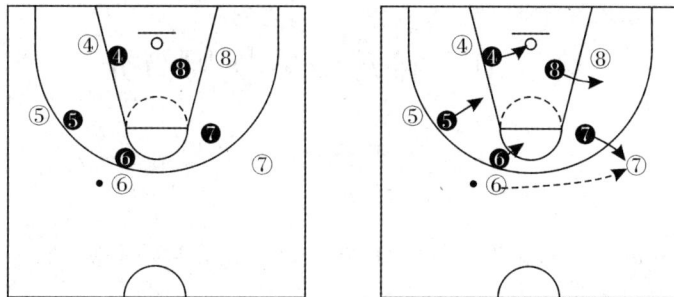

图 7-38 半场人盯人防守

当对方外围中投不太准而篮下攻击力量较强时,采用半场缩小人盯人防守;当对方外围攻击力强(中、远距离投篮较准)而内线攻击力较弱时,则采用半场扩大人盯人防守。

6. 半场区域联防

(1)2—3阵形:如对方在底线两角投篮较准,且突破又具威胁时,为了加强底线防区,可采取此阵式(图7-39)。

(2)2—1—2阵形:队员在防区内的分布比较均衡,外线可防投篮、突破,内线可防中锋进攻,有利于队形的及时调整(图7-40)。

当对手中远距离投篮准,外围进攻威胁大,需重点控制对方中、远距离投篮,加强外围防守力量时,可变换为"3—2"联防(图7-41)。

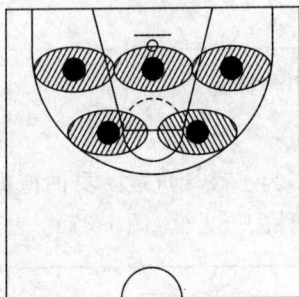

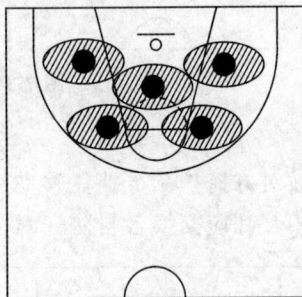

图7-39　2—3阵形　　　图7-40　2—1—2阵形

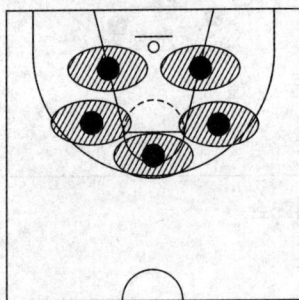

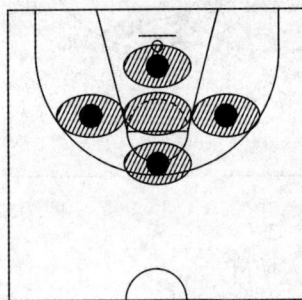

图7-41　3—2阵形　　　图7-42　1—3—1阵形

(3)1—3—1阵形:如对方两侧远距离投篮较准,为了控制外围进攻,防范对方中、远距离投篮,可采取此阵式(图7-42)。

第四节　篮球竞赛规则简介

一、暂停

对于 4×10 min 的比赛,在头3节的每节中,每队允许暂停一次,第4节中允许暂停两次,每一决胜期中允许暂停一次。当球成死球且比赛计时钟停止,以及当裁判员报告犯规、违例结束时,或对方投篮得分,可给予暂停机会。未用完的暂停机会不能留给加时赛或决胜期使用。每次暂停时间持续 1 min。

二、替换

球成死球且比赛计时钟停止,以及当裁判员报告犯规或违例与记录台联系时,或在第四节或任一决胜期的最后 2 min 内某队已请求替换,对方投篮得分时才可以替换。如果有不合理延误时间,应给违例的球队登记一次暂停。

三、违例

违反规则的行为而未造成犯规统称违例,违例时对方发球。篮球场上常见的违例有带球走,两次运球,球出界,球回后场,10 s 内球未进入前场,"3 秒",等等。

四、侵人犯规

侵人犯规是指队员通过伸展手、臂、肘、肩、髋、腿、脚或过分地弯曲身体的不正当姿势拉、阻挡、推、撞、绊人来阻碍对方行动的接触动作。如果被犯规队员在做投篮动作,投中,得分有效,再判给一次罚球,如果二分投篮未中,判给二次罚球,三分投篮未中,判给三次罚球。

五、违反体育道德犯规

是指队员不是在规则的精神和意图的范围内合法地试图去直接抢球而发生的侵人犯规,罚则为判给对方队罚球以及随后在中场的球权。

六、队员的技术犯规

不包含与对方队员接触的犯规,主要有以下几类:

1. 没有礼貌地与教练员、技术代表、记录台人员或对方队员交涉或触及他们。
2. 使用很可能冒犯或煽动观众的语言和举止。
3. 戏弄对方队员或在他的眼睛附近摇手妨碍其视觉。
4. 阻碍迅速地执行掷球入界以延误比赛。
5. 宣判犯规后,在裁判员要求他举手后,不正当地举起他的手。
6. 改变他的队员号码,没有报告记录员和裁判员。
7. 由于任何未经批准的原因离开场地。
8. 悬掉在篮圈上,致使队员的重量由篮圈支撑。

技术犯规的罚则为判给对方队一次罚球以及随后在中场的球权。

七、队员的五次犯规

在 4×10 min 的比赛中,一名队员犯规达五次后,必须在 30 s 内自动退出比赛。

八、全队犯规

在 4×10 min 的比赛中,每一节中一个队的队员犯规累计已达四次时,此后所发生的犯规,应判给对方队员两次罚球。但是,如控制活球队的队员或拥有掷球入界球权队的队员发生了侵人犯规时不应被判两次罚球。

对于篮球爱好者来讲，了解了上述简要的篮球规则，又学习掌握了几种主要技术，并能进行组合运用，就可以参与和欣赏篮球比赛，享受篮球运动所带来的乐趣和刺激了。但要完全了解篮球运动的奥妙，或成为此项运动的高手，就要学习篮球专业著作和篮球规则，或向专业的篮球人士请教。

第五节　国际篮球联合会及篮球品牌知识介绍

一、篮球的基本赛事

目前，国际上的篮球基本赛事有参赛队伍最多的世界篮球锦标赛，有最高荣誉的奥运会篮球比赛，还有各个大洲举行的杯赛、锦标赛等。例如：亚洲有亚洲杯、亚洲锦标赛，欧洲有欧洲杯、欧洲锦标赛。

在各国还有各种级别的篮球比赛。例如：中国有 CBA（男子篮球甲级联赛）、WCBA（女子篮球联赛）、CUBA（大学生联赛）、全运会篮球比赛等，美国则有 NBA 职业联赛、NCAA（美国大学体育总会篮球联赛）等。

二、国际篮球联合会介绍

国际篮球联合会是一个国际性的篮球运动组织，由世界各国的篮球协会组成，总部设于瑞士日内瓦。它负责制定国际篮球球例、制定篮球比赛用的篮球场和篮球规格，（例如：篮球框的高度、篮球场的长宽度、禁区的大小、三分线的距离和比赛用球等）、控制球员的调动、任命可以在国际篮球比赛执法的裁判和举办大型篮球比赛。1932 年 6 月 18 日成立至今，共有 213 个会员国家。1989 年开始分为五个地区委员会，专责处理该地区篮球事务，五个地区委员会包括：非洲地区委员会、美洲地区委员会、亚洲地区委员会、欧洲地区委员会和大洋洲地区委员会。

国际篮球联合会	Fédération Internationale de Basket-ball
标志：	FIBA
宣言	We Are Basketball
创立时间：	1932 年 6 月 18 日
性质：	体育运动
位于	瑞士日内瓦
成员	213 个会员协会
主席	Bob Elphinston

1. 机构

国际篮联的机构有代表大会、中央局及其执委会、秘书处和专门委员会。代表大会是最高权力机构，每 4 年召开一次，每个协会会员可派两名代表与会。代表大会有权通过和修改章程，批准国际篮联的内部细则和各委员会的条例；选举中央局；通过各种总结报告、文件和财务委员会的预、决算;确定每年的经费分配;授予荣誉称号;审批与其他国际体育组织和奥委会有关的决定、吸收和开除会员或暂时中止其会籍;批准或修改比赛规则以及有关场地、器材的规定。

中央局是国际篮联的领导机构。每 4 年改选一次,可以连选连任。中央局由主席、两名副主席、秘书长及来自 5 大洲地区组织的代表共 20 名正式委员及 3 名当然成员(副秘书长、司库、小篮球委员会代表和篮球教练员协会代表)组成。每年开会两次。现任主席是法国人伊万·曼尼尼。

中央局选出 7 人执委会。执委会在中央局闭会期间行使中央局的职权。中央局主席、秘书长和司库是执委会的当然成员。

秘书处由秘书长及其助手组成。其任务是保证代表大会、中央局和执委会决议顺利执行,组织奥运会篮球赛和国际比赛;筹备和组织代表大会的召开;代表国际篮联参加国际奥委会的一切会议;保管档案;收会费;考核开支情况和传递最新信息;保证遵守国际篮联的章程和其他规定等。

国际篮联秘书长帕特里克·鲍曼

国际篮联设有技术委员会、国际竞赛委员会、法律事务与资格委员会、申诉委员会、财政委员会、医务委员会、残疾人篮球委员会和传播媒介委员会。其下属组织还有世界篮球教练员协会(WABC)、国际轮椅篮球联合会(IWBF)和国际篮球文献与研究中心(ICDRB)。为了发展青少年篮球,国际篮联设有国际小篮球运动委员会,与协会会员一道合作发展这项活动,主席由中央局委员担任。小篮球有自己的章程。小篮球委员会全会每 4 年召开一次。

大洲组织的任务是发展本地区的篮球运动,举办洲或地区性的比赛,督促执行国际篮联的章程和规定,向国际篮联通报在该区举行的国际比赛的成绩,向中央局和代表大会报告工作等。

国际篮联有一个名为"篮球发展"的有限股份公司(FBP),该公司下设管理部、研究部和营销部。

国际篮联的主要比赛有奥运会篮球赛(包括选拔赛)、世界锦标赛(男、女,每 4 年一届)、世界男子青年锦标赛(22 岁以下)、世界男女少年锦标赛、大洲锦标赛(每两年一届)、国际篮联杯赛和其他重要比赛。

2. 发展

国际篮球联合会(FIBA)在 1932 年于瑞士日内瓦成立,刚好在国际奥委会成立的两年后。原名是国际业余篮球联合会(Federation Internationale de Basketball Amateur),初期只有八名会员,包括:阿根廷、捷克斯洛伐克、希腊、意大利、拉脱维亚、葡萄牙、罗马尼亚和瑞士。国际篮球联合会成功争取在 1936 年于德国柏林和以后举行的奥运会加入篮球这一个项目,进一步推广篮球。

FIBA1950 年首次举行世界男子篮球锦标赛,在 1953 年亦首次举行世界女子篮球锦标赛。两项比赛都是四年举办一次。在 1989 年,FIBA 准许职业篮球球员参与奥运篮球赛事,例如一些在美国国家篮球协会(NBA)球队效力的美国球员。同年,其名称亦由原来的

"Fédération Internationale de Basketball Amateur"改为"Fédération Internationale de Basketball",但是仍保留"FIBA"的缩写名称。

FIBA 曾经在1956年至2002年期间把总部迁移至德国慕尼黑。在2002年把总部迁回瑞士日内瓦。

中国篮球协会于1936年加入国际篮联,1958年退出,1974年恢复在国际篮联的会员资格。

3. 用语

国际篮联的正式工作用语为法语、英语、西班牙语、德语。(英语为主要语言,语言冲突时以英语为标准。)

4. 重大赛事

世界篮球锦标赛。男篮比赛始于1950年,每4年一次,参加比赛的队数和选拔办法经常变更。如1986年的第10届锦标赛共有24个队参加,1990年的第11届锦标赛只有16个队参加;女篮比赛始于1953年,1967年后定为每4年举行一届,参赛队数为14个。

奥运会篮球比赛。男篮于1936年被列为奥运会正式比赛项目,40年后即1976年,女篮也被列为奥运会正式比赛项目。此项赛事,随夏季奥运会每4年举行一次,男女各12个队参赛。

世界青年男女篮球锦标赛。男篮始于1979年,女篮始于1955年,均各有14个队参加,每4年举办一次。

5. 比赛规定主要区别

(1)NBA 每场比赛为48分钟,分4节进行,每节12分钟;FIBA 为40分钟,分4节进行,每节10分钟。

(2)NBA 的3分线为23英尺9英寸(7.24米);FIBA 为6.75米(2010年FIBA 新规则起使用);

(3)NBA 球场面积为94英尺×50英尺(28.65米×15.24米);FIBA 为28米×15米。

(4)NBA 限制区面积为16英尺×19英尺(4.88米×5.8米)的长方形;FIBA 为4.9米×5.8米的长方形。

(5)NBA 每场比赛暂停次数为7次;FIBA 为5次。决胜暂停数 NBA 为3次;FIBA 为1次。

(6)NBA 为场上队员或主教练请求暂停,FIBA 则为教练。

(7)NBA 暂停时间每次为1分40秒;FIBA 为1分钟。

(8)NBA 在上半场(前两节)和下半场(后两节)各有一次20分钟的电视暂停(广告);FIBA 无。

(9)NBA 个人限犯规次数为6次;FIBA 为5次。

(10)NBA 无紧逼防守下的5秒违例,FIBA 有。

(11)NBA 场上球员可以请求暂停,FIBA 不允许。

(12)NBA 有"一级恶意犯规"、"二级恶意犯规",然而大部分相同情况下 FIBA 判罚"违反体育道德犯规"(简称违规)

6. 国际篮球联合会世界排名

男子排名 2013 年 8 月 16 日 (前 20 名)			女子排名 2011 年 10 月 7 日 (前 20 名)			综合排名 2011 年 10 月 7 日 (前 20 名)		
名次	球 队	积分	名次	球 队	积分	名次	球 队	积分
1	美国	952	1	美国	940	1	美国	2498
2	西班牙	870	2	澳大利亚	740	2	西班牙	1567.8
3	阿根廷	498	3	俄罗斯	740	3	澳大利亚	1163
4	希腊	418	4	捷克	478	4	俄罗斯	1162
5	立陶宛	406	5	西班牙	450	5	阿根廷	1099.4
6	俄罗斯	363	6	巴西	376	6	立陶宛	869.8
7	土耳其	302	7	中国	247	7	希腊	795.4
8	法国	260	8	法国	240	8	巴西	758.8
9	巴西	254	9	韩国	226	9	法国	725.2
10	澳大利亚	234	10	白俄罗斯	195	10	中国	662.9
11	中国	199.7	11	加拿大	163.2	11	捷克	618.2
12	塞尔维亚	192	12	阿根廷	163	12	塞尔维亚	612.8
13	德国	182	13	古巴	136	13	加拿大	521.4
14	斯洛文尼亚	157	14	希腊	135	14	土耳其	464.4
15	安哥拉	143	15	日本	121.5	15	意大利	416.8
16	克罗地亚	134	16	新西兰	116	16	韩国	368
17	尼日利亚	112.6	17	立陶宛	112	17	波多黎各	314.8
18	新西兰	102	18	拉脱维亚	101	18	新西兰	313
19	波多黎各	92.6	19	马里	81.8	19	克罗地亚	263.2
20	伊朗	83.1	20	尼日利亚	73.6	20	日本	250.9

三、篮球品牌介绍

(一)世界十大篮球品牌

1. 斯伯丁(Spalding)(美国,棒球领导品牌)

2. 世达(STAR)(韩国品牌,世界著名运动品牌之一,主要生产足球、棒球)

3. 优能火车牌(火车头)(著名品牌,上海制球联合公司出品)

4. 耐克(Nike)(世界品牌,创始于 1972 年美国,主要有足球、网球、棒球、板球、英式橄榄球、美式橄榄球、长曲棍球、手球、高尔夫、篮球、冰球)

5. 阿迪达斯(Adidas)(世界品牌,创始于 1948 年德国)

6. 乔丹(Jordan)(耐克旗下高端篮球品牌,以迈克尔·乔丹命名,主要生产篮球)

7. 匡威(Converse)(世界品牌,创始于 1908 年美国)

8. 李宁(Lining)(世界品牌,中国名牌,创建于 1990 年)

9. 锐步(Reebok)(世界品牌,创始于 1895 年英国)

10. 匹克(中国商标,知名品牌)

(二)篮球质量

生产篮球的厂家不下百余家,而尤以斯伯丁和摩腾品牌篮球市场占有较大份额,市场上各种篮球名目繁多,因此选择品质好的篮球就相当重要了。因为品质好的篮球在使用时手感舒适,而且弹跳和旋转性能稳定的篮球会培养良好的运球习惯,有助于做出标准而到位的技术动作。品质精良的品牌篮球还可以增强您的自信心,提高训练质量和运动乐趣。当然,优质的篮球使用寿命会更长,例如:SANYING 品牌篮球冲击次数就达到了 35000 次而不变形,而且好篮球的品质和服务更有保证。

(三)篮球结构

要选购到优质的篮球,就有必要了解篮球的结构。

1. 内胆:即球胆,是篮球的心脏,在篮球的最里层,由黑色橡胶制成;

2. 缠丝:中高档的篮球必须在球的内胆表面均匀地缠绕一层篮球专用尼龙丝,对球胆形成像蚕茧一样的保护层,但不是每种篮球都采用此工艺的,许多低档篮球就不缠丝,而用纱布代替;

3. 中胆:内胆和表皮之间的支撑结构,由橡胶制成;

4. 表皮:分为橡胶、合成皮(超细强力纤维、PU、PVC 等)以及真皮三大类;

5. 球嘴:篮球充气的"咽喉",对气密性非常关键。

(四)真品优势

1. 内胆:像 CBA 品牌都是采用进口橡胶,这与高档汽车轮胎内胆的材质相同,通过严格的专利工艺加工而成,弹跳柔和稳定,是高品质篮球细腻手感的内在来源,而好的手感当然会带来好的自信心;

2. 缠丝:CBA 品牌篮球只采用柔韧度非常好的篮球专用尼龙丝,运用精密的专用篮球缠纱机器均匀地缠绕,长度可达 2 km,使篮球的弹跳更有质感,投篮时球体飞行和旋转更稳定、更准确,并且使篮球更坚固,不变形;

3. 表皮:高品质的篮球均采用专业厂家专供的皮料,能满足不同场地要求和顾客的手感习惯,CBA 品牌篮球提供了多种不同材质系列的篮球供篮球爱好者们选择。

(五)真假辨别

球分手缝球和胶粘球,常用的是胶粘篮球,由内胆、表皮、球嘴等制作而成。内胆即球胆,是球的心脏,在球的最里层,由黑色橡胶制成;表皮分为合成皮(超细强力纤维、PU、PVC 等)以及真皮;球嘴用于给球充气。球有大小之分,篮球分 7、6、5 号三个规格,一般都用 7 号篮球。在选购时应注意:

1. 认准品牌篮球的商标;

2. 检查整体制作工艺;

3. 检查弹跳度、圆周度、旋转中心、球嘴工艺以及综合手感等;

4. 检查免费赠送的球针及球袋是否齐全;

5. 检查合格证的印刷以及编号是否与球体上的条形码相符;

6. 检查零售商是否有品牌篮球厂家颁发的指定经销证书,CBA 品牌篮球都有专门制作的指定经销商证书;

7. 如还不能确定真伪,可直接致电生产厂家。

（六）篮球选购

品质好的球在使用时感觉很舒适,而且弹跳性能稳定,容易培养良好的运球习惯,有助于做出标准而到位的技术动作;品质精良的品牌球还可以增强自信心,提高训练质量和运动乐趣,一次充气可使用多次,使用寿命更长些。要想购买到好品质的球,需要从以下几方面考虑:

1. 购买正规企业生产的球。较知名品牌的,这些企业生产规范,管理严格,注重工艺和产品质量,其产品相对稳定可靠;

2. 先将球充进适当气压,找一块平整的水泥等硬质地面,然后将球托起,使球的底部处于 1.8 m 的高度,放手使其自由跌落到地面,观看球的弹性,好的球弹性在 1.2～1.4 m 之间;品质不好的球弹跳或高或低;

3. 外观检查皮革应无龟纹、裂面、刀伤等,目测皮纹是否细腻,表面是否圆滑,胶粘篮球的球梗要平直,没有开胶现象;

4. 气密性检查,各种球要着重检查气密性,球体要求无漏气、慢撒气等现象。常用的检查办法是,将球体充到一定的压力后用清水滴在气嘴上,如有小气泡则说明球体漏气。

（七）篮球使用

1. 充气工具最好选用专用气针,使用前先将气针润滑,不要使用变形的气针或其它替代品,以防损伤气嘴;

2. 每种球都要充到其规定的气压,7 号篮球标准气压为 0.06 MPa,在标准气压下,球的性能发挥最好,否则容易变形;

3. 使用完毕后,要清洁球的表面,真皮球请勿用湿布擦拭,以防发霉,要存放在阴凉干燥的地方;

4. 球体不要接触尖锐物体,以免被刺破漏气。

（八）篮球保养

1. 根据场地选择篮球:PVC 球适合水泥地,PU 球适合平整水泥地、塑胶地板或木地板;

2. 篮球充气请用随球赠送的专用气针,润滑后慢慢插入球嘴,以免破坏内胆,气压保持在 7～9 lb 左右;

3. 打完球后应用松软湿润的棉布沾洗洁精清洁表面,不要浸泡、冲洗,不要使用油类,以免翘皮或变色;

4. 不能压重篮球,如坐在篮球上,可能导致球内胆变形。

第八章 排 球

第一节 排球运动概述

排球运动是广大群众和青少年所喜爱的运动项目之一。1895 年排球起源于美国,然后传入亚洲和欧洲,1905 年传入我国。

排球运动是以两队对抗,每队 6 人分为两排站位,以中间排球网为界,用手击球过网决胜负的一项球类运动。排球运动既可在球场比赛,也可作为男女老少一起托球、击球的游戏。作为竞赛项目,它具有对抗性、技巧性、集体性很强的特点。

经常参加排球运动的比赛和训练,能促进人体各器官系统的正常发育,使身体得到匀称的发展;使人动作灵活、反应迅速,增长弹跳力;能培养勇敢、坚毅、果断和集体主义等优良品质。

排球传入欧洲后,即成为一项竞赛性运动。第二次世界大战以后,排球运动得到了迅速发展和提高。1947 年国际排球联合会成立于法国巴黎,以后排球运动就成为一项世界性的体育项目。1949 年举行了第一届世界男子排球锦标赛,1952 年举行了第一届世界女子排球锦标赛。1964 年第十八届奥运会上排球被正式列入奥运会竞赛项目。1965 年举行了第一届世界杯男子排球竞赛,1973 年又举行了第一届世界杯女子排球赛。

所谓世界性三大排球赛就是指奥运会排球赛、世界排球锦标赛和世界杯排球赛,这三大比赛要隔四年举行一次。

第二节 排球基本技术

排球技术是指队员在排球比赛中,所采用的合理击球动作和完成击球动作必不可少的其他配合动作的总称。发球、传球、垫球、扣球和拦网为完整的击球技术。准备姿势、移动、起跳和倒地等动作为配合技术，或称无球技术。在掌握技术过程中，必须遵循"全面、熟练、准确、实用"的原则。

一、准备姿势和移动

(一)准备姿势

按身体重心的高低分为半蹲、稍蹲、低蹲三种。其中半蹲准备姿势是最基本的。准备姿势在传球、垫球、拦网时运用最多。

1. 半蹲准备姿势

(1)两脚左右开立比肩宽，稍分前后或平行站立。脚尖朝前并稍内收，脚跟稍提起，身体重心放在脚掌上，膝关节保持一定的弯曲程度。

(2)上体前倾、重心前靠，以利于向前及前斜方移动和接起较低的来球。

(3)两臂放松，两肘自然弯曲并下垂，双手置腹前。

(4)全身适当放松，处于灵活状态，并根据球场变化随时调整身体的位置、方向和重心(图 8-1)。

2. 稍蹲准备姿势

身体重心比半蹲姿势稍高，两膝和两臂弯曲程度较小，双手比半蹲姿势靠近身体。

3. 低蹲准备姿势

两脚左右站立距离要更宽，身体重心更前，身体重量落在两脚前脚掌上，两膝弯曲程度较大。

8-1 准备姿势

(二)移动

移动的目的是为了及时接近球，保持好人与球的位置关系，以便于击球。

1. 起动，起动的速度是移动的关键。做好准备姿势后，上体迅速移向移动方向，前脚向移动方向大步跨出，同时后脚用力蹬地。

2. 步法，常用步法有以下几种：

(1)并步与滑步。当球距身体一步左右时，采用并步移动。移动时，如向前移动，前脚向来球方向跨出一步，后脚蹬地跟上做好击球的准备姿势。

当来球稍远，并步不能接近球时，可用快速的连续并步。连续并步称为滑步(图 8-2)。

图 8-2 步法

(2)交叉步。当来球在体侧 3 米左右时，可采用交叉步移动，交叉步的特点是动作快、步子大便于制动。它主要用于二传、拦网和防守。

采用向右侧交叉步时，上体稍向右转，左脚从右脚前面交叉迈出一步，然后右脚向右跨出一大步，同时身体转向来球方向，保持击球前的姿势。

另外移动还有跑步、跨步、跨跳步等几种步法。

二、发球

（一）侧面下手发球（女生，以右手为例）

1. **准备姿势**：左肩对网，两脚左右开立，右脚稍前，与肩同宽。两膝微屈，上体稍前倾，重心落在两脚之间，左手持球于腹前。

2. **抛球**：左手将球平稳地抛向胸前一臂远，离手约半米高（图8-3①②）。

3. **击球**：在抛球同时，右肩引向侧后方。接着利用右脚蹬地向左转体的力量，带动右臂向前上方摆动，在腹前用全手掌击球的下方。击球后随势入场比赛（图8-3③④）。

① ② ③ ④ ⑤

图8-3 侧面下手发球

（二）正面上手发球（右手为例）

1. **准备姿势**：面对球网，右腿在后，左脚在前，自然开立，手臂弯曲，左手托球于身前。

2. **抛球**：抬左臂同时手臂平托球上送，将球平稳地垂直抛向右肩上方，高度适度。

3. **挥臂击球**：在左手抛球的同时，右臂抬起，屈肘后引，肘与肩平，上体稍转向右侧，这时要抬头、挺胸、展腹，身体重心移至左脚。利用蹬地、收腹，并以腰带肩，以肩带臂，以臂带腕，在右肩上方伸直手臂的最高点，用全掌击球的下中部，击球时手掌要自然张开与球吻合。为了更好地控制球，手腕要迅速、主动地做推压动作，使击出的球呈上旋飞行。击球后随重心前移，迅速入场（图8-4、图8-5）。

1 2 3 4 5

6 7 8 9 10

图8-4 正面上手发球

（三）正面上手发飘球

1. 准备姿势：同正面上手发球。

2. 抛球：同正面上手发球，但抛球高度稍低，稍靠前。

3. 挥臂击球：与正面上手发球基本相同，但击球前手腕挥动轨迹不呈弧形，而是自后向前作直线运动。击球时掌根平面击球体中下部。发力要短促、集中，并通过或接近通过球体重心。击球瞬间，手腕、手指要紧张，手型固定，不加推压动作，而做突行、下拖或回抽动作，以缩短对球用力时间，使球既有速度，又不旋转（图8-6、图8-7）。

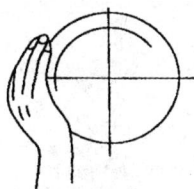

图 8-5　正面上手发球

图 8-6　正面上手发飘球

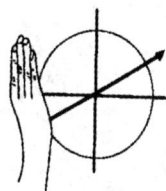

图 8-7　正面上手发飘球

另外发球技术还包括有：勾手大力发球，勾手飘球，跳起正面大力发球等技术。

三、传球

传球是排球的基本技术之一。由于利用全身协调力量并通过手指手腕的动作来传球，容易掌握击球的方向落点，所以准确性较高，主要用于衔接防守与进攻。

传球有正面双手传球、背传、侧传、跳传和单手传球。其中正面双手传球运用最广泛，也是最基本的方法。

（一）正面双手传球技术

传球前必须及时移动到适当位置，保持好人与球的合适位置。

1. 准备姿势：采用稍蹲，身体站稳，上体适当挺起，抬头看球，双肘弯曲，自然抬起，两手置于脸前（图8-8）。

2. 手型：当手触球时，两手应自然张开成半球形，使手指与球吻合（图8-9①），手腕稍后仰，以拇指、食指和中指托住球的后下部，手指手腕保持适当紧张，由两手的拇指、食指组成"△"型（图8-9②）以承担来球的主要力量。传球时用拇指的内侧、食指的全部、中指的二、三指节触球（图8-9③），无名指和小指在球的两侧辅助控制球的方向，两肘适当分开，以保证手型正确。

3. 迎球：当来球接近额前时，开始蹬地、伸膝、伸臂，两手微张，从脸前向前上方迎球（图8-9③）。

4. 击球：击球点保持在额前上方约一球距离处，击球部位一般在球的后下方。在手触球之前，肘关节应保持一定弯曲，以便击球肘伸臂用力。

图 8-8　正面双手传球

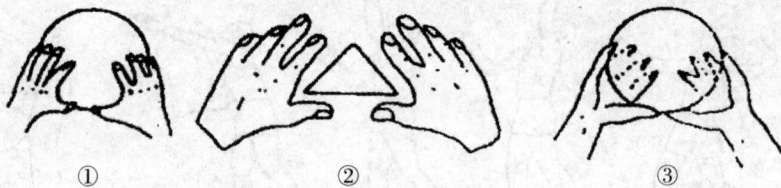

图 8-9　传球手型

5. 用力：传球的力量主要是靠伸臂的力量,加上蹬地的力量,通过球压在手上使手指手腕所产生的反弹力将球传出。传球时要根据来球力量的大小和传出球的远近,适当地控制伸臂的速度和指腕的紧张程度,并有意识地运用手指手腕动作来缓冲来球的压力,达到控制球的目的。

（二）背传（即向后传球）

迎球时抬上臂,身体重心落在两脚之间,上体后仰。触球时,手腕适当后仰,掌心向上,击球的下部,击球点应保持在额上方。背传用力靠蹬腿、展腹、抬臂、伸肘,通过指腕弹力把球向后上方传出。其中指用力更多些,以利于向后上方传出。手腕也要始终保持后仰,不得用主动屈指、屈腕的动作传球（图 8-10）。

（三）侧面传球

图 8-10　背后传球

传球时击球点应稍偏向传出一侧。侧传的用力,双臂要向传出方向一侧伸展,传球方向的异侧手臂要更大伸展和用力,同时伴随上体向传出方向侧屈。侧传一般在二传队员来不及取位正对传球方向时采用。

（四）跳球

当队员跳起在空中做正、背、侧传球时,迎球动作和手型不变,但击球点稍低。主要用力靠加速伸臂,臂要充分伸直,当身体上升到最高点时恰好触球。这样可借助身体上升力量来加大传球的力量。跳传的起跳动作要浅蹲快跳。它能加快进攻的节奏;便于处理近网高球;能结合扣球或吊球和转移进攻,丰富战术内容。

（五）一般二传

当一传来球时,二传队员身体不易正对来球方向,而要适当转向传出方向,尽量保持正面传球。传球动作和正面上手传球相同。

（六）调整传球

在比赛中,当一传远离球网不到位时,队员应充分利用蹬地、展体、伸臂和手指手腕的协调用力,将球调整成为便于进攻队员扣球的近网球。传球路线与网形成的夹角要尽量小一些,其传球动作同正面传球。

四、垫球

垫球是用手臂从球的下部,利用来球的反弹力向上击球的技术动作。它在比赛中运用于接发球、接扣球和接拦回球,有时也用来处理球,是排球基本技术之一。

（一）正面双手垫球

1. 准备姿势:正对来球成半蹲准备姿势。

2. 击球:两臂夹紧、前伸,插到球下。用前臂腕关节以上 10 cm 左右桡骨的内侧平面迎击来球。击球点保持在腹前(图 8-11、图 8-12)

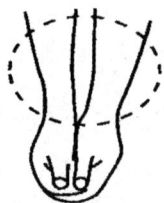

图 8-11 双手下手垫球部位   图 8-12 正面双手垫球

3. 垫击用力:对于力量、速度一般的来球,击球主要靠手臂上抬的力量,同时配合蹬地、伸臂、伸膝、伸髋提肩的动作,使身体重心向前上方移动。击球前整个手臂适当放松,便于灵活地控制垫球的力量和方向。

对力量大、速度快的来球,采用半蹲和低蹲姿势,并采用收腹、含胸的动作,帮助手臂随球屈肘后撤,做到适当放松,以便缓冲来球力量。一般来说,垫球力量的大小与来球力量成反比,与垫出的距离远近弧度高低成正比。

正面双手垫球要领,结构为:

(1)插——降低重心,移动到位,两臂前伸,插到球下;

(2)夹——含胸收肩,两臂夹紧,前臂击球,同时压腕;

(3)抬——蹬腿提肩抬臂,重心跟球上前,腰要紧跟。

（二）跨步垫球

当来球离身体一步左右,同时速度快、部位低时,队员应对准球的落点,迅速向前或向侧跨出一步,屈膝制动,重心落在跨出腿上,上体前倾,臂部下降,两臂伸插球下,用前臂垫球的后下部(图 8-13①)。

(三)背向垫球

为了垫击飞得较远的球,迅速移至球的落点上,背对击球方向,两臂夹紧伸直,抬头挺胸,展腹后仰,直臂向后上方摆动抬送,在高于肩处击球,将球垫出(图8-13②)。

图 8-13   跨步垫球、背向垫球

(四)单手垫球

在比赛中,有时来不及用双手垫球,也可用前臂内侧、掌根或虎口处垫击球的后下部。单手垫球可起到扩大防守、保护的作用。

为了接起较远较低的来球,常见的还有滚动垫球、鱼跃垫球。

五、扣球

扣球是比赛中得分得权的主要手段,是排球的基本技术之一。

(一)正面扣球技术动作(以右手为例)

1. 准备姿势。扣球助跑前采用稍蹲姿势,两臂自然下垂,站立在距球网三米左右处,观察来球的方向及弧度,做好向各个方向助跑起跳的准备。

2. 助跑。助跑的目的是为了接近球,选择起跳点和增加弹跳高度。一般常采用两步跑。助跑时,身体重心先前倾,随之左脚向前迈出一步,右脚迅速蹬地向前跨出一大步,并用脚跟过渡到全脚掌着地,左脚及时并上,踏在右脚之前,两脚与肩同宽,身体重心随之下降,两膝弯曲,当右脚脚跟着地时,手臂在后面处于最高位置,准备起跳时的摆动。

由于二传队员所传的各种球的落点不同,所以扣球队员必须选择不同的助跑路线。但不论助跑路线怎样,助跑的第一步要小些,使身体获得加速度,第二步要大些,便于起跳时制动,增加弹跳力。

3. 起跳。起跳的目的不仅是为了获得高度,还为了掌握扣球时机和选择适当的击球位置。助跑最后一步当左脚落地的同时,后引的两臂应经体侧由下向前摆动。随着双腿蹬地伸膝的同时,两臂要有力地屈肘上摆,帮助身体重心向上升起。

4. 空中击球。起跳后要挺胸展腹,上体稍向右转,右臂向后上方抬起,身体成反弓形。挥臂时应迅速转体,并收腹,依次带动肩、肘、腕各部关节成鞭甩动作向前上方挥动。击球时,五指微张呈勺形,以全掌包满球,掌心为击球中心,击球的后中部,并主动用力屈腕屈指向前甩腕,使击出的球产生强烈的前旋。

击球点应保持在起跳后,手臂伸直点的前面。近网扣球时击球点应略靠前,远网扣球击球点应保持在右肩上方,扣直线击球点应靠左,扣斜线击球点应靠右(图8-14)。

图 8-14 扣球

5.落地。落地时,以前脚掌先着地再过渡到全脚掌着地,并迅速屈膝收腹以缓冲下落力量及迅速做好下一个动作的准备。

（二）单脚起跳扣球

队员可运用一步、两步或多步助跑。助跑路线与网的夹角宜小不宜大,甚至可以顺网助跑,以免前冲过线。在助跑之后,左脚跨出一大步,身体重心后倾,在右腿迅速向前上方摆动时,左腿迅速蹬地起跳。两臂配合上摆动作帮助起跳。起跳后的扣球动作与双脚起跳正面扣球动作相同。

（三）快球

快球可分为以下几种:

1.近体快球,在二传队员体前或体侧约 50 cm 处扣的快球,统称为近体快球。扣球时,队员利用快速挥臂,将刚刚传出网口的球立即扣过网去。这种快球与二传距离最近,因而速度快、节奏快,有实扣效果和掩护作用。

2.半快球,在二传队员附近起跳,扣超出网口两个半球高度的球叫半快球。

3.快抹球,这是在扣各种近网快球时,为了加速节奏,利用手指手腕动作把球抹过网去的一种击球方法。

六、拦网

拦网是在球网附近,高于球网上沿,阻挡对方击过来的球,是排球基本技术之一。拦网不仅可以减轻后排防守的压力,而且还可以直接得分、得权。比赛中可以单人拦网也可以由二、三人组成集体拦网。

拦网技术动作:

（一）准备姿势

队员面对球网,两脚平行开立,约与肩同宽,距球网 30～40 cm。两膝稍屈,两臂置于体侧,自然屈肘。

（二）并移动

为了及时对准扣球点,一般情况下采用与网平行的移动,常用的移动步法有并步、滑步、交叉步、跑步。

（三）起跳

原地起跳时，重心降低，两膝弯曲用力蹬地，同时两臂在体侧屈肘做划弧摆动，使身体垂直起跳。起跳的时机应根据对方的扣球变化而有所不同，一般应比扣球队员起跳晚半拍，但拦快球时应与扣球者同时起跳（图 8-15②③）。

图 8-15　拦网技术

（四）空中击球

拦网时，两臂贴耳伸直，两肩上提，两手距离不能超过球的直径，并要尽力接近球的上空。拦网时手指自然张开，手腕略后仰，手指微屈，分开呈勺型，以便包住球。当手触球时，两肩上送，两手要突然紧张，手腕用力下压，盖住球的前上方，将球拦在对方场内（图8-16）。

拦远网球时，可以不做压腕动作，尽量向上伸直手臂、手腕，以提高拦网点。如果拦网高度低，可用后仰手腕的办法，争取把球挡起。

图 8-16　空中击球

（五）落地

拦网后要正面对网屈膝，缓冲落地，若未拦到或拦起球在本方时，则应在身体下落时向落球方向转体，便于后撤接应或反攻。

114

第三节　排球基本战术

　　排球战术是指运动员在比赛过程中,根据双方的具体情况和临场中的发展变化,所运用和采取的合理技术有效配合以及有组织、有目的、有预见性的行动。

　　排球比赛的目的从技术和战术的角度上看,是多得分,少失分,争取胜利。进攻与防守是对立统一的一对矛盾,相互之间转变迅速。为了达到战胜对方的目的,争取比赛中的主动地位,要求双方队员有意识地灵活运用各种技术去组成攻防配合。在技术全面的基础上,以攻为主积极防守,加强集体配合,实现快、准、高、活。

　　技术全面是基础,快速打法是重点,集体配合是保证。随着排球技术的不断提高,身体素质的逐步提高,经过多次实践,反复认识,不断改进,则形成了比较完整的战术体系。

　　正确地运用战术,不仅要研究如何充分发挥自己的长处,弥补自己的短处,而且也要分析对方的特点和临场中的变化,力求克服对方的长处,攻击对方的短处。与此同时,不仅要根据本队的水平和特点来选择战术,更重要的是讲求实效,反对华而不实。比赛错综复杂,变化莫测,随时都要根据双方临场出现的各种情况变化,灵活机动地改变战略战术,才能出其不意,攻其不备。比赛过程中,必须统一思想、协调配合,发扬勇敢顽强,胜不骄、败不馁的好风格。通过全队的高度团结协作,去克服平时训练和比赛中运用战术所出现的各种困难。

　　实践证明,技术是组成战术的基础,没有技术就谈不上战术。技术是起主导作用的,而战术又反过来促进技术的提高,先进的技术对战术提出的要求更高。因此,学生在学习排球时,首先要打好技术基础,掌握正确的基本技术,然后因人而异,因队而异,有的放矢选择一两套适合于本队的进攻和防守战术。只有这样,才能在实践中发挥真正的作用和产生相应的效果。

一、阵容配备

　　为了最大限度地发挥每个队员的特长和作用,把全队的力量有效地组织起来,在战术的选择与运用上就有一个怎样配备阵容的问题。

　　(一)组织阵容中的几个问题

　　1. 要掌握全队队员各方面的情况。如身体素质、技术、思想、作风、意志、特长、配合能力以及临场经验等。

　　2. 在确定每个轮次的战术时,要把每个队员的特长在不同位置上充分地发挥出来,尽量弥补不足。选择能攻善守、技术全面的队员组成一个主力阵容。

　　3. 根据战术的需要,应考虑到进攻队员与防守队员的搭配。把平时合作默契的攻防队员安排在相邻或适当的位置上,以便发挥各自所长,更好地组成战术配合。

　　4. 为了避免造成拦网或防守上的漏洞,应根据队员的身高及技术情况,进行前后和左右位置的搭配。

　　5. 为了打好开局球,第一轮站位时,一般让威胁较大的主攻者先站在前排最有利的位置(如右手扣球得力者站 4 号位,左手扣球得力者站 2 号位),拦网较强的队员先站在前排,防守较好的队员站在后排,或者让发球较好的队员先站 1 号位(本方先发球时)或 2 号位(对方发球时)。

　　6. 除考虑基本阵容配备外,还应注意替补队员的合理使用。

(二)阵容配备的方法

阵容配备的方法主要有"四二"配备与"五一"配备两种。

1."四二"配备,上场的队员中,有4个进攻队员(或者有2个是主攻队员,2个是副攻队员),2个二传队员。这种阵容配备的特点是:前后排都能保持1个二传队员和2个进攻队员,容易组织和发挥本队的进攻战术。

2."五一"配备,就是安排5个进攻队员和1个二传队员。其目的是为了加强拦网和进攻力量,并使二传队员能够更好地控制比赛的进行。当二传队员在前排时,采用"中一二"或"边一二"战术;当二传队员轮到后排时,可以采用插上的战术。这种配备方法要求队员进攻防守技术比较全面,互相配合比较熟练,特别是要求二传队员能组织全队的进攻战术,适用于具有一定训练水平的球队。其优点是能充分发挥全队的进攻力量,接应二传队员则可弥补有时主二传队员来不及传球所出现的被动局面;其缺点是当二传队员在后排时,移动换位较复杂,对组织战术的技术基础要求较高。

二、接发球及其进攻

接发球时,要求队员根据不同的发球动作、力量及速度,迅速地做出正确的判断,立即移动取位,对准来球路线并调整好人与球的合适位置。击球时,要求队员身体对准二传队员,运用合理的技术将球垫到位。接发球是进攻的基础,是由防守转为进攻的转折点,只有把对方发过来的球接起来或者垫到预定的位置,才能保证战术的组成和有力的进攻。如果接发球不到位,不仅难以组织有效的进攻战术,造成直接失分,而且还可能引起队员的情绪波动,相互埋怨,甚至直接影响着比赛的胜负。

(一)接发球站位的方法

排球比赛过程中,当对方发球时,接发球队员在场上站位的方法,一般情况下应根据本队所采取的进攻战术和对方发球的实际情况来选择和确定。

1.当对方发球弧度高、力量轻、落点分散时的站位方法。队员取位就应前后分布疏散、均衡,前后排队员之间的距离可适当大一些。图8-17是采用"中一二"进攻的"一二一二"站位方法。

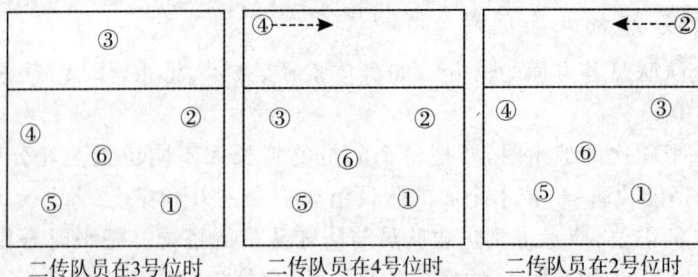

| 二传队员在3号位时 | 二传队员在4号位时 | 二传队员在2号位时 |

图 8-17

2.当对方来球速度过快、弧度平、落点比较集中时的大力发球或平快球的站位方法。球的落点,大多数落在距网4.5 m以后的地区,这时要求前后排队员的站位适当靠近一些,整个接发球的队形相对地集中在中后场区域内。通常讲"远飘、轻飘分散站,平快、大力一条线"说的就是这个道理。下面例举几种站位的方法。

示例一:"中一二"战术的接发球站位方法(图8-18)。

示例二:"边一二"战术的接发球站位方法(图 8-19)。

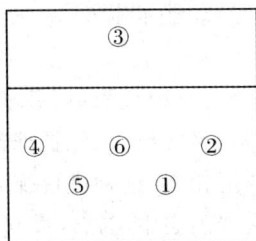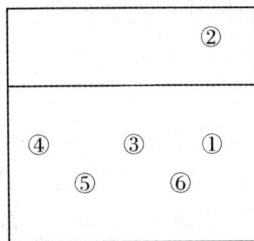

图 8-18　　　　　图 8-19

示例三:插上时的接发球站位方法(图 8-20)。

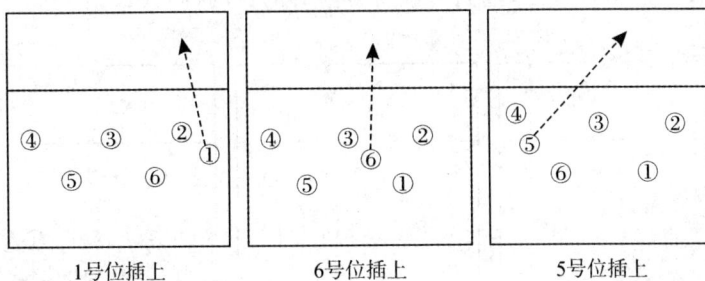

1号位插上　　　　　6号位插上　　　　　5号位插上

图 8-20

示例四:为了便于插上和前排队员换位进攻,通过"快球掩护"实现各种战术变化,有的队采用 4 人接发球的站位方法(图 8-21)。

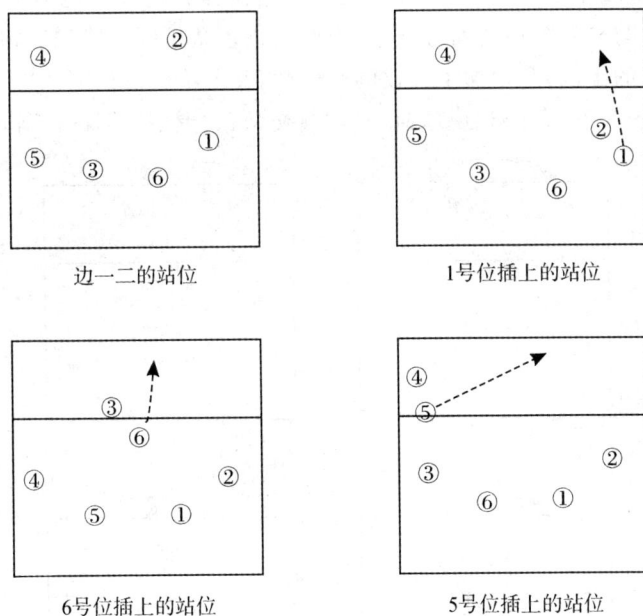

边一二的站位　　　　　　　　　1号位插上的站位

6号位插上的站位　　　　　　　5号位插上的站位

图 8-21

(二)进攻战术的形式及其运用

争取时间和空间的优势在很大程度上取决于速度这一因素,现代排球运动发展趋势要求战术的组成要快;判断、起动要快;移动、起跳要快以及完成动作的速率要快。排球进攻战

117

术主要可分为"中一二"、"边一二"、"后排插上"、"两次球及其转移"、"调整球"等五种形式。结合高校学生实际,现介绍"中一二"和"边一二"进攻战术以及"一二三"接发球站位和"心跟进"防守等四种方法。

1. "中一二"进攻战术。"中一二"进攻阵形是比赛中最简单、最基本的一种进攻战术,适合初学者和大学生在接发球进攻中采用。方法是:接发球时,先把球传给前排中间三号位队员,再由他传给两边作定位进攻的四号和二号队员扣球,这种进攻配合叫做"中一二"。水平较高的队可在定位进攻的基础上,运用二传队员传出集中、拉开、背传、平拉和背传半高球进攻,使对方拦网队员难以判断而不能组织有效的拦网。水平更高的队不但可运用一点定位,另一点跑动活点进攻,甚至还可运用两点跑动的换位进攻。在上述进攻中,可充分运用强攻、快攻和两次攻中的多种打法,达到突破对方防御的目的(图8-22)。

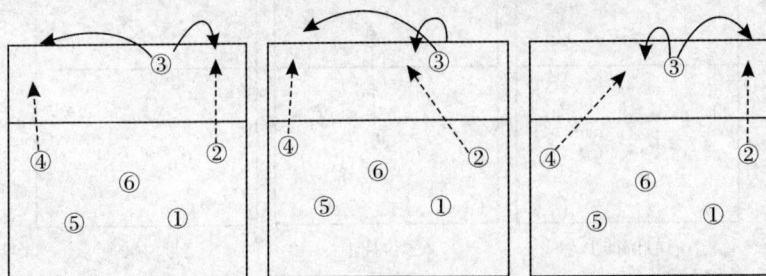

图 8-22

2. "边一二"进攻战术。"边一二"进攻阵形的战术变化,除组织前排两名队员定位进攻外,还可以在定位进攻中组织三号位快球掩护,四号位拉开进攻。也可一点定位,另一点跑动换位。还可通过与二传队员的信号联系,由两名进攻队员同时或先后跑动,造成各种双活点进攻。这些战术的组成,既增加了进攻的突然性,又可给对方拦网造成一定的困难。

下面以图示(图8-23),介绍"快球掩护","前交叉"、"围绕"、"梯次"等四种进攻方法。

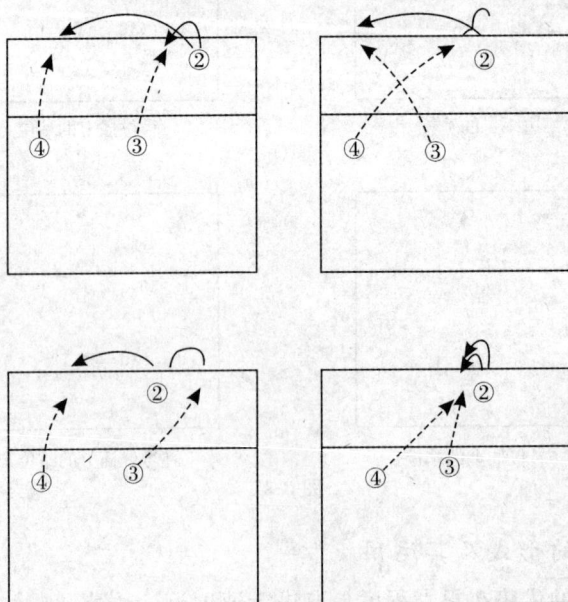

图 8-23

（三）"一三二"防守

除由一名二传队员固定站在网前,不接发球外,其余五名队员都肩负一传的任务。其中后排 6 号位队员跟进保护拦网和防守吊球。当对方进攻线长,吊球减少时,则 6 号位队员可适当退后,协防中场附近的球(图 8-24)。这是最基本的阵形,水平较低和较高的队在比赛中大多采用这种阵形。

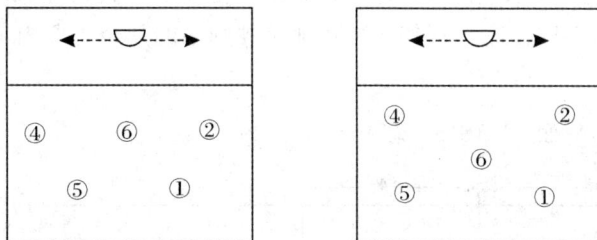

图 8-24

这种防守阵形的优点是每人接一传的范围相对减少,组成战术比较方便。其缺点是队员移动距离较长;三号位打快球的队员如站位离网近不便及时上步快打球或接发球;有进攻特长的队员,有时换不到能发挥特长的位置上去,要在接发球进攻后才能换过去,特别是善于扣球的四号位主攻队员在二号位时,更难换位,往往出现卡轮现象。所以说,运用"一三二"防守阵形,还应根据本方战术及对方发球情况而定。

1."心跟进"防守。就是 6 号队员专职"跟进",保护拦网和防吊球的阵式。当对方经常采用打吊结合,本方拦网能力强,能封住后排中场,而 6 号位或某个队员又善于防吊球,可采用"心跟进"防守阵形。采用"心跟进"防守阵形,对接吊球和拦网弹起的球较有力,也便于接应和组织反攻。其弱点是后排防守力量减弱,空隙较大,造成空挡。当 6 号队员跟进后,5 号队员必须注意补位(若对方从二号或三号位进攻也同样)(图 8-25)。当对方在四号位扣球时,本方 6 号队员跟进,1 号队员接直线球,5 号队员接大斜线球,4 号队员接小斜线球。反之,当对方在二号位扣球时,6 号队员跟进,4 号队员接直线球,5 号队员接大斜线球,1 号队员接小斜线球。

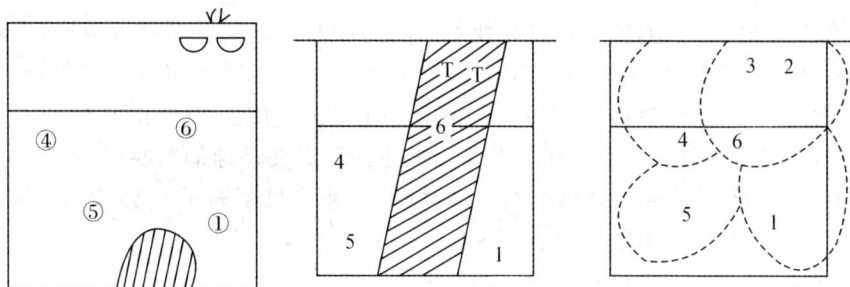

图 8-25

2. 拦网。拦网是阻拦对方进攻的第一道防线,是最积极的防守方法。包括有单人拦网和集体拦网。单人拦网是集体拦网的基础。

第四节　排球竞赛规则简介

进行排球比赛就得有裁判员。裁判员,仅是规则的执行者,也是体育战线的宣传员,应当很好地学习规则,理解规则精神,熟练裁判方法。工作中要做到"严肃、认真、公正、准确",谦虚谨慎,互相学习,共同提高。现就排球场地及规则中的几个主要内容介绍如下:

(一)球场

球场为长方形的平面,长 18 m,宽 9 m(图 8-26)。

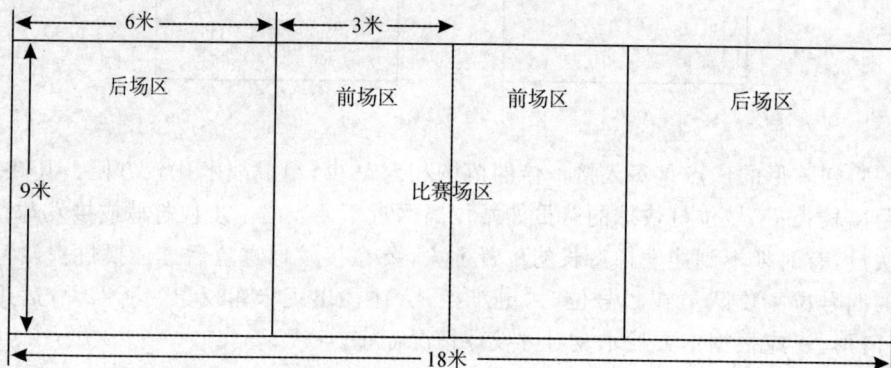

图 8-26

四周应画有 5 cm 的界线,线的宽度计算在球场面积之内。

(二)球网高度

正式比赛,男子网高为 2.43 m,女子网高 2.24 m。网高从网的中间丈量。一般基层或少年比赛的网高,可根据具体情况自行确定,男子一般为 2.24~2.30 m,女子网高为 2~2.10 m。

(三)持球

规则规定当球在队员的髋关节以上身体任何部位停留时间较长时,则判为"持球"。判断持球的依据主要是停留时间。击球动作是判断持球时考虑的一个重要方面,声音可作为参考。持球尺度的掌握,要根据不同的情况,严要严得合理,宽要宽得不违背规则精神,作到双方一致,前后一致。所以说,持球的概念应该是时间上的概念,以球在手上(或髋关节以上部位)停留时间的长短和出手是否过慢来决定是否持球。在持球的判断中,对于积极、主动、快速多变的技术、战术以及勇猛顽强的救球动作,应放宽尺度表示鼓励;相反,对于华而不实,消极被动,不合理的技术则应严格要求。

(四)连击

在不同的时间内,以身体一个或几个部位明显地连续击球一次以上时,应判为连击;反之在同一时间内接触身体不同部位,但只要清晰地将球击出,仍可不判连击。除利用手指动作进行的上述传球之外,在接对方来球以及拦网后的第一次击球时,允许连续触球。垫球时,两臂一高一低,或挡球时,两手一前一后,容易造成先后触球的连击犯规。传球时,两手一前一后,一上一下;球触手面积较大,形成明显滚动造成"倒轮"则连击可能性也比较大。

规则规定:拦网队员触球后,可连续做第二次击球,不判为连击。集体拦网时,不论球触及 2 人或 3 人的手,即使并不是同时触球,均算为一次击球。

（五）触网犯规

比赛进行中,队员身体任何部分触及球网(包括标志带以外的球网及网绳),则判为触网犯规。凡属下列情况均不属触网犯规:比赛成死球后的触网;如因同一方队员用力击球入网,而造成另一方队员的触网;室外比赛,因风太大把球网吹成弧形,接触逆风一边队员的身体,只要不是主动去触网等几种情况,均不算触网犯规。

第五节　排球赛事及世界排名介绍

一、排球基本赛事

目前国际上大型的正式排球比赛主要有三项:奥运会、世界杯和世界锦标赛。近几年增设了世界男排联赛、女排大奖赛和瑞士女排精英赛。另外还有各大洲的比赛,如亚洲杯、亚洲锦标赛和亚运会;在国内有联赛、大奖赛、锦标赛和全运会,各俱乐部之间还有一些邀请赛等。

（一）中国女排

中国女排是一支具有光荣历史的队伍。20 世纪 80 年代孙晋芳带领她的队员们曾获得辉煌的"五连冠"和"三连冠",1981 年和 1985 年世界杯冠军;1982 年和 1986 年世界锦标赛冠军;1984 年奥运会冠军。

90 年代,中国女排分别在 1990 年和 1998 年世界锦标赛、1991 年世界杯、1996 年奥运会上4 次获得亚军。中国女排以技术全面、快速多变、攻防平衡的特点立足于世界强队之列。

2001 年,中国女排由新的教练班子和以年轻队员为主组成一支新队伍。重组后的中国女排的精神面貌令人耳目一新,在 2001 年世界大冠军杯赛上获得冠军。国际媒体称这是中国女排时隔 15 年后再次获得世界冠军。

2002 年世界女排锦标赛第四名,第十四届亚运会获得冠军,2003 年亚洲锦标赛冠军,2003 年第九届世界杯冠军,2004 年雅典奥运会冠军,2008 年北京奥运会季军。

雅典夺冠的中国女排队员有队长冯坤(二传)、刘亚男(副攻)、张萍(副攻)、赵蕊蕊(副攻)、周苏红(接应二传)、李珊(接应二传)、杨昊(主攻)、王丽娜(主攻)、张越红(主攻)、宋妮娜(二传)、陈静(副攻)、张娜(自由人)。

2001 年为备战北京奥运集结起来的这支中国女排,于 2008 年 10 月 14 日,正式解散,这象征着北京奥运会周期告一段落。

2009 年 3 月 30 日,排球中心公布了新一届中国女排 20 人大名单。新主帅蔡斌率领的新一届中国女排以年轻队员为主,参加过北京奥运会的队员只有王一梅、薛明、李娟、魏秋月、马蕴雯、徐云丽六人。

（二）中国男排

中国男排隶属于中国排球队,素以全面快速多变的技战术风格著称。中国国家男子排球队是 20 世纪 70 年代末 80 年代初的一支世界劲旅;进入 21 世纪,周建安教练带领中国男子排球队征战 2008 年北京奥运会并最终获得第五名,取得历史性突破。

随着 1954 年国际排球联合会正式承认并接纳中国排球协会为正式会员,中国男排参加世界大赛的序幕也随之拉开。1956 年的第三届世界男排锦标赛是中国男排参加的第一次世界大赛,中国男排首次参加世界大赛便表现不俗,在参赛的 24 支球队中最终获得第九名。中国男排的崛起始于 1977 年男排世界杯,在该届世界杯上,中国队力压巴西、美国等欧美球队,并最终获得第 5 名。

中国男排被国人所熟知是源于"团结起来,振兴中华"的口号:1981 年男排世界杯预选赛中国队反败为胜战胜韩国队,从而进军该届世界杯。消息传到北京,北大学子喊起"团结起来,振兴中华"的时代最强音。随后,该口号传遍大江南北,为我国 20 世纪 80 年代的改革开放事业注入强大的号召力。

(三)中国女排历任主帅

中国女排享誉世界是从袁伟民时代开始的,但是在袁伟民之前,已经有十几任主帅为袁伟民做了奠基石,时间倒回到 1954 年,刚成立不久的新中国派出队伍参加第十二届世界大学生夏季运动会,当时李安格作为中国女排主帅带队获得第六名,李安格也是新中国成立以来第一位正式任命的女排主教练,他之后又有包括侯维义、阙永伍等数十位教头为新中国女排的事业倾注了心血。也正是这些教头们的辛勤努力,才有了袁伟民时代中国女排的一举腾飞。以下为中国女排历任主帅:

第一任主帅:李安格 1954 年 第十二届世界大学生夏季运动会第 6 名

第二任主帅:侯维义 1956 年 第二届世界女子排球锦标赛第 6 名

第三任主帅:钱家祥 1957 年 第三届国际青年友谊运动会女排赛第 7 名

第四任主帅:何炳堃 1957 年 中朝蒙越四国排球联赛亚军

第五任主帅:侯维义 1959 年—1962 年

　　1959 年六国排球赛第 4 名

　　1960 年中朝蒙越四国排球友谊赛冠军

　　1961 年中蒙越三国排球友谊赛冠军

　　1962 年第四届世界女排锦标赛第 9 名

第六任主帅:阙永伍 1963 年—1964 年

　　1963 年第一届新兴力量运动会女排赛冠军

第七任主帅:何炳堃 1965 年 亚非体育比赛女排赛冠军

第八任主帅:马占元 1966 年

第九任主帅:王素云 1972 年

第十任主帅:李宗镛 1972 年—1974 年

　　1974 年第七届亚洲运动会女排赛第 3 名

　　1974 年第七届世界女子排球锦标赛第 14 名

第十一任主帅:徐杰 1972 年

第十二任主帅:韩云波 1975 年 第一届亚洲女子排球锦标赛第 3 名

第十三任主帅:袁伟民 1976 年—1984 年 奠基人,铸就了女排精神,获得了三连冠

　　1981 年女排世界杯冠军

　　1982 年世锦赛冠军

　　1984 年奥运会冠军

从袁伟民时代开始,中国女排成为了世界级强队,虽然其中几经波折,但女排精神始终绵延不断。从昔日的五连冠到陈忠和时代的世界杯、奥运会夺冠,女排精神一直给国人以鼓舞。作为女排精神的锻造者和见证者,历任主教练都在中国女排身上呕心沥血、保证女排精神星火相传,永不磨灭。

1976 年袁伟民走马上任,成为中国女排主教练。37 岁的袁伟民励精图治,以严格的管理、狠抠细节,经过 2 年的调教后,中国女排已经与当时的日本、美国、古巴、秘鲁等世界强队抗衡,具备了争夺冠军的实力。

进入 80 年代,中国女排终于突破瓶颈,开始了梦幻般冠军之旅。1981 年中国女排以 7 战全胜的成绩首次夺得大赛冠军。袁伟民辛苦培养出的郎平和孙晋芳成为当届最抢眼的两名运动员。1982 年女排世锦赛,中国女排因为预赛负于美国一度形势岌岌可危,但袁伟民显示了作为名帅的果敢和勇气,他在和古巴的比赛中果断起用新人,接着竟然以连续 6 个 3∶0 击溃各路强敌登顶,两位新人梁艳、郑美珠给了袁伟民的勇气做了最好的诠释。

到了洛杉矶奥运会袁伟民率领新老结合的球队再创辉煌,先胜日本后再横扫美国,女排姑娘和中国健儿一起在奥运会上绽放光芒。1984 年 12 月,袁伟民调任原国家体委副主任,宣告女排袁伟民时代正式终结,但女排精神已经深入人心。袁伟民也在后来成为国家体育总局局长,在他的治理下,中国代表团在雅典奥运会狂揽 32 金,震惊世界,一代名帅在放下教鞭后给中国体育注入了更多的活力。如今,已经卸任的他仍会让所有人念念不忘,因为女排,更因为中国体育。

1985 年袁伟民(右)在福建漳州训练基地,鼓励即将离队去学习的张蓉芳要保持拼搏精神(新华社发)

第十四任主帅:邓若曾 1984 年—1985 年　成就四连冠因病辞职

1984 年 12 月,由于袁伟民荣任原国家体委副主任,邓若曾接任主教练。但邓若曾和女排的缘分从 1979 年就开始了,从 1979 年到 1984 年,作为副教练的邓若曾成为袁伟民最得力的助手。在成为女排主教练后,虽然张蓉芳、周晓兰、朱玲等老队员退役。但邓若曾大胆起用新人,殷勤、叶萍和巫丹走上了大赛的舞台,在 1985 年女排世界杯,中国女排再度问鼎,成就四连冠伟业,但遗憾的是,由于身体原因,1986年,51岁的邓若曾无奈辞职,但在他的治理下,杨晓君、巫丹等渐渐成熟,女排顺利地做好了新老交替。

这是1985年3月,邓若曾(左)在带队训练

作为一代名帅,退下来的他仍然关心中国体育,更关心中国排球。2007年,71岁的他仍在为现女排献计献策,期待女排能在家门口举行的奥运上卫冕。

第十五任主帅:张蓉芳1986年 身怀六甲率队成就五连冠伟业

由于邓若曾的忽然请辞,昔日女排队长张蓉芳火线上阵,率队出征1986年女排世锦赛,在昔日队友郎平的辅佐下、前女排主教练袁伟民的帮助下,中国女排克服了重重困难,在1986年女排世锦赛以8战8胜的出色战绩蝉联冠军,成为世界排球史上首次获得"五连冠"的队伍。在这次锦标赛上,女排教练张蓉芳获"最佳教练员奖",杨锡兰获"最佳运动员奖"和"最佳二传手奖",杨晓君获"最佳一传手奖"。

仅仅五个月时间,有孕在身的张蓉芳率队夺得了世锦赛、亚运会两次大赛冠军,29岁的张蓉芳创造了奇迹。五连冠,成为提及女排的时候自然会想到的词汇,荣幸的是,张蓉芳经历了其中四次冠军,三次是作为队员,一次是作为教练。如今,作为排球运动管理中心党委书记、副主任的张蓉芳仍在为中国女排、中国排球牵肠挂肚、呕心沥血。

1986年5月,张蓉芳(右)、郎平(中)和孙晋芳(左)在西安观看国际女排"黄河杯"邀请赛

第十六任主帅:李耀先 1987—1988 年　成绩下滑难阻颓势

张蓉芳带领女排夺冠后很快辞去主教练席位,李耀先开始执掌女排教鞭。但此时世界强队已经开始赶超中国女排,郎平退役后留下的主攻弱点开始逐渐显露,加之新老交替不利和打法逐渐被对手所熟悉。秘鲁、古巴和前苏联等队开始反攻倒算,中国女排开始走向下坡路,在汉城奥运会的半决赛中以 0∶3 完败给苏联。中国女排从 80 年代初的辉煌后开始逐渐下滑。虽然中国女排拼搏精神依旧,但无奈技不如人,只能在列强之争中无奈的处于弱势地位。

李耀先作为主教练是不幸的,虽然他很努力,但可惜没有赶上最好的年代,最终他只执教不足 2 年就无奈辞去教练一职。也就是从李耀先开始,中国女排开始了长达十几年的大赛无冠历史。

这是 1987 年 1 月 8 日,新任女排主教练李耀先(左)在向队员布置冬训任务

第十七任主帅:胡进 1989—1992 年,1999 年—2000 年　命运多舛难率女排返巅峰

主要成绩:第一次执教获得世锦赛亚军,世界杯季军,奥运会第七;第二次世界杯和奥运会未进四强。

李耀先辞职后,胡进扛起女排的大旗。在他的率领下,中国女排很快从低谷中走出,其执教能力得到广泛认可。但遗憾的是,胡进始终与世界冠军缘分太浅,在他第一次执教期间,获得过世界杯的季军、世锦赛亚军。拥有李国君、许新等实力派球员的女排与冠军只能是咫尺天涯。1992 年奥运会,中国女排用于几名大将受伤,在奥运会上只获得第七名,这导致了胡进无奈下课。

但公允地说,胡进的执教能力、钻研精神毋庸置疑,尤其是女排处于低谷时,是他在关键时刻勇挑重担,确保女排在世界排坛有一席之地。那时古巴女排在路易斯的带领下羽翼渐丰,也是女排始终无缘大赛冠军的一个重要原因。1999 年,胡进再执教鞭,但此一时彼一时,中国女排仍旧难有冠军命,最终只获得奥运会和世界杯的两个第五名,胡进二次出山收获的只有苦涩。

这是 1992 年 4 月，中国女排主教练胡进向队员讲解战术

第十八任主帅：栗晓峰 1993 年—1994 年　　执教 21 个月成绩跌至谷底

主要成绩：世锦赛仅获第八，亚锦赛冠军，亚运会亚军。

和胡进比起来，栗晓峰的执教成绩更加惨淡，在世锦赛上只获得第八，创造了比 1992 年奥运会还差的成绩。即便回到亚洲赛场，也丢掉了亚运会冠军。没能完成征服世界的同时，中国女排也失去了亚洲这个堡垒，无奈之下，上任 21 个月后，栗晓峰无奈离职，他也成了中国女排近 30 年成绩最差的主教练。

这是 1993 年，栗晓峰在参加"香港中旅世界女排超霸杯"赛时接受采访

第十九任主帅：郎平 1995 年—1999 年　　个人魅力至上，女排偶露峥嵘

主要成绩：1996 年奥运会亚军，1998 年世锦赛亚军，世界杯季军。

在女排处于低谷的时候，昔日铁榔头的归来给了女排回升的信心和勇气。郎平凭借当队员时候的名气和做教练时的苦口婆心，很快让女排重振雄风。在她执教的四年时间里，中国女排虽然还没有获得大赛冠军，但在孙玥、赖亚文、何琦等核心球员的带领下，中国女排在

126

奥运会、世界杯和世锦赛上获得两次亚军和一次季军的不俗成绩,虽然没有获得冠军,但作为正在爬坡的中国女排来说,这样的成绩显得殊为可贵。

在执教四年后,由于家庭和身体原因,昔日铁榔头辞去了主教练职位。如今的郎平虽然执教美国,但她的心仍在中国,每次中国女排的胜利和失败都牵动着她的心。郎平,无论是作为球员还是教练,她都足够成功、足够优秀。

这是在第 13 届亚运会女排循环赛中,郎平(中)进行现场指导

第二十任主帅:陈忠和 2001 年—2009 年　起起伏伏,女排重回鼎盛期

主要成绩:2003 年世界杯冠军,2004 年雅典奥运会冠军,2008 年北京奥运会第三名。

正如现在中国女排最喜欢的歌曲一样,前主教练陈忠和的执教历程也是如此相似。在上任之初,陈忠和饱受质疑,2002 年 9 月,世锦赛上夺得第四名,出现“放水事件”,让陈忠和的支持率降到最低,也饱受国内和国外排球界的一致攻击。女排精神,在这一刻受到了莫大的考验。

所谓知耻后勇,2003 年,中国女排迎来了丰收时刻。经过两年的锻造和磨合后,以冯坤、周苏红、杨昊、赵蕊蕊、刘亚男和张娜等组成的主力阵容开始令对手胆寒,2003 年世界杯,中国女排连战连捷,最终夺冠,结束了长达 17 年的大赛无冠史。2004 年,中国女排再接再厉,在赵蕊蕊受伤的不利情况下,在雅典奥运会决赛上演大逆转夺冠,成就了两连冠。

从 2005 年到 2007 年,中国女排由于主力伤病缠身,使得女排成绩有所起伏,世锦赛的惨败,到今年上半年大奖赛上的无欲无求,中国女排变得再度与冠军看上去很近,实际上总是难以触及。到了 2007 年 8 月份的大奖赛总决赛,中国女排再度展现实力,虽然与冠军擦肩,但新人的横空出世让女排又有了争冠的信心和实力。

2008 年奥运年,状态并不稳定的中国女排在北京奥运会前遭遇波折,女排大奖赛总决赛,中国姑娘们五战仅取一胜,最终位列第五。这一度让她们的奥运征程饱受质疑。进入到奥运会小组赛,中国女排仍未能摆脱困扰,小组赛接连在领先的局面下 2:3 败给古巴和美国。不过淘汰赛阶段力斩俄罗斯晋级四强,铜牌争夺中击败老对手古巴,这两场比赛都让球迷看到了女排精神所在。

家门口收获的这枚铜牌并未能让陈忠和满意,很多球迷也心存遗憾,尽管压力重重,但不愿心留遗憾的陈忠和决定再次竞聘国家队帅位,不过在排协经过几番抉择之后,陈忠和未能留任。

这是 2001 年 4 月 27 日,陈忠和在郴州女排训练基地给队员们进行技战术分析

第二十一任主帅:蔡斌 2009 年 3 月 23 日　国青主教练"黑马"杀出

2009 年 3 月 23 日下午,中国排协公布了新一届女排国家队主教练人选,在国青队执教了十年的蔡斌最终胜出,从最早表态"春节前后确定主帅",到后来的"2 月末 3 月初公布结果",中国排协在国家队主帅人选方面一拖再拖,由于这是中国女排"后北京奥运"时代组建的第一队,将面临一个承前启后的责任,同时也肩负着伦敦奥运会的备战重任,不可谓不艰巨。

经过慎重的考虑之后,国青主帅蔡斌脱颖而出,蔡斌被球迷喻为"小诸葛"。二传出身的蔡斌在任职上海女排主教练期间战绩显赫,率领球队在全国女排联赛中连续四次获得冠军。1999 年起,成为国青队的主教练,带领球队在每届世青赛中均获得前三名。

在为国家队输送"新鲜血液"方面,蔡斌功不可没,像 2001 年那批中国女排中的刘亚男、张娜、宋妮娜,以及后来的楚金玲、王一梅、魏秋月、马蕴雯、薛明等人,都是先经历过国青队磨砺之后再输送到国家队的,可以说蔡斌对于国家队的这些中坚力量,都非常熟悉。

蔡斌虽然近年来默默地从事着中国女排后备人才的培养工作,但通过常年带队到世界各地去训练、参赛,他对世界女排的发展趋势也一清二楚。

蔡斌当初以黑马身份上任之后,关于蔡斌能否延续陈忠和的辉煌就有很多疑问,蔡斌执教不可谓不努力,但是中国女排的成绩在 2009 年表现并不尽如人意,在瑞士女排精英赛和世界女排大奖赛上连续负于世界进率巴西和荷兰,在四国赛上更是两负亚洲对手日本,在世界女排大奖赛总决赛中,中国队五场比赛只取得一场胜利,最终名列第五,也平了女排历史最差战绩,在随后的女排亚锦赛上,中国队在决赛中 1:3 完败亚洲弱旅泰国队,直接导致了中国队无缘年底的大冠军杯。至此,民间质疑蔡斌的声音达到了一个顶峰。尽管中国排协并没有当时做出换帅的手笔,但在距离伦敦奥运会还有三年的情况下,中国女排何去何从值得所有人深思,最终中国排协在 2010 年 3 月 25 日宣布蔡斌下课。

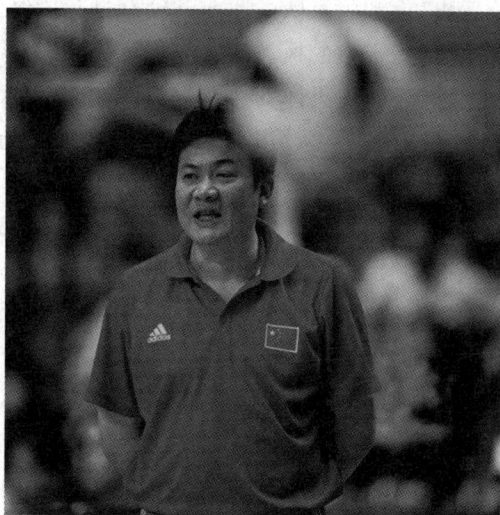

这是蔡斌在比赛中指导队员（资料图）

第二十二任主帅：王宝泉 2010 年 3—9 月　联赛金牌教头入主国家队突然辞职

王宝泉 1961 年出生，天津人，15 岁开始接受排球正规训练，1977 年进入天津男排担任主力二传，1989 年—1991 年在国家队效力三年，其中 1990 年作为队长率领中国男排获得亚锦赛冠军。1992 年退役，同年担任天津女排主教练。

1998 年—1999 年担任国家女排陪打教练，协助主教练郎平工作

2000 年—2001 年担任国家女排陪打教练，协助主教练胡进工作

2000 年底开始兼任天津女排主教练

2001 年担任国家女排助理教练，协助主教练陈忠和工作

2001 年 6 月因患结核性脑膜炎，退出国家队

2002 年—2010 年担任天津队主教练

这是 2010 年 4 月 1 日王宝泉指导队员

从王宝泉履历中不难看出,他和国家队的此前已经有过几段缘分,但不管是以陪打教练身份执教还是以助理身份执教,王宝泉的执教时间都不算长,2002年回到天津队开始,王宝泉执教实力得到展现,在他的带领下,天津女排在联赛中获得7次冠军,获得了联赛历史上史无前例的成功,而且王宝泉在捏合队员,新老交替等方面也有自己的独到之处,主二传丁虹莹淡出之后魏秋月马上顺利接班,今年随着李珊结婚淡出,新人陈丽怡迅速顶上,更主要的是,新老交替并没有影响到天津队的联赛成绩。这些都是王宝泉进入国家队的砝码。

王宝泉教练的上任给中国女排带来了新的希望,但就在女排征战完2010年女排大奖赛总决赛不久,王宝泉就因为身体原因辞职。

阳光总在风雨后,从1981年初登世界冠军宝座到1992年奥运会惨败,从2003年世界杯大奖赛两度夺冠、2004年奥运会逆转登顶,到2006年世锦赛失利、2007年女排总决赛的先抑后扬,从2008年大奖赛跌至低估到随后奥运会奋力夺铜,中国女排一路走来都在用永不服输的精神做支撑。在这些教练中,不乏如袁伟民、邓若曾、张蓉芳、陈忠和这样的大赛冠军拥有者,也有如郎平、胡进和栗晓峰这般的呕心沥血者,为了女排,他们付出了比常人更多的精力,正是在他们的努力下,中国女排才能在近30年的时间里,始终是世界排坛不可忽视的一支劲旅、一支铁军。

第二十三任主帅:俞觉敏 2010年9月 由助理教练转代理主教练再转主教练

北京时间9月15日,中国排协召开新闻发布会正式宣布,原中国女排助理教练俞觉敏正式担任中国女排主教练一职。他也成为中国队在最近两年里的第四任主教练。自从9月2日王宝泉辞职之后,中国队当时便宣布由原来的助理教练俞觉敏代理主教练的位置。

俞觉敏,男,浙江绍兴东浦人,国家一级运动员,排球高级教练。俞觉敏与排球相伴已有33载,作为运动员,他曾是浙江男排和国家男排的主力队员;作为教练员,他曾担任浙江男排主教练,国家男、女排教练。在王宝泉辞去中国女排帅印之后,排球运动管理中心临时决定,由助理教练俞觉敏担任代理主教练一职,负责球队近期的训练。

这是俞觉敏似乎与陈忠和在一起(资料图)

俞觉敏是浙江排球的优秀代表,曾经入选过中国国家男子排球队;在1984年洛杉矶奥运会上,作为主要成员的他随队获得第八名,20多年来一直是中国男排的历史最好成绩,直到本届奥运会才被新一届男排打破。退役后担任浙江省男子排球队教练,带领浙江男排取得了不俗的战绩,在俞觉敏担任浙江男排主教练时期,浙江队一直是国内的一线强队。而在他进入中国男排教练组后,也伴随老帅邸安和品尝到2004年雅典奥运会的大起大落,2005年,俞觉敏转战中国女排,主要负责队员训练工作,率中国队获得过多哈亚运会女排冠军。

第二十四任主帅:郎平 2013 年 4 月　出任新主帅

北京时间4月25日,中国排协召开新闻发布会,正式宣布郎平出任新一届中国女排主教练,至此,中国女排在去年9月16日俞觉敏去职之后,经过长达7个多月的等待,终于迎来了新任主教练。

郎平,女,奥运冠军,祖籍天津,1960年12月10日生于北京,中国女排著名运动员和教练员,凭借强劲而精确的扣杀而赢得"铁榔头"绰号。郎平身高1.84 m,摸高3.17 m,与美国名将海曼、克罗克特并称为20世纪80年代世界女排"三大主攻手"。自1980年起连续6年入选全国十佳运动员。1987年与原国家手球队队员白帆结婚,后于1995年离婚,1992年其女白浪出生在美国。80年代中国体育最辉煌的成绩莫过于中国女排所取得的历史性突破,夺得了女子排球世界三大比赛的冠军,成就"五连冠"伟业,郎平则是代表性人物。郎平又回来了! 18年前,她放弃了年薪20万美金的合同回国执教,临危受命被寄予厚望。18年后,她再次高攀国家队帅印,成为中国女排新一任主教练。

运动生涯

1978年与队友合作,获第八届亚洲运动会女排比赛亚军;

1979年与队友合作,获第二届亚洲排球锦标赛冠军;

1981年与队友合作,获原联邦德国不来梅国际邀请赛冠军,个人获得"最佳攻球手奖";

1981年参加在日本举行的第三届世界杯女排赛,与队友合作,获冠军,这是中国女子排球队第一次获世界冠军,也是中国三大球运动中第一次获世界冠军,个人获"优秀运动员奖";

1982年参加在秘鲁举行的第9届世界女子排球锦标赛,与队友合作,获冠军;

1982年与队友合作,获第9届亚洲运动会女排比赛冠军;

1983年在世界超级女排赛上获得冠军;

1984年参加在美国洛杉矶举行的第23届奥运会女子排球赛,与队友合作,获冠军,从而取得世界重大女排赛"四连冠"的战绩;

1985年获上海"新民晚报杯"国际邀请赛、"海鸥杯"国际女排邀请赛、第4届世界杯女排赛冠军,并获"优秀运动员奖"和"最佳运动员奖";

1989年带领意大利摩迪那俱乐部女子排球队获意大利杯赛冠军;80年代中国体育最辉煌的成绩莫过于中国女排所取得的历史性突破,夺得了女子排球世界三大比赛的冠军,实现了令人惊讶不已的"五连冠",而"五连冠"的功臣正是被人们亲切地誉为"铁榔头"的郎平。

1990年带领中国女子排球队获第11届女子排球锦标赛亚军;

1991年带领新墨西哥州大学女子排球队获美国东部地区女子排球赛冠军。

执教生涯

1986 年退役先到北京师范大学外语系攻读英语专业；

1987 年 4 月以公派自费身份到美国留学，在争取到旧金山旅美华侨"新中国基金会"提供的为期二年的奖学金后，到新墨西哥大学预科部英语补习班学习；

1988 年通过"托福"和"GRE"考试，获攻读新墨西哥州大学体育管理系现代化专业硕士研究生学位资格；

1989 年到意大利摩迪那俱乐部打球；

1990 年应召回国带领中国女子排球队参加第 11 届世界女排锦标赛；

1991 年回新墨西哥州继续学业，并任新墨西哥州大学女子排球队教练，期间历任八佰伴全明星队和世界超级明星联队主教练，并应邀出任美国排球协会全美训练中心总教练；

郎平出任美国国家女子排球队主教练

1992 年拿了美国的绿卡，但是未入美国国籍；

1995 年 1 月决定参加中国女子排球队主教练竞选；

1995 年 2 月 15 日回到北京，担任中国女子排球队主教练，同年率队获得世界杯女子排球赛第三名；

1996 年率领中国女排夺得亚特兰大奥运会银牌；

1997 年率国家队获第九届亚洲女排锦标赛冠军；金牌；

1999 年 3 月郎平再次以身体状况不佳为由而辞职，7 月高薪受聘于意大利摩迪纳队任主教练。

1999 年开始郎平远赴意大利执教，同样取得了辉煌的成绩：率意大利摩德纳女子排球队在 2000 年获意大利女排联赛冠军、2001 年夺得欧洲女排冠军联赛冠军、2002 年再夺得意大利联赛和杯赛双料冠军；2002—2003 赛季开始郎平转执教意大利诺瓦腊俱乐部，率领诺瓦腊女排夺得意大利超级杯和 2004 年意大利联赛冠军。

郎平和女儿

2005 年 2 月，郎平出任美国国家女子排球队主教练。2008 年，在北京奥运会排球预赛中，带领美国队以 3：2 战胜中国队，其后于半决赛打败古巴队，进入决赛。最终美国队以 1：3 不敌巴西队，获得银牌。

2009 年回国执教广东恒大女排。2011—2012 赛季全国女排联赛冠军，2012—2013 赛季全国女排联赛亚军。

2013 年 4 月 25 日出任中国女排主教练。

二、世界排名

2013 年 1 月 24 日，国际排联公布了 2013 年男女排球国家队最新世界排名。以下为世界排球队排名表。

郎平在广东恒大执教

表 8-1 2013 年女排最新世界排名（截止到 2013 年 10 月 7 日）

排名	球队	总积分	升降	2013 洲际锦标赛		2013 大奖赛		2012 奥运会		2011 世界杯		2010 世锦赛	
				排名	积分	排名	积分	排名	积分	排名	积分	排名	积分
1	巴西	320	0	1	30	1	50	1	100	5	50	2	90
2	美国	305	0	1	30	6	5	2	90	2	90	4	70
3	日本	291	0	2	26	4	35	3	80	4	70	3	80
4	意大利	252	0	6	10	5	30	5	50	1	100	5	62
5	中国	229	0	4	18	2	45	5	50	3	80	10	36
6	俄罗斯	195	0	1	30	7	15	5	50			1	100
7	塞尔维亚	153	0	4	18	3	40	11	20	7	30	8	45
8	多米尼加	130	0	2	26	10	9	5	50	8	25	17	20
9	德国	126	0	2	26	11	8	cq2	2	6	40	7	50
10	韩国	122	0	3	22			4	70	9	5	13	25
11	土耳其	103	0	7	5	8	12	9	30			6	56
12	泰国	64	4	1	30	13	6	cq1	3			13	25
13	肯尼亚	58	1	1	30		0	cq1	3	12	5	21	20
14	阿尔及利亚	56	−2	6	10	20	1	11	20	11	5	21	20
15	波兰	50	−2	11	3	15	4	cq1	3			9	40
16	秘鲁	50	2	3	22			cq1	3			15	25
17	波多黎各	46	3	3	22	18	2	cq2	2			17	20
18	荷兰	43	0	9	3	12	7					11	33
19	阿根廷	43	1	2	26	16	3	cq4	1	10	5	SA-B4	8
20	加拿大	40	3	4	18			cq3	2			21	20
21	古巴	39	−6	7	5	19	1	cq1	3			12	30
22	比利时	37	17	3	22							EU-J3	15
23	哈萨克斯坦	36	5	5	14	17	2					21	20
24	克罗地亚	34	7	5	14							17	20
25	捷克	33	−3	10	3	14	5					15	25
26	喀麦隆	32	7	2	26							AF-C4	6
27	突尼斯	30	9	3	22							AF-C2	8
28	墨西哥	29	−3	5	14			cq4	1			NO-PO3	14
29	哥伦比亚	26	−3	4	18			cq3	2			SA-A3	6
30	哥斯达黎加	26	−3	8	5			cq5	1			17	20

备注：cq 是洲际资格赛、EU 是欧洲、SA 是南美洲

表 8-2　2013 年男排最新世界排名（截止到 2013 年 10 月 7 日）

排名	球队	总积分	升降	2013 洲际锦标赛		2013 世界联赛		2012 奥运会		2011 世界杯		2010 世锦赛	
				排名	积分	排名	积分	排名	积分	排名	积分	排名	积分
1	巴西	345	0	1	30	2	45	2	90	3	80	1	100
2	俄罗斯	342	0	1	30	1	50	1	100	1	100	5	62
3	意大利	286	0	2	6	3	40	3	80	4	70	4	70
4	美国	183	1	1	30	12	7	5	50	6	40	6	56
5	波兰	176	−1	9	3	11	8	5	50	2	90	13	25
6	保加利亚	173	3	4	18	4	35	4	70			7	50
7	古巴	171	−2	3	2	13	6	wq1	3	5	50	2	90
8	阿根廷	171	1	2	26	6	25	5	50	7	30	9	40
9	塞尔维亚	169	−2	3	22	8	12	9	30	8	25	3	80
10	德国	120	0	6	10	7	15	5	50			8	45
11	加拿大	79	2	2	26	5	30	cq1	3			19	20
12	伊朗	68	0	1	30	9	10	cq1	3	9	5	19	20
13	突尼斯	66	2	2	6			11	20			19	20
14	澳大利亚	64	−2	5	14			9	30			19	20
15	埃及	63	−1	1	30			cq1	3	12	5	13	25
16	法国	59		5	14	10	9	wq1	3			11	33
17	日本	51	2	4	18	18	1	cq2	2	10	5	13	25
18	中国	49	−2	3	2			cq3	2	11	5	19	20
19	喀麦隆	45	−3	4	18			cq2	2			13	25
20	波多黎各	45	0	4	18			cq3	2			13	25
21	韩国	44	2	2	26	15	4	cq4	1			AS-H3	13
22	捷克	40	0	16	2			wq2	2			10	36
23	墨西哥	40	1	5	14			cq4	1			13	25
24	哥伦比亚	33	4	3	22			cq2	2			SA-A2	9
25	西班牙	32	0	Eur-q2	1			cq4	1			12	30
26	摩洛哥	31	8	3	22							AF-C3	9
27	阿尔及利亚	26	−1	5	14			cq3	2			AF-D2	10
28	智利	26	5	4	18			cq3	2			SA-A3	6
29	多米尼加	25	12	6	10			cq5	1			NO-PO3	14
30	芬兰	24	1	8	5	16	3	cq6	1			EU-I3	15

备注：cq 是各洲资格赛、wq 是世界资格赛、EU 是欧洲、AS 是亚洲

第九章 足 球

足球起源于英国。1863 年 10 月 26 日被定为现代足球诞生日。1904 年 5 月 21 日在巴黎成立了国际足球联合会（FIFA），现已有 209 个会员。1896 年第一届奥运会上足球就被列为正式比赛项目。目前规模最大，水平最高，最激动人心的是世界杯足球赛，每四年一届，从 1930 年第一届世界杯到现在共举行了 19 届。

足球运动开展广泛，深受各国人民特别是青少年所喜爱，被称为"世界第一运动"。它以其特有的魅力吸引了成千上万的现场观众和数以亿计的电视观众，在人们生活中所占的地位和具有的意义，已远远超出体育的范畴。

第一节 足球运动概述

一、足球运动的特点

1. 比赛场地大、人数多、时间长、运动量大，对运动员身体和心理素质的要求高。

2. 技术动作多、战术复杂、难度大，因为它包含了其他体育项目的对抗性、竞赛性和表演性，再加上足球规则的独特性，比赛结果的偶然性等，就使它具有广泛的宣传效果和完美的娱乐艺术享受。

3. 不受气候和场地条件限制，是一项"全天候"的运动项目，这对运动员的顽强战斗意志、作风的锻炼和培养有特殊的价值。

二、足球运动的价值

1. 增强体质，有助于体育教学。经常参加足球运动，能够提高人们的力量、速度、灵敏、弹跳及柔软等多方面身体素质，增强人体的心血管系统、呼吸系统、神经系统的工作能力，有效地增进人们的健康,有利于体育教学。

2. 培养品质,有助于思想品德教育。足球运动可以培养人们勇敢顽强、坚韧不拔以及胜不骄、败不馁的良好品质,从事足球运动还可以培养人们团结协作、热爱集体的精神。

3. 增进友谊,促进交流。现代足球已成为一个国家的政治、经济和文化的一种交流工具,通过比赛能促进和发展学校间、社区间、国际间友谊,共同提高足球运动水平。

4. 活跃经济,创造社会财富。在市场经济极为活跃的今天,职业化足球同商业化越来越密切,大力发展足球产业,通过门票、电视转播费、运动员转会费、广告费等获取丰厚的利润,同时还带动运动器材、服装、饮食、旅游等行业的发展,不仅增加了国家经济收入,也使足球俱乐部和运动员的收入增加。

第二节　足球基本技术

一、踢球

踢球是指运动员有目的地用脚的某一部位把球踢向预定目标的技术动作。踢球主要用于传球和射门。踢球是由助跑、支撑脚站位、踢球腿的摆动、击球和踢球后的随前动作组成,这五个环节是整个动作的统一过程。踢球的方法有很多种,这里介绍脚内侧、脚背正面、脚背内外侧以及脚尖和脚后跟踢球等几种主要的踢球动作要点及练习方法。

（一）动作要点

1. 助跑:指踢球前的几步跑动,使支撑脚处于正确位置,从而增加击球的速度和力量。助跑最后一步要稍大些。

2. 支撑脚站位:要以踢球腿的摆动能达到最大的摆幅,有利于踢球脚准确地接触球的合理部位为原则。支撑脚一般站于球的水平或稍后,膝关节要弯屈,脚尖指向出球方向。

3. 踢球腿的摆动:它是踢球力量的主要来源。切忌斜摆腿,并注意小腿的后屈与加速前摆。

4. 击球:一般来说,用脚部的某一部位击球的后中部,作用力通过球的中心,使球获得全部力量,出球平直而有力。

5. 踢球后的随前动作:踢球后,踢球腿要前摆和送髋,以控制出球方向和加大踢球力量,并维持好身体平衡。

（二）练习方法

1. 各种踢球动作的模仿练习。原地或上一步踢假想球。

2. 一人用脚底挡球,另一人做原地、跨一步与助跑的踢球练习。主要体会支撑脚的踏位、摆腿与触球的动作。

3. 练习足球对墙踢球。开始距离短些,力量小些,然后逐渐加大距离和力量。

4. 各种踢球动作的 2 人练习。采用 2 人一组方式练习踢球,距离可根据需要和学生的水平而定,若踢定位球,可加上停球练习。若踢活动球可相隔一定距离进行连续踢球练习,辅以各种跑动中的传切跑位练习。进行射门练习时,可以 1 人传 1 人射,最后还可进行有对抗的传射练习(图 9-1)。

图 9-1

二、停球

停球是指运动员有目的地用身体的合理部位,把运行中的球停挡住,并使球处于所需要的控制范围内。常用的停球部位有:脚内侧、脚外侧、脚背正面、脚底、胸部、大腿等。

(一)动作要点

1. 准确判断来球的落点、速度、路线以及球反弹的角度,恰当地确定支撑脚的位置。

2. 停球时,为了削弱与球接触时所产生的反作用力,一定要做迎撤动作以缓冲来球的力量,或做轻微下压、切和撤引的动作,变换球的前进方向和抵消力量。

3. 停球后身体重心必须迅速移动,以便更好地衔接下一个动作。

4. 用大腿或脚接球时,踝关节或大腿要放松。用胸部挺胸接球时,上体稍后仰,与来球成适宜的角度,触球后要挺胸用力(图 9-2)。

图 9-2

(二)练习方法

1. 利用足球墙进行停球技术练习。先练停地滚球,然后过渡到用手抛或脚踢高球撞墙进行停反弹球和空中球的练习。

2. 个人自抛高球再停反弹球。

3. 两人一球,一抛一停或一传一停,距离由近至远,力量由小到大。

4. 两人一球,在一定范围内做跑动中传接球练习,停球时要求尽量使用多种方法,地滚球用于近距离的传接球,反弹球和空中球主要用在中远距离。

三、运球

运球是指运动员有目的地用脚或身体的其他合理部位不断地触球,使球处于自己控制范围内的触球动作。常用的部位有脚内侧、脚背正面、脚背内侧和脚背外侧等。

(一)动作要点

1. 跑动要自然、放松,步子小而短促,膝关节弯屈,身体稍前倾,以便随时改变方向。

2. 脚触球应是推拨的动作,用力不要太大,使球始终处在自己的控制范围内。

3. 遇有对手争抢时,要用身体掩护球或用离对方远侧的脚运球。

4. 运球时眼睛不要只盯住球而要随时抬头观察周围情况,这样才能根据场上情况做出相应变化将球控制在所需要的位置。

(二)练习方法

1. 走和慢跑中两脚交替直线运球。

2. 走和慢跑中沿弧线运球,可规定用一种脚法,例如顺时针时用右脚的脚背外侧或左脚的脚背内侧运。

3. 在慢跑中两脚交替用脚背内侧或脚背外侧运球方法折线运球。

4. 在慢跑中交替用左、右脚的脚背内侧运球方法折线运球。

5. "8"字运球。

6. 个人在运球中做突然变向、变速练习。

四、头顶球

头顶球技术是运动员有目的地运用头的前额部位直接处理空中球时所做出的各种击球的动作方法。

(一)动作要点

1. 两眼注视来球,对来球的性质和运行路线要做出准确的判断,并选择好顶球的位置和起跳时间。

2. 顶球时,应在球运行到身体的垂直部位,头部触球发力,颈部肌肉要紧张,切忌闭眼缩脖。

3. 顶球时,蹬地、屈体、甩头等用力动作要协调一致。

4. 跳起顶球时,身体在空中要保持平衡,落地时要屈膝缓冲(图9-3)。

图 9-3

（二）练习方法

1. 做各种头顶球的模仿动作练习。

2. 一人双手持球掷适当高度，另一人进行顶球练习。

3. 自抛和互抛顶球。

4. 连续顶球，二人一球距离 5～8 m 对顶。

5. 头球射门练习：练习者在罚球点附近，由教师或同伴从球门柱外端线处将球抛出，练习者可根据来球做原地顶、原地起跳顶、跑顶、跑动中起跳顶球等练习。

五、抢截球

抢截球是指运动员运用合理动作和部位将对方队员控制或传递中的球夺过来、踢出去、破坏掉的动作方法（图 9-4）。

（一）动作要点

1. 抢截时机应在对手运球脚触球后即将着地或刚着地时。

2. 抢球动作用力要通过球的中心，触球时上体应前倾且腿部用力。

3. 要利用身体的合理冲撞。

4. 要紧密衔接下一个动作。

（二）练习方法

图 9-4

1. 一人一球对静止球做跨步抢球练习。

2. 向前轻推球后在慢跑中完成侧面抢球和铲球动作。

3. 两人并肩慢跑做合理冲撞练习。

4. 两人一球，一人运球另一人抢截球练习。此练习由消极对抗逐步过渡到积极对抗。

第三节　足球基本战术简析

足球战术是指在比赛中为战胜对手，根据实际情况所采用的个人行动和集体配合的方法，足球战术由进攻战术和防守战术两大系统构成。在攻防战术中又分为个人战术和集体战术。个人战术是全队战术的基础，全队战术是个人战术的综合。阵形是战术的重要组成部分，它使球队能有效地完成攻守战术配合。现代足球战术特点强调发挥全队的攻守能力，也重视个人特长的发挥。

一、常见比赛阵形的特点

（一）"四四二"阵形

此阵形由四个后卫、四个前卫、两个前锋排列而成。特点是后防稳固，中场力量强，前锋少；采取区域联防，要求 4 个后卫能同时压上、退守，双中卫主防对方两名前锋，边后卫要有一定的进攻力，见机插上积极助攻；中场队员要能攻善守，攻守力量搭配要合理并有侧重。

（二）"四三三"阵形

此阵形由四个后卫、三个前卫、三个前锋排列而成。特点是要求前锋的攻击力要强,后防较稳固,中场力量较强,攻守有一定的变化和灵活性。进攻时要求前卫应选择时机参与第一线的进攻。

（三）"五三二"阵形

此阵形由五个后卫、三个前卫、两个前锋排列而成。特点是3名中卫固守中路,居中的中卫起自由人的作用,左右两边后卫既主防边路,同时要参与边线的进攻,故对边后卫的技能、体能要求极高。中场队员攻防兼备,体力好,两名攻击手的主要任务是穿插牵引,寻找射门机会。

（四）"三五二"阵形

此阵形由三个后卫、五个前卫、两个前锋排列而成。特点是3名后卫的职能范围相当大,5名中场队员能更有效地控制中场,两名边前卫必须控制对方边线进攻。以上两种阵形变化多,特别是在攻守转换过程,所有队员都要适应攻守平衡的需要,适用于具有相当水平的球队采用。

（五）"三四三"阵形

此阵形由三个后卫、四个前卫、三个前锋排列而成。三四三阵形是世界劲旅荷兰队善于运用的一种阵形。此阵形更能促使加快攻防转换的速度,同时扩大了进攻面,使进攻更为快速多变,因而此阵形对队员的技能、体能和战术意识的要求相当高。

二、个人战术

（一）个人进攻战术

1. 跑位

在一场比赛中,运动员接触球的时间仅有两三分钟,其余的时间均是无球状态下的活动,因此跑位是否合理,对一个队的战术质量和技术发挥都有很重要的关系。

跑位的作用有:摆脱对手接球;牵制或扯动对方为同伴创造机会;扰乱对方防线制造空挡。

常用的跑位方法有:变速、变向跑等。

2. 运球过人

运球过人是进攻战术中极为重要的个人战术,它是破密集、破紧逼、造成以多攻少、觅得传球空挡、获取射门得分的有效手段。足球比赛强调以集体配合为主,但缺少运球突破的能力,集体配合会变得困难。过多的和盲目的盘带,不仅会失去战机,而且会影响全队的战斗力和斗志。所以,两者是相辅相成的。

3. 传球

传球是集体配合的基础,是完成战术配合、创造射门机会的最主要手段。

传球按距离可分为短传（15 m内）、中传（15～25 m）、长传（25 m以上）。按传球的高度分为高、平、低三种。按传球的方向分为直传、斜传、横传和回传。

（二）个人防守战术

1. 盯人

盯人是现代足球比赛中广泛运用的防守手法,有效的盯人防守是遏制与瓦解对方进攻,重新获得控制球的重要手段。

盯人有紧逼盯人和松动盯人两种。紧逼盯人是贴近对手不给对手从容活动的机会,松动盯人是以区域站位为主,与对手保持一定距离,既盯住对手又保护同伴。在一般的情况下,有球的一侧可采用紧逼盯人,无球的一侧可用松动盯人,对方队员靠近球门,也要采用紧逼盯人。

2. 选位

选好位置,能清楚地观察全场队员分布情况和球的移动方向。该位置一般应在本方球门与对方之间的直线上,在向本方球门后撤收缩时,应沿该线回防,做到人球兼顾。

三、集体战术

（一）小组战术

1. "二过一"战术

"二过一"战术就是两个进攻队员运用传球和跑位配合方法突破一个防守队员的方法。

"二过一"配合的要求:二过一的局面瞬息万变,必须抓住战机及时完成配合。任何二过一配合,都必须做到:传球准确及时,力量适当;接球队员摆脱突然快速,跑位时间恰到好处。通俗地讲:传球配合默契,人到球到,球到人到。

2. "三过二"战术

"三过二"比"二过一"配合进攻的面更大,同时增加进攻战术的多变性和突然性。

"三过二"配合的方法,大致可分为下列两种:一种是一个队员利用自己跑向空挡牵制一个防守队员,其他两个进攻队员利用传切战胜另一位防守队员。另一种是三个队员通过传球进行一次间接"二过一"或连续两次"二过一"的配合战胜两个防守队员。

（二）全队进攻战术

1. 边路进攻

所谓边路进攻是指在对方半场侧面地区发展的进攻。由于两侧地区防守队员相对较少,空间较大,攻方在这一区域便于发展进攻,突破防守线,但突破后由于射门角度小,因此边路突破后往往是将球传到中路,由中路的同伴包抄抢点射门。所以边路进攻多以下底传中或 45°斜传方式为进攻结束手段。

2. 中路进攻

所谓中路进攻是指在对方半场中间地区发展的进攻。中路进攻由于离球门近,射门角度大,一旦突破防线,威胁大,所以射门得分的可能性大。然而,现代足球都采用人数较多的严密防守,逼得紧,抢得凶,增加了突破防线的难度,较难获得射门机会。

（三）防守战术

1. 区域防守

在区域防守体系中,每个队员都是在自己相对稳定明确的防守区域内进行盯人防守。主要是对进入自己防守区域的攻方队员实施盯人防守,原则上不越区盯人,拖后中卫执行补位的任务。

2. 盯人防守

采用人盯人防守时，基本上各人专盯自己的防守对象，对手跑到哪里就盯到哪里，不交换防守，也不受场区位置的约束，拖后中卫进行区域防守，执行补位的任务。

3. 混合防守

混合盯人防守是人盯人防守和区域防守的结合。将对手具有突出威胁的攻击者和主要组织核心死死盯住，常常是两名中卫采用盯人防守将对方的两名突破能力强的前锋盯死，而其他防守队员采用区域盯人防守。

第四节 足球竞赛规则简介

一、犯规与不正当行为

(一)直接任意球

裁判员认为，如果队员草率地、鲁莽地或使用过分的力量违反下列六种犯规中的任何一种，将判给对方踢直接任意球：

1. 踢或企图踢对方队员；

2. 绊摔或企图绊摔对方队员；

3. 跳向对方队员；

4. 冲撞对方队员；

5. 打或企图打对方队员；

6. 推对方队员。

如果队员违反下列四种犯规中的任何一种，也判给对方踢直接任意球：

1. 为了得到对球的控制而抢截对方队员时，于触球前触及对方队员；

2. 拉扯对方队员；

3. 向对方队员吐唾沫；

4. 故意手球(不包括守门员在本方罚球区内)。

(二)点球

在比赛进行中无论球在什么位置，如果队员在本方罚球区内违反了上述十种犯规中的任何一种，应被判罚点球。

(三)间接任意球

如果守门员在本方罚球区内违反下列犯规中的任何一种，将判给对方踢间接任意球：

1. 在发出球之后未经其他队员触及，再次用手触球；

2. 用手触及同队队员故意踢给他的球；

3. 用手触及同队队员直接掷入的界外球；

4. 用手持球时间超过6 s。

裁判员认为，如果队员在下列情况时，也将判给对方踢间接任意球：

1. 动作具有危险性；

2. 阻挡对方队员；

3. 阻挡对方守门员从其手中发球；

4. 违反规则第十二章以前未提及的任何其他犯规,而停止比赛被警告或罚令出场。

（四）黄牌

如果队员违反下列七种犯规中的任何一种,将被警告并出示黄牌：

1. 有非体育道德行为；

2. 以语言或行动表示异议；

3. 持续违反规则；

4. 延误比赛重新开始；

5. 当以角球或任意球重新开始比赛时,不退出规定的距离；

6. 未得到裁判员许可进入或重新进入比赛场地；

7. 未得到裁判员许可故意离开比赛场地。

（五）红牌

如果队员违反下列七种犯规中的任何一种,将被罚令出场并出示红牌：

1. 严重犯规；

2. 暴力行为；

3. 向对方或其他任何人吐唾沫；

4. 用故意手球破坏对方的进球或明显的进球得分机会（不包括守门员在本方罚球区内）；

5. 用可判为任意球或点球的犯规破坏对方向本方球门移动有明显的进球得分机会；

6. 无礼的、侮辱的或辱骂性的语言；

7. 在同一场比赛中得到第二次警告。

二、越位

（一）关于越位位置

1. 处于越位位置：队员踢球和最后第二名对方队员更接近于对方球门线。

2. 不处于越位位置。他在本方半场内；他齐平于最后第二名对方队员；他齐平于最后两名对方队员。

（二）关于越位

1. 越位

处于越位位置的队员,在同队队员踢或触及球的一瞬间,裁判员认为其就下列情况而言"卷入"了现实比赛中时才被判为越位犯规：

干扰比赛；干扰对方队员；利用越位位置获得利益。

2. 不越位

如果队员直接从下列情况接到球,则没有越位犯规：

球门球；掷界外球；角球。

3. 越位判法

对于任何越位犯规,裁判员应判给对方在犯规发生地点踢间接任意球。

第五节 足球赛事及名人介绍

一、足球赛事

(一)国际足联简介

国际足联,是由比利时、法国、丹麦、西班牙、瑞典、荷兰和瑞士倡议,于 1904 年 5 月 21 日在法国巴黎成立。现有协会会员 209 个。国际足联是国际单项体育联合会总会成员。工作用语为英、法、西班牙和德语,语言冲突时,以英语为准。国际足联下设欧洲、亚洲、非洲、中北美和加勒比地区、南美洲、大洋洲 6 个地区性组织。"亚洲球王"李惠堂是在世界足坛获得最高职务者的中国人,上世纪 60 年代,他当选为国际足联副主席。

表 9-1 历届国际足联主席

届别	姓名	国籍	任期
1	罗伯特·格林	法国	1904.05—1906.06
2	丹尼尔·伯雷·伍尔福尔	英国	1906.06—1918.10
3	米尔斯·雷米特	法国	1921.04—1954.06
4	威廉·塞尔德拉耶	比利时	1954.07—1955.10
5	亚瑟·德鲁里	英国	1956.06—1961.03
6	斯坦利·劳斯	英国	1961.09—1974.06
7	若奥·阿维兰热	巴西	1974.06—1998.06
8	布拉特	瑞士	1998.06—至今

(二)国家队赛事

1. 世界杯

FIFA 世界杯,简称世界杯,是由国际足球联合会统一领导和组织的世界性的足球比赛。每届比赛从预赛到决赛前后历时 3 个年头,它是世界上规模最大、影响最大、水平最高的国家队足球比赛,与奥运会、F1 锦标赛并称为世界三大顶级赛事。夺冠次数最多的为巴西国家足球队,共夺得五次世界杯冠军,2010 年世界杯冠军为西班牙国家足球队。

2. 欧洲杯

欧洲足球锦标赛,简称欧洲杯或欧锦赛,是一项由欧洲足联成员国间参加的最高级别国家级足球赛事,于 1960 年举行第一届,其后每四年举行一届,是与世界杯齐名的国家队国际赛事,奖金高于世界杯,仅次于欧洲冠军联赛,是国家队层面上的奖金最高赛事。夺冠次数最多的为德国国家足球队和西班牙国家足球队,分别夺得三次欧洲杯冠军,2008 年和 2012 年欧洲杯冠军为西班牙国家足球队。

3. 美洲杯

美洲杯足球赛,简称美洲杯,诞生于 1916 年,是美洲亦是全世界历史最悠久的足球赛事。比赛由南美足协主办,开始时每年举办一次,27 年后不定期举行,到 1959 年改为每 4 年举办一次。至 2001 年,美洲杯比赛共举行过 40 次。历史上成绩最好的队是乌拉圭队,共获 15 次美洲杯冠军;乌拉圭队和巴西队在本土举行的美洲杯赛中保持不败。其中乌拉圭 8 次主办,8 次夺冠;巴西 4 次主办,4 次夺冠。

4. 亚洲杯

亚洲杯足球赛(AFC Asian Cup),简称亚洲杯,由亚洲足球联合会举办的亚洲国家队参加的一项比赛,赛会是每四年一届。

5. 奥运会

从 1900 年第 2 届奥运会起,足球被列为正式比赛,国际足联规定:允许参加过世界杯赛的职业运动员参加,奥运会足球运动员年龄限制在 23 岁以下,每队允许有 3 名超龄球员。

6. 世青赛

国际足协世界青年足球锦标赛(FIFA World Youth Championship)简称世青赛,由国际足联所举行的国际性的 21 岁以下男子青年足球锦标赛。世界女子青年足球锦标赛年龄限制为 20 岁。

7. U17 世界杯

国际足联 17 岁以下青年足球锦标赛,又名国际足联 U17 世界杯。单数年举行,由洲际少年比赛选出 24 个优秀球队参赛。

(三)中国赛事

中国足球甲级联赛始于 1957 年,是全国足球最高水平的角逐。1957 年开始建立甲、乙级升降制和青年联赛等较为系统的全国竞赛制度。1957、1958 年参加甲级联赛的都有 12 个队。1959 年因举办第 1 届全国运动会,甲级联赛没有举行,但举办了全国足球锦标赛。1960 至 1963 年参加全国甲级联赛的多达 29 至 39 个队,1964 至 1966 年则都为 12 队(1966 年没能赛完),1966 至 1977 年因"文化大革命"影响,被迫中止比赛。1978 年起恢复了甲级联赛,每年 1 届,春季开始角逐,年末结束,一般有 16 个队参加比赛及采用双循环(分阶段)集中比赛赛制,按积分、净胜球、进球数依次排列席位,排名最后的 4 个队降为乙级队,而乙级前 4 名晋升甲级行列。1983 年召开第 5 届全运会,当年甲级联赛分南、北两区,采用主客场双循环赛制,且没有实行升降级。1984 年我国举办了首届足协杯赛,当年甲级联赛的升降级是,获得足协杯赛前 16 名的队保留甲级席位,第 17 至 24 名的队参加次年的乙级联赛。

1994 年,中国足球甲 A 联赛正式开幕,展开了中国足球职业化改革的新篇章。中国足球真正开始有了职业性质的联赛。

2006 年 4 月,为进一步完善中国足球产业的市场化进程,中国足球协会与所有中超联赛参赛俱乐部共同出资成立了中超联赛有限责任公司(简称中超公司)。

中国足球协会超级联赛(Chinese Football Association Super League,简称为 CSL)是由中国足球协会组织的,中国最优秀的职业足球俱乐部参加的全国最高水平的足球职业联赛,简称为中超联赛。该联赛开始于 2004 年,前身为原中国足球甲级 A 组联赛。2012 年,中国足球职业化 19 年后步入金元时代,16 家俱乐部投入 30 亿元打造最贵中超。2013 年 3 月 18 日,2013 赛季中国足球超级联赛正式拉开帷幕。

二、名人奖项

（一）世界足球先生

表 9-2　世界足球先生

年　份	球　员	国　籍
2012	梅西	阿根廷
2011	梅西	阿根廷
2010	梅西	阿根廷
2009	梅西	阿根廷
2008	C.罗纳尔多	葡萄牙
2007	卡卡	巴西
2006	卡纳瓦罗	意大利
2005	罗纳尔迪尼奥	巴西
2004	罗纳尔迪尼奥	巴西
2003	齐达内	法国
2002	罗纳尔多	巴西
2001	菲戈	葡萄牙
2000	齐达内	法国
1999	里瓦尔多	巴西
1998	齐达内	法国
1997	罗纳尔多	巴西
1996	罗纳尔多	巴西
1995	维阿	利比里亚
1994	罗马里奥	巴西
1993	罗伯特·巴乔	意大利
1992	巴斯滕	荷兰
1991	马特乌斯	德国

（二）FIFA 金球奖

FIFA 金球奖(FIFA Ballon d'Or) 原为最有权威性的队报旗下的金球奖(Ballon d'Or)，中国通常译为欧洲金球奖，与国际足联足球先生(FIFA World Player of the Year)合并，使得欧洲金球奖失去了原有的权威性。

表 9-3　FIFA 金球奖

年　份	球　员	国　家
2012	梅　西	阿根廷
2011	梅　西	阿根廷
2010	梅　西	阿根廷
2009	梅　西	阿根廷
2008	C.罗纳尔多	葡萄牙
2007	卡　卡	巴　西
2006	卡纳瓦罗	意大利
2005	罗纳尔迪尼奥	巴　西
2004	舍甫琴科	乌克兰
2003	内德维德	捷　克
2002	罗纳尔多	巴　西
2001	欧　文	英格兰
2000	菲　戈	葡萄牙
1999	里瓦尔多	巴　西
1998	齐达内	法　国
1997	罗纳尔多	巴　西
1996	萨默尔	德　国
1995	维　阿	利比里亚
1994	斯托伊奇科夫	保加利亚
1993	罗伯托·巴乔	意大利
1992	巴斯滕	荷　兰
1991	帕　潘	法　国
1990	马特乌斯	德　国
1989	巴斯滕	荷　兰
1988	巴斯滕	荷　兰
1987	古利特	荷　兰
1986	比拉诺夫	前苏联
1985	普拉蒂尼	法　国
1984	普拉蒂尼	法　国
1983	普拉蒂尼	法　国
1982	罗　西	意大利
1981	鲁梅尼格	德　国

续表

年　份	球　员	国　家
1980	鲁梅尼格	德　国
1979	基　冈	英格兰
1978	基　冈	英格兰
1977	西蒙森	丹　麦
1976	贝肯鲍尔	西　德
1975	布洛欣	苏　联
1974	克鲁伊夫	荷　兰
1973	克鲁伊夫	荷　兰
1972	贝肯鲍尔	西　德
1971	克鲁伊夫	荷　兰
1970	格德·穆勒	西　德
1969	里维拉	意大利
1968	贝斯特	北爱尔兰
1967	阿尔贝特	匈牙利德国
1966	博比-查尔顿	英　国
1965	尤西比奥	葡萄牙
1964	丹尼斯·劳	苏格兰
1963	雅　辛	苏　联
1962	马索普斯特	捷　克
1961	西沃里	意大利
1960	苏亚雷斯	西班牙
1959	斯蒂法诺	西班牙
1958	科　帕	法　国
1957	斯蒂法诺	西班牙
1956	马修斯	英　国

（三）非洲足球先生

表9-4　非洲足球先生

年　份	姓　名	国　别
1988	布瓦利亚	赞比亚
1989	乔治·威赫	利比里亚
1990	米拉	喀麦隆
1991	阿贝迪·贝利	加纳
1992	阿贝迪·贝利	加纳

续表

年 份	姓 名	国 别
1993	耶基尼	尼日利亚
1994	阿穆尼克	尼日利亚
1995	乔治·威赫	利比里亚
1996	卡努	尼日利亚
1997	伊克佩巴	尼日利亚
1998	哈吉	摩洛哥
1999	卡努	尼日利亚
2000	姆博马	喀麦隆
2001	迪乌夫	塞内加尔
2002	迪乌夫	塞内加尔
2003	埃托奥	喀麦隆
2004	埃托奥	喀麦隆
2005	埃托奥	喀麦隆
2006	德罗巴	科特迪瓦
2007	卡努特	马里
2008	阿德巴约	多哥
2009	德罗巴	科特迪瓦
2010	埃托奥	喀麦隆
2011	亚亚·图累	科特迪瓦

三、世界十大足球品牌

1. 阿迪达斯 Adidas(世界品牌,创始于 1948 年德国)
2. 耐克 Nike(世界品牌,创始于 1972 年美国)
3. 彪马 PUMA(世界品牌,成立于 1948 年德国)
4. 卡帕 KAPPA(创始于 1972 年意大利)
5. 乐途 LOTTO(创始于 1973 年意大利)

(一)足球材料

足球是圆形的,以皮革或其他合适的材料制成,一般是为 12 块黑色正五边形面料与 20 块正六边形面料拼合而成。球体的圆周,不得超过 70 cm,不得小于 68 cm。

(二)足球标准

足球的重量,在比赛开始时,不得超过 450 g(16 oz),不得少于 410 g(14 oz)。球的气压,在海平面为 0.6 至 1.1 Pa(600 ~1100 g/cm^2=8.5 ~15.6 lb/in^2)。

更换不合标准的球：如果在比赛中，球破裂或不合标准，停止比赛。更换标准的球，在球破裂的地点，坠球重新开始比赛。如果当时球是在球门区内，则坠球的地点是在平行球门线的球门区线上，最接近比赛停止时球的位置的地点。如果不是在比赛中，如中场开球、球门球、角球、自由球、罚点球或掷球入场时，球破裂或不合标准，依照规则重新开始比赛。比赛时间内，未经过裁判同意，不可更换比赛用球。

国际足联核准合格标准：

周长：68.5～69.5 cm 之间。重量：420～445 g 之间。

（三）保养

1. 给球打气

在将气泵针插入前，通常用水或是肥皂水将其弄湿。干燥的气泵针可能会损害球胆阀，导致漏气。

2. 给球放气

正是因为球经常在比赛前充气，所以也应该在比赛后放气。球在不使用的状态下总是保持高气压会导致球膨胀和变形。

3. 塑料球也需要保养

塑料球在使用后不需要放气。但是，要注意不要用含有油脂或溶解剂的东西擦洗表面。这些物质会渗入皮革的连接处，恶化皮质，导致皮革脱落。

第十章 乒乓球

第一节 乒乓球运动概述

一、概述

乒乓球是我国国球,是一种世界流行的球类体育项目。它的英语官方名称是"table tennis",意即"桌上网球"。"乒乓球"一名起源自 1900 年,因其打击时发出"Ping Pong"的声音而得名,在中国就以"乒乓球"作为它的官方名称,香港及澳门等地区亦同时使用。然而,台湾和日本则称为桌球,意指球桌上的球类运动。

乒乓球为圆球状,2000 年悉尼奥运会之前(包括悉尼奥运会)国际比赛用球的直径为 38 mm,2000 年之后国际比赛用球的直径为 40 mm。乒乓球是球类运动之一,在中间隔有横网的长 274 cm、宽 152 cm、高 76 cm 的球台上进行。球直径 40.00 mm,重量 2.40~2.53 g,白或黄色,用赛璐珞或塑料制成,打时有"乒乓"声,故名。运动员各站球台一侧,用球拍击球,击法有挡、抽、削、搓、拉等。球须在台上反弹后才能还击过网,以落在对方台面上为有效。比赛以 11 分为一局,采用三局二胜或五局三胜制。比赛分团体、单打、双打等数种。

乒乓球是体育运动项目中唯一以声音命名的运动项目。它从网球派生而来,19 世纪起源于英国。

1927 年,国际乒乓球联合会(ITTF)正式成立,并决定举行第一届世界乒乓球锦标赛。乒乓球运动的发展大约经历了三个阶段。初期,运动员使用的球拍虽形状各异,但都是木制的,球弹出后速度慢、力量小,没有什么旋转技巧;打法也很简单,就是把球在两者之间推来推去。

1936 年,第十届世界乒乓球锦标赛在匈牙利布拉格举行,大赛中出现了令人惊叹的局面。

1903 年,英国人古德发明了胶皮球拍,有力地促进了乒乓球技术的发展。从 1926 年到 1951 年,世界各国选手大都使用表面有圆柱形颗粒的胶皮拍。击球时增加了弹性和摩擦力,可以使球产生一定的旋转,因而出现了削下旋球的防守型打法。这一打法在欧洲流行长久,不少运动员采用这种打法获得了世界冠军。这一时期乒乓球运动的优势在欧洲,其中匈牙利队成绩最突出,在 117 项次世界冠军中,他们获 57 项次,占欧洲队的一半。但这种球拍只能以制造下旋为主。人人皆此,磨来守去,即使夺得了冠军也毫无意义。

20 世纪 50 年代初,奥地利人发明了海绵球拍,日本运动员道德在世界比赛中使用,并一举夺取得第十九届世界锦标赛的四项冠军,打破了欧洲运动员的垄断地位。由于日本运动员利用这种球拍创造的远台长抽进攻型打法,具有正手攻球力量大、速度快、发球抢攻威胁大等优点,因而速度慢、旋转弱、攻击力不强的欧洲防守型打法被逐渐取代,使日本夺得了50 年代乒乓球运动的优势。1952 年到 1959 年,在 49 项次世界冠军中,日本队夺得 24 次项次,占 47%。这是乒乓球运动水平的第一次大提高。

1959 年,容国团获得了第二十五届世界乒乓球锦标赛男子单打冠军后,中国运动员开始登上了国际乒坛,逐渐形成了以"快、准、狠、变"为技术风格的直拍近台快攻打法。在1961 年第二十六届世界锦标赛中,中国队既过了欧洲关,又战胜了远台长抽加秘密武器——"弧圈球"打法的日本选手,第一次夺得了男子团体世界冠军,并连续获得第二十七、二十八届男子团体冠军。中国近台快攻的优点是站位近,速度快,动作灵活,正反手运用自如,比日本远台长抽打法又大大前进了一步。60 年代,中国乒乓球技术水平位于世界最前列,乒乓球运动的优势由日本转移到中国。这是乒乓球运动水平的第二次大提高。

在日本、中国乒乓球运动发展的同时,欧洲运动员从失败中总结经验教训,经过近 20 年的努力,终于取日本弧圈球技术和中国近台快攻打法之长,创造出适合于他们的先进打法,即以弧圈球为主结合快攻的打法。代表人物是匈牙利的克兰帕尔和约尼尔。以快攻为主结合弧圈球的打法,是以正反手快攻为主要技术,用反手快拨快攻力争主动,以正手拉弧圈球寻找机会扣杀为得分手段。代表人物是瑞典的本格森、捷克的奥洛夫斯基等。这两种打法的特点是放置较强,速度快,能拉能打,低拉高打,回旋余地较大。乒乓球运动又推进到放置和速度紧密结合的新高度。这是乒乓球运动水平的第三次大提高。

20 世纪 70 年代以来,由于国际交往和学习研究的加强,各种打法互取长短,使乒乓球技术得到了更快的发展和提高。比如,中国近台快攻、直拍快攻结合弧圈球、横拍快攻结合弧圈球等打法和技术,均有所发展和创新,在国际比赛中取得了优良的成绩。国际乒乓球联合会已拥有 186 个会员协会,是世界上较大的体育组织之一。

1982 年,国际奥委会关于从 1988 年起把乒乓球列为奥运会正式比赛项目的决定,推动了乒乓球运动更快地发展。

1988 年乒乓球被列为汉城奥运会的正式项目,从此它就成为奥运会大家庭的一员。现有比赛设男、女团体,男、女单打,男、女双打和混合双打。

二、中国乒乓球运动的发展史

(一)旧中国的乒乓球运动

1904 年 12 月乒乓球运动从日本传入中国。开始是由上海四马路一家文具店的老板王道平从日本买来 10 套乒乓球器材:球台、球网、球和带洞眼的球拍,摆设店中,并亲自作打球的表演和介绍在日本看到的打乒乓球的情况,于是买乒乓球、打乒乓球的人逐渐增多,各大城市也推广了这项活动。

1916 年,上海基督教青年会童子部添设了乒乓球房和球台,学生中也开展了乒乓球活动。以后在北京、天津、广州几个大城市也开展了该项活动,但参加的人数不多。

1925 年上海举行了各种杯赛,其中有中华队与旅华日侨之间的秋山杯赛。

1927 年中华队赴日进行访问比赛,同年 8 月参加了在上海举行的第八届远东运动会中日乒乓球表演赛。

1930 年参加了在东京举行的第九届远东运动会乒乓球的比赛。由于当时技术水平不高,因此负多胜少。

1935 年中华全国乒乓球协进会成立,发起并组织全国性乒乓球竞赛大会,但实际参加比赛的只有上海、天津、浙江、江苏、南京、青岛、香港、澳门等几个队。

1935 年 1 月,国际乒联主席曾电邀我国加入国际乒联和参加第九届世界乒乓球锦标赛,由于经费无着未能实现。

在黑暗的旧中国,由于反动统治和战争的影响,使广大人民生活在水深火热之中,没有条件从事体育锻炼,乒乓球运动也不可能得到健康的发展。

（二）新中国为乒乓球运动提供了前所未有的条件

1949 年中华人民共和国成立后,在中国共产党和人民政府的重视和关怀下,我国乒乓球运动获得了新生。1952 年 10 月在首都北京举行了有六大行政区(中南、华北、东北、西南、西北、华东)和铁路系统体协的 62 名男、女选手参加的"第一次全国乒乓球比赛大会",揭开了新中国乒乓球运动发展史上新的一页。与此同时中华全国体育总会乒乓球部加入了国际乒联,从此,全国乒乓球群众活动迅速发展起来,每年都要举行各种全国性的乒乓球比赛。

（三）中国乒乓球队的成长

我国广大人民喜爱乒乓球,也关心我国乒乓球队。中国乒乓球队自 1953 年开始建立起,经历了一个从失败到胜利,由弱小到强大的发展过程。在世界乒乓球锦标赛和各种国际比赛中获得了优异的成绩。中国乒乓球队的足迹遍及世界五大洲。通过比赛和友好访问,为增进世界各国人民的友谊,推动世界乒乓球运动的发展作出了积极的贡献。

1. 经受战斗的考验(1953—1957 年)

参加国际乒乓球比赛,是提高和考验乒乓球运动水平的最好机会。1953 年春,中国乒乓球队首次参加了在布加勒斯特举行的第二十届世界乒乓球锦标赛。在这次比赛中,虽然打败了奥地利、瑞典、联邦德国等队,但却分别败于英国、匈牙利、捷克斯洛伐克等强队。在团体比赛中,我国男队被评为第一级第十名,女队被评为第二级第三名。

当年轻的中国选手刚进入世界乒坛时,有些欧洲国家看不起我国传统的直拍快攻打法,认为直拍技术不如横拍技术全面。但我们认为直拍和横拍各有不同的优点,我国直拍选手所擅长的快攻具有自己的特色,只是对付削球的能力还较差,加上缺乏国际比赛经验,以致攻球的特点未能全部发挥出来。为了改变这种状况,使我国选手也具有多种多样的打法,我国开始提倡和培养一部分横拍运动员,学习研究欧洲削球选手的技本。

1954 年夏,中国乒乓球队去匈牙利参加了第十二届世界大学生运动会,获得男单第三名和第四名,女单第三名,男双第三名,总分仅次于匈牙利而占第二位。显示了我国选手技术水平已比 1953 年参加世界锦标赛时有了较快的提高,因而开始引起国际乒乓球界的注意。

1955 年 8 月,中国乒乓球队又参加了在华沙举行的第二届国际青年友谊运动会的乒乓球比赛,我国选手初露锋芒,分别战胜了日本、罗马尼亚、法国的优秀选手,获得了男单第二名和第三名,女单第三名和混双第二名。

1956 年 3 月,中国乒乓球队在东京第二十三届世界乒乓球锦标赛中,男队先后战胜了亚洲冠军越南队和美国队,负于英国、日本和罗马尼亚等队。比赛结果,我国男队上升为第一级第六名,女队由二级队升为一级队。这届比赛虽然我国选手在攻球技术上取得了比较显著的进步,但由于准确性差,以致有许多已经领先并有可能取胜的场次,也被对方追回,反遭失败。由此使我国选手认识到:攻球中的快和狠,必须与准结合起来才能更好的发挥它的作用。这种认识促使快攻选手们重视基本功的训练,逐步提高了拉攻和对攻的准确性,为后来创造良好成绩打下了基础。

1957 年斯德哥尔摩的第二十四届世界乒乓球锦标赛,中国男、女队分别战胜了种子队罗马尼亚队和英国队,双双获得了决赛权。我国选手王传耀在团体赛中打败了日本优秀选手荻村伊智郎,女选手孙梅英打败了英国优秀选手安·海顿,初步显示了直拍两面攻和左推右攻打法的威力。我国男队由第一级的第六名升为第一级的第四名,女队由第一级的第十一名升为第一级的第三名,取得较好成绩。

从 1953—1957 年短短的四年间。我国乒乓球队在世界乒乓球锦标赛中,由默默无闻跃升到世界强队的行列,有力地说明了我国乒乓球运动所取得的进步,同时也显示了我们在贯彻"百花齐放"的方针,坚持以我为主的发展方向,已经取得了初步的成效。

2. 冲向世界高峰(1959—1965 年)

1958 年我国乒乓球队回顾了几年的战斗历程,分析了我队与欧洲队、日本队的情况,认为外国运动员能办到的,我们新中国的运动员也一定能办到。广东运动员容国团第一个制订出夺取世界冠军的计划,带动了我国运动员向世界乒乓球高峰进军。大家身在球场,胸怀祖国,放服世界,斗志昂扬,开展了大运动最训练和比、学、赶、帮、超的竞赛活动。中国乒乓球协会也不失时机地组织了几次各地优秀运动员的集训,对促进技术迅速提高起了很好的作用。

容国团不仅勤学苦练,而且善于巧练,他经常爱说"打球不仅是用手,更重要的是用脑"。他所创造的转与不转的发球、搓攻战术和拉侧上旋的技术,为丰富、发展我国传统快攻打法作出了重要贡献。在第二十五届世界乒乓球锦标赛中,他以过五关斩六将的气魄,为我国夺得了第一个世界冠军。整个中国乒乓球队也以跃进的姿态夺取了 5 项第三名,有 6 名男队员进入前 16 名。这是我国乒乓球队的极其重要的良好开端,对此后征途所产生的影响是很深刻的。

60 年代的第一春,中国乒乓球队吹响了向世界技术高峰全面进军的号角。第二十六届锦标赛前,遴选出 70 名选手组成平均年龄只有 21 岁的中国乒乓球队,以直拍快攻为主要打法的男、女队主力队员,在比赛中充分显示了实力,取得了 3 项冠军(男队第一次夺得了团体冠军,女队为我国夺得了第一个女子单打世界冠军,又一次夺得了男单冠军)以及 4 项第二名和 8 项第三名。

1963 年布拉格第二十七世界锦标赛中,中国女队的成绩不够理想,全队共获 3 项冠军,2 项第二名,7 项第三名。男队团体决赛,中国队上场的除了两名直拍快攻打法外,还上了一名直拍削球手张燮林,比第二十六届锦标赛显示了更大的优势。男双冠军由削中反攻的张燮林、王志良所获,表明了我国乒乓球运动的多种打法和技术风格都能攀登世界技术高峰。

中国队在第二十八届世界锦标赛中,女队打了漂亮的翻身仗,男、女队共获 5 项冠军(男、支队双双获得团体冠军),5 项第二,6 项第三名,创造了中国队有史以来最好的成绩,国际舆论普遍认为中国是"世界头号乒乓球国家"。我国乒乓球队在这届世界锦标赛所取得的成绩,进一步推动了我国乒乓球运动的大普及。据不完全统计,全国有近九千万人不同程度地参加了乒乓球运动,所以有些外国朋友把乒乓球叫作中国的"国球"。

3. 新的行程(1971 — 1979 年)

进入 70 年代以来,由于各国乒乓球技术的迅速提高,尤其是欧洲的复兴,使力量对比发生了很大的变化。中国队在 1971 年 4 月重新参加世界比赛后,从第 31 届至 35 届我国男队共取得 6 项半冠军(混双算半项),6 项半第二名,6 项半第三名,女队共取得 10 项半冠军,9 项半第二名,10 项第三名。

上述成绩的取得,除了我国直拍快攻打法有所发展外,还成功地创造了两面不同性能球拍守攻结合的打法。近些年来,我国直拍快攻在保持和发扬特长的前提下,开始掌握适当的旋转技术,力求达到以速度为主,辅以旋转,争取在比赛中做到能快攻则快攻,不能快攻则以一定速度的旋转与对方相持,然后再转为快攻,发挥速度,这在一定程度上丰富和发展了快攻打法。

但在前进的道路上,中国乒乓球队也存在一些缺点和不足之处,主要表现在各种打法的基本功还不够扎实,对付弧圈球的能力还不够强,其次是身体素质也不够好等。尤其是快攻打法没有重大的革新,关键技术缺乏重大的突破,因而技术与打法的发展相应缓慢,这是在第三十五届比赛中男子项目受挫的原因之一。

1991 年日本千叶世乒赛上,中国男队的主教练由许绍发换成了郗恩庭。两年前多特蒙德的失利使中国队意识到直拍快攻技术的落后。这届世乒赛,中国男团阵容中的马文革、王涛、陈志斌、张雷是清一色的横板,只有上届世乒赛男单第三名于沈潼是直板。可这支横拍队伍并未能给迷茫中的中国队带来曙光,在四分之一决赛的对手捷克队面前,中国男队便停止了前进的脚步,最后,仅获团体第七名。更令人痛心的是,陈志斌的横板正手弧圈竟拉不死朝鲜队金成熙的直板反手兜。在全世界范围内横向比较,中国男子乒乓球技术之落后已跌至历史最低点。而瑞典队已经成长成为世界男子乒坛最为强劲的队伍,他们在这届世乒赛上不但蝉联了男团冠军,还获得了男单和男双金牌。在中国男队失利的同时,中国女队也在团体决赛中负于朝韩联队,不得不将 1975 年就落户中国的考比伦杯拱手让出。但也就是在这届世乒赛上,中国女队不世出的传奇人物邓亚萍开始了席卷世界女子乒坛的历程。邓亚萍虽然在女团决赛中输给了朝鲜名将俞顺福,但她摘得了女单冠军,从这时候起,世界女子乒坛进入"邓亚萍时代"。此外,在本届世乒赛上,陈子荷/高军和王涛/刘伟分别为中国队摘得女双和混双冠军。虽然在单项上也有收获,但男、女团体的双双失利,特别是男团跌至第七名,使从千叶归来的中国队上上下下蒙上了一层灰色,中国乒乓球队进入了一段极其困难的时期。

处在困境中的中国乒乓球队正在孕育新的希望。在许绍发的大力推荐下,1989 年从意大利回国的蔡振华,在这个时候挑起了男队主教练的担子,他率领中国乒乓球队在泥泞中前行,人们以期冀的目光注视着这支队伍,希望它能早日重回世界巅峰。在当年举行的第 2 届世界杯团体赛上,中国男队在决赛中战胜瑞典,夺得男团冠军。

以孔令辉、刘国梁为代表的一批年轻小将此刻正在一步步走向成熟。1992 年,在成都举办的中国大奖赛上,年仅 16 岁的刘国梁以一招"直拍横打"技惊四座。他在这次比赛中战胜了瓦尔德内尔、金泽洙等世界名将,中国传统直板快攻打法的又燃起了新的希望。

1992 年巴塞罗那奥运会,蔡振华决定将男子双打作为突破口,夺冠重任就落在了王涛/吕林的肩上,他们果然不负众望,在决赛中战胜德国名将罗斯科夫/费茨纳尔获得冠军。这块奥运会金牌为中国男队的复苏吹响了号角。而邓亚萍也在本届比赛中一人独得女单、女双两块金牌,成为巴塞罗那奥运会乒乓赛场上最耀眼的明星。

1993 年第 42 届世乒赛在哥德堡举行。男团比赛吸引了最多的关注,中国队与老冤家瑞典队在决赛中会师,中国的决赛阵容是王浩、马文革和王涛。教练组考虑经验丰富的王浩不可能独丢两分,就把他排在了第一主力的位置,而把状态正处在巅峰期的马文革排为第二主力。没想到,首盘比赛王浩对阵瑞典队二号主力卡尔松,二人打到决胜局,王浩在 19:16 领先的情况下打得过于保守,被卡尔松连追五分取胜。第二盘,马文革轻松战胜瓦尔德内尔,第三盘,王涛又输给佩尔森,第四盘,心理压力过大的王浩没能顶住瓦尔德内尔的冲击败下阵来,中国队在这次比赛中再次与冠军无缘。站在亚军领奖台上的蔡振华教练心中不服,他对记者说:真恨不得把瑞典队从领奖台上拉下来再打一场。

在 42 届世乒赛上,一个新的名词闯入人们的视野:海外兵团。在这里,海外兵团特指那些从中国走出去代表其他协会参加国际比赛的人。他们中的多数人已经在中国练就了扎实的基本功并具备较高的竞技水平,而且对国内球员的技战术打法比较熟悉,在一段时间里,他们对中国队员的威胁要大于那些外国选手。这届世乒赛女单比赛中,第 40 届世乒赛女单冠军乔红和第 41 届世乒赛女单冠军邓亚萍分别被代表德国出战的施捷和代表新加坡出战的井俊泓淘汰。

海外兵团产生的原因多种多样,给人们留下印象最深的还是在 1994 年广岛亚运会上代表日本队出战的何智丽,一些球迷至今仍清晰地记得当时赛场那刺耳的"哟西"声。曾是第 39 届世乒赛女单冠军的何智丽此时已改名为小山智丽并代表日本队出战。在女单决赛中,她出人意料地战胜邓亚萍夺得了冠军。

1995 年,第 43 届世乒赛在天津拉开帷幕。这是继 1961 年北京主办第 26 届世乒赛以来在中国举行的第二届世乒赛。占尽天时地利人和的中国男队发誓要在家门口打一场漂亮的翻身仗。此时的中国男队不仅拥有技战术都已经相当成熟的老将马文革、王涛,还有急于在世界大赛中一试身手的年轻小将刘国梁、孔令辉,此外,在这届世乒赛上,中国队还派出了一支秘密武器:削球手丁松。丁松右手握拍,正面反胶,反面正胶,削出的转与不转球十分稳蔽,且削中带攻,有很强的攻击力。

中国男团顺利杀入决赛,对手又是瑞典队。中国队排出的阵容是马文革、王涛和丁松,在比赛中,丁松果然起到了奇兵的作用,在前两盘双方打平的情况下,他轻而易举地攻破卡尔松这道防线,为中国队确定了领先优势。最终,中国队以 3:2 战胜了瑞典队,再次捧得斯韦思林杯。这一天让中国队等了足足六年。

受到男团打响翻身仗的激励,中国队在这届世乒赛上重演了 36 届世乒赛的辉煌,再次包揽了全部的七项锦标,其中邓亚萍一人获女团、女单、女双三枚金牌;王涛/刘伟连续第三次蝉联混双冠军,为此,国际乒联特别赠送中国队一座仿造的赫杜塞克杯以纪念他们的成绩;小将孔令辉与刘国梁在男单决赛中会师,最终孔令辉夺得冠军,这也是中国横板男选手夺得的第一个单打世界冠军,中国的横板技术已全面走向成熟。

挟 43 届包揽之余威,1996 年,中国乒乓球队出征亚特兰大奥运会再度将四枚金牌全部收入囊中，在男单决赛中，小将刘国梁战胜师兄王涛夺得冠军，至此，我国年轻一代选手已经完全成熟起来。两届大赛的两度抡圆，使中国再度掀起乒乓热潮，孔令辉、刘国梁等年轻小将的横空出世将中国乒乓球带入了偶像时代。

1997年第44届世乒赛回到了乒乓球的起源地英国的曼彻斯特，在这里，中国队收获了六枚金牌，只有男单冠军被瑞典选手瓦尔德内尔夺得。1998年的曼谷亚运会上，中国队再次痛失男单金牌，韩国名将金择洙在这届亚运会上表现神勇，在男单比赛中先后战胜孔令辉、刘国梁获得冠军。年轻小将王楠在这届亚运会上一人独得女团、女单、女双、混双四枚金牌，从而填补了邓亚萍退役后中国女队第一主力的空缺。

1999年第45届世乒赛原计划在南斯拉夫举行，但北约轰炸南联盟的炮火令世乒赛不得不改期易地。乒乓球，原本是和平的使者，这一次，却被战争扰乱了比赛。1999年8月，45届世乒赛单项比赛在荷兰埃因霍温举行，中国队拿到全部五枚金牌，刘国梁在这届世乒赛男单决赛中苦战5局力克队友马琳夺得男单冠军，至此，刘国梁已成为世界乒坛继瓦尔德内尔之后的第二位大满贯选手。

2000年4月，45届世乒赛团体比赛在吉隆坡举行，中国女队顺利夺冠，而男队主力刘国梁却表现得极为失常，在与瑞典队的决赛中，他先后败给了瓦尔德内尔和佩尔森，一人连丢两分致使中国队最终失去斯韦思林杯。在此之前，刘国梁曾与瓦尔德内尔交手六次未有败绩。半年后人们才知道，那时刘国梁正因尿检问题而被国际乒联怀疑服用违禁药品，经过长达半年的检查，他终于证明了自己的清白，在等待清白的日子里，刘国梁承受了前所未有的巨大压力。

从2000年10月1日起，国际乒联将比赛用球的直径改为40毫米。这项改革对现有的乒乓球技术带来很大影响，必将淘汰一批运动员，并将乒乓运动带入一个新的时代。2000年9月的悉尼奥运会小球时代的最后一次大赛，在这届奥运会上，中国乒乓球队再次包揽金牌，孔令辉在男单决赛中战胜瓦尔德内尔，成为世界乒坛第三位大满贯得主。

小球时代结束了，正值巅峰期的中国乒乓球队为自己的小球时代划上了一个圆满的句号。一个月后，大球时代的第一场世界大赛：男子世界杯在中国扬州开赛，未能入选悉尼奥运阵容的中国选手马琳在世界杯上夺冠，成为大球时代的第一位世界冠军，这枚金牌也预示着迈进大球时代的中国乒乓球队将继续辉煌与荣誉。

第二节　乒乓球的基本技术

一、握拍方法

乒乓球的握拍方法,基本上分直拍和横拍两种。不同的握拍法,有不同的优缺点,从而产生各种不同的打法。

(一)直拍快攻型握拍法(图10-1)

1. 拍前:以食指第二指节和拇指第一指节握拍。拇指与食指之间的距离要适中。

2. 拍后:其他三指自然弯屈,中指第一节贴于拍的背面。

图10-1　直拍快攻型握拍法

(二)弧圈球型握拍法(图10-2)

1. 拍前:拇指紧贴在拍柄的左侧,食指扣住拍柄,形成一个环状紧握拍柄。

2. 拍后:其他三指自然伸直,中指第一指节顶住球拍的背面中间。

图10-2　弧圈球型握拍法

(三)直拍削球握拍法(图10-3)

1. 拍前:大拇指弯屈紧贴在拍柄的左侧并用力压拍。

2. 拍后:其它四指自然分开,托住拍的后面。

3. 正手削球时,前臂旋后使球拍后仰;反手削球拍后四指灵活地把球拍兜起,使拍柄向下。

图10-3　直拍削球握拍法

（四）横拍握拍法（图 10-4）

1. 中指、无名指和小指自然地握住拍柄。

2. 拇指在球拍的正面轻贴在中指旁边；食指自然伸直斜放于球拍的背面。

3. 浅握时，虎口轻微贴拍；深握时，虎口紧贴球拍。

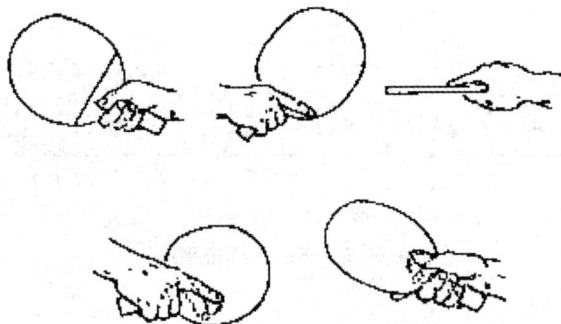

图 10-4　横拍握拍法

二、准备姿势和基本步法

（一）准备姿势

正确的基本准备姿势是两脚平行站立与肩同宽或稍宽。提踵，前脚掌内侧用力着地，两膝微屈稍内扣，上体略前倾，微含胸收腹，重心置于两脚之间，持拍手臂自然弯曲于身体右侧（右手为例），手微放松持拍于腹前，离身体约 20～30 cm。

（二）基本步法

1. 碎步：双脚不离地，在原地及小范围内做前后左右交替的不规则的交叉，不断地移动。

2. 踮步：双脚在原地及小范围内一起移动，双脚可略离地，向不同方向踮步移动。

3. 单步：以异向脚为轴，同向脚向来球方向移动一步，重心移至同向脚。

4. 并步：同向脚蹬地起动，异向脚并向同向脚，同向脚再向来球移动一步。

5. 跳步：异向脚蹬地起动，同向脚同时离地向来球方向移动。

6. 交叉步：前交叉步以同向脚为支撑脚，异向脚在体前同向脚前交叉跨出一步，同向脚向来球方向再跨出一步，腰带动身体向来球方向转动，待同向脚未落地前夕，随即挥拍击球。

后交叉步以同向脚为支撑脚，异向脚在体后向同向脚后方交叉跨击一步，同向脚向来球方向再跨出一步，腰带动身体转向来球。

7. 侧身步：主要有侧身单步、并步侧身、跳步侧身。

三、发球和接发球

发球是唯一可以不受对方制约的一项技术。运动员可以充分发挥自己发球上的才能，为取胜创造更多的机会。

（一）平击球（图 10-5）

抛球后，球拍开始后撤，待球回落时，小臂持拍从身体右后方，向前挥动，击球中上部（抛—拉—打）。

（1）正手平击球

（2）反手平击球

图 10-5　正反手打击平球

（二）上旋球

球拍用力向前上方移动,摩擦球的中上部。球拍接触点应比网稍高或等高(图 10-6)。

（三）下旋球

球拍用力向前 F 方切削,摩擦球的中、下部,球拍接触点应比网高。在发远网下旋球时,除用力下切外,还应略加向前的力量(图 10-7)。

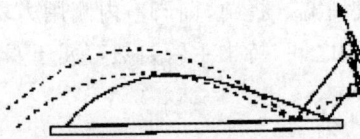

图 10-6　上旋球

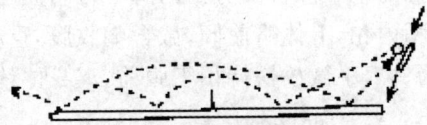

图 10-7　下旋球

（四）左右侧旋球

左侧旋球时,将拍面稍向左侧斜,用力向身体左方发力,擦击球的中部。发右侧旋球时,将拍面向右侧斜,用力向身体右方发力,擦击球的中部。

（五）左侧上、下旋球

左侧上旋球和左侧下旋球混合交替的发球,主要利用一种十分近似的发球方法,使对方不易判断。发左侧上旋球时(正手),身体站于球台左角,稍向右侧。将球抛起后,球拍由右上方向左下方摆动,然后,小臂和手腕同时发力,在离台面 15 cm 处触球。拍面触球点从球的中部到中上部,小臂须做后旋动作,手腕协助使球拍向内,向左上方勾球,将球击出(图 10-8)。发左侧下旋球时手臂则从右后上方向左前下方直接做擦击动作,触球的中下部(图 10-9)。

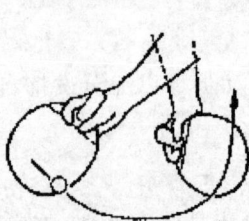

图 10-8　左侧上旋球

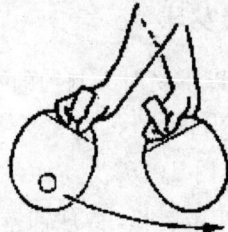

图 10-9　左侧下旋球

（六）右侧上下旋球

右侧上下旋球又称"奔球"。将球抛起后,持拍的手向后引拍,小臂放松,使球拍高度顺势下降,好像把球拍在体侧做一次向后的小绕环动作。在球下降离台约 15 cm 时,整个手臂迅速向左前方用力,同时拇指用力扣拍,使拍面略向左倾斜,球拍触球刹那间,手腕顺势用力向左上方抖动,使拍面沿着球的曲线向右侧上部摩擦(图 10-10)。

图 10-10　正手右侧上旋球(奔球)

除上述发球外,还有用相似手法发转与不转的球,抖动式的上、下旋球,高抛球,等等。这些都是用同一的动作发出不同旋转强度和旋转性质的球,原理与上述几种相同。

接发球的机会和发球相同。接发球的基本方法是由点、拨、带、拉、攻、推、搓、削、摆短、撇侧等各种技术综合组成。接发球时,要密切注视对方发球的挥拍动作、球拍移动方向,以及触球瞬间用力的大小,正确判断对方发球的性质和落点,及时用相应的、正确的方法回击。

四、攻球

攻球技术是乒乓球比赛中争取主动,夺取胜利的重要一环。

（一）正手快抽（图 10-11）

正手快抽离台 30～50 cm 站位,两脚平行,身体略偏左侧,手臂持拍于身体右侧,大、小臂夹角约 120°,手臂与身体夹角是 35°～40°。当来球弹起时,小臂发力,球拍向右前上方做圆弧形的短促摆动。手腕同时向内扭转,使球拍前倾,盖住球的中上部将球击出。

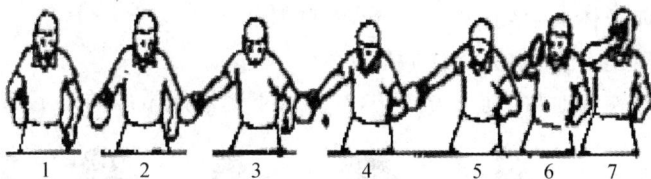

图 10-11　正手快抽

（二）正手拉抽

拉抽时,身体离台约 50～70 cm,左脚在前,右脚稍后,身体侧转与球台成 45°角。球拍在腰部右侧,大臂与身体成 45°～60°角,小臂与大臂成 140°角。来球时,手臂后引,球拍略下垂,拍面迎着来球方向。小臂、手腕和球连成一直线。小臂发力,带动大臂,向右前上方用力挥拍,成弧形挥击,触球的中部或中下部。球击出后,球拍顺势摆至额前,后放松还原(图10-12①②)。

①正手拉抽（右侧）

②正手拉抽（对攻、正面）

图 10-12　正手拉抽

（三）正手扫抽

扫抽站位与拉抽相同，来球入台后，球拍后引，手臂近乎伸直，大小臂几乎成直角。来球最高点时，手臂引拍，以肩为轴心，大臂发力，小臂协助发力，触球刹那，突然加力，击球中上部，腰部扭动，右脚蹬地将球击出（图 10-13）。

反手攻球和正手攻球配合击球成为二面攻打法。

五、搓球

搓球是一种近似削球手法的台内短打技术，是近台还击下旋球的基本技术。

（一）正反手慢搓（图 10-13）

站位：左脚稍前身体离台约 40～50 cm，双膝微屈。

引拍：球拍向后稍上方引拍，拍面后仰。

挥拍击球：当球跳起时，向前下方挥拍，在球的下降前期击球的中下部。

1　2　3　4

1　2　3　4

图 10-13　正反手慢搓

（二）正反手快搓（图 10-14）

站位：身体离台 40 cm，两脚平行开立或左脚向前。

引拍：球拍向后方偏上些，引拍动作不宜过大，拍面稍后仰挥拍击球，球拍向前下方挥动，以前臂发力为主，在球上升期击球中下部，手腕要有明显地发力击球。

图 10-14　正反手快搓

六、推挡

推挡是中国直拍快攻打法的基本技术之一。推挡技术是初学者首先学习的内容之一，对熟悉上旋球的球性，了解击球过程中的击球时间、击球点和击球的节奏十分有益。

（一）平挡（图 10-15）

站位：身体离台约 40 cm，两脚平行开立，两膝微屈。

引拍：球拍向后引至腹部（反手平挡）或引至体侧前方（正手平挡），拍面角度成垂直位。

挥拍击球：球拍向前方推击，主要借对方来球的力量将球击回。

图 10-15　平挡

（二）快推（图 10-16）

站位：身体离台约 40 cm，两脚平行或左脚稍前，两膝稍屈，上体稍前倾。

引拍：持拍手向后方稍下处引拍至腹前，肘关节贴靠在身体侧部，不要张开，球拍要略低于来球。

挥拍击球：前臂向来球方向迎球伸出，击球的中部，以手腕发力为主，前臂用力为辅，在球的上升期击球。

图 10-16 快推

（三）加力推（图 10-17）

站位：身体离台较快推稍远些，左脚站前，双膝微屈。

引拍：持拍手引至腹前，引拍距离比快推长一些，稍收腹，并根据来球调整好引拍的高度和拍面高度。

挥拍击球：迎球向前方挥拍，并逐步加速，并在球拍速度最快一瞬间，在球的高点期击球的中部或中部偏上。

图 10-17 加力推

（四）推下旋球（图 10-18）

站位：身体离台约 50 cm，左脚稍前。

引拍：持拍手向后略偏上引拍，拍面垂直，并根据来球调整好球拍的高度和角度。

挥拍击球：持拍手向前方稍下处挥拍，在高点期击球的中部偏下部位，手腕加力。

图 10-18 推下旋球

（五）减力挡（图 10-19）

站位：身体离台约 40 cm，双脚平行或左脚稍前。

引拍：引拍距离短于快推，向后方引拍，拍面角度与地面垂直或稍前倾，并根据来球的情况调整引拍高度。

挥拍击球：拍向前方伸出并使身体重心前移，触球时球拍减速，在球的上升期击球的中部偏上。

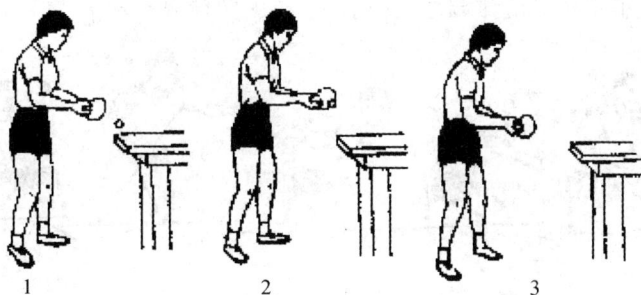

图 10-19　减力挡

七、拉弧圈球

弧圈球是目前最流行的一种进攻性技术，它最大的优点是比较完美地解决了旋转和速度的关系。弧圈球技术既能作为过渡性技术，有效地控制球，又能作为进攻性技术，有效得分。

（一）正手拉加转弧圈球（图 10-20）

站位：两脚开立，右脚稍后，身体略向左侧转动，两膝微屈，重心落在两脚之内。

引拍：向外侧方向引拍，手臂自然伸开，肘关节几乎伸直，身体重心随引拍转移到右脚上，拍面前倾。

挥拍击球：拍向左前上方挥动同时，身体重心由右脚向左脚移动。在球的下降前期拉球的中部稍偏上部位，摩擦球时，前臂在大臂的带动下爆发性用力，做快收动作，其动作要突然有力，但不要过大过长。

图 10-20　正手拉加转弧圈球

(二)正手拉前冲弧圈球(图 10-21)

站位:比拉加转弧圈球稍近台一些,身体重心也稍高于拉加转弧圈球。

引拍:引拍方向为后下方,球拍根据来球弧线的高低,决定引拍的位置,一般情况下,球拍低于来球,但比拉加转弧圈球要高。拍面前倾稍大于拉加转弧圈球,身体重心移至右脚。

挥拍击球:球拍向左前上方挥动,在球上升期或高点期,击球的中上部。手臂借助身体转动的力量发力,前臂和手腕在击球一瞬间,发力摩擦球。

拉弧圈球还有正手拉侧旋弧圈球、横拍反手拉弧圈球等技术。

图 10-21 正手拉前冲弧圈球

八、削球技术

削球是削球打法的基本技术。现有削球打法,融合了更多进攻性技术,创造了削攻结合的新打法。

(一)正手近削(图 10-22)

站位:身体离台约 1 m,左脚稍前,重心较低。

引拍:手臂向后斜侧引拍,身体向右稍斜。

挥拍击球:球拍向前下方挥拍,与此同时,腰、髋向左转动,在球的下降前期击球的中下部,击球瞬间,手腕发力摩擦球。

图 10-22 正手近削

(二)正手远削(图 10-23)

站住:身体离台 2 m 以外,左脚稍前,上体向右侧转,重心放在两脚之间。

引拍:将球拍引至右后方并稍高于右肩,拍面稍后仰,重心降低。

挥拍击球:向前下方挥拍,在球的下降后期击球的中下部,击球点不易远离身体,在触球的刹那间,前臂迅速削击,手腕同时辅助用力。

在削球中除正手外,还有反手近削及反手远削技术。

图 10-23　正手远削

第三节　乒乓球的基本战术

1. 发球抢攻战术:以攻为主的选手常以此作为一种重要的得分手段。

2. 接发球战术:这是和发球抢攻相抗衡的一项战术,目的在于破坏对方发球抢攻的运用。

3. 对攻战术:进攻型打法互相对垒时常用的战术。

4. 削中反攻战术:是以旋转和落点变化迫使对方回球偏高,伺机反攻或使对方失误,直接得分的战术。

5. 双打战术:为了协同作战,加强配合,双打选手在发球时可用手势相互暗示发球意图,尽量为同伴创造抢攻条件。

6. 挡、攻、削结合战术:挡、攻、削兼施是攻守结合型打法的一项综合战术。

第四节　乒乓球竞赛规则简介

1. 决定每场比赛的胜负:可采用三局两胜或五局三胜制。

2. 决定一局比赛的结果:每局比赛,先得 11 分的单打或双打运动员为胜方。但打到 10 平以后,先多得 2 分者为胜方。

3. 交换方法:一场比赛中,一局比赛结束后,下一局应交换方位。决胜局一方先得 5 分时,应交换方位。

4. 选择方位和发球权:每场比赛用抽签的方法选择方位和发球、接发球,抽签胜方优先选择或要求对方先选。在双打中,得到首先发球权的一方,应先确定第一发球员,而接发球的一方,可任意确定第一接球员,然后按规定次序,轮流交换发球和接发球。此后各局先发球的一方,可以任意确定第一发球员,接发球的一方,应是前一局与之相对应的发球员来接发球。决胜局交换方位时,发球次序不变,但接发球一方应交换接球员的次序。

5. 发球与接发球次序:一局比赛中,双方共得 5 分后,接发球一方即成发球的一方,依此类推,直到一局结束;比分打到 10 平或执行轮换发球法时,任何一方得 1 分后,即交换发球权;在双打时,发球和接发球次序不变,但每个运动员每次只能发一个球,直到该局结束。

　　双打在发球、接发球及击球次序上规定:甲1发球,乙1接发球;乙1发球,甲2接发球;甲2发球,乙2接发球;乙2发球,甲1接发球……这样周而复始,直到该局比赛结束。

　　当发现发球、接发球次序错误时,裁判员应立即中断比赛,加以纠正后,按正确的次序继续比赛,错误发现前的比分,一律有效。

　　6. 合法发球:发球时球应放在不执拍手的伸平的掌上,抛球前手掌应静止并高于台面;抛球时不得使球旋转,不得偏离垂直线45°以上;当球从最高点下降时才能击球,球应先触及自己的台区,然后越过或绕过球网落到对方台区。在双打中,球发出后应先落到本方的右半区或中线上,然后落到对方的右半区或中线上;击球时,球必须在发球员台区的端线及其延长线垂直平面之后;裁判员对发球有怀疑时,中断比赛,警告发球员,在一场比赛中,对任何选手的发球,只能警告一次,以后再有怀疑,应判其失1分。

　　7. 重发球:在比赛中,凡裁判员由于要开始执行轮换发球法;警告有怀疑的发球;比赛受到干扰;出现意外事故;纠正方位或发球、接发球次序错误;发球触网后落到对方台区或被对方拦击或阻挡;接球员尚未准备好,发球员已将球发出等情况而中断比赛时,均判重发球。

　　8. 决定比赛1分的得失:在一局比赛中,每当球从发球员不持拍的手中抛起,即进入比赛状态。遇有下列情况之一时,应判失1分,不能合法发球或还击:发球时,没有击中处于比赛状态的球;还击时,没有打着球或连击两次;球在本方台区连跳两次;球没有过网;球没有击到对方台区而落地或碰到球网以外的其它物体;用不符合规定的拍面击球;不持拍的手击球或触及台面;拦击或阻挡;当球处于比赛状态,运动员及其任何穿戴物使台面移动、触及网或网柱;在双打中,运动员未按发球员和接球员确定的顺序击球;实行轮换发球法时,发球员及其同伴在发球后已连续12次合法还击,而每次都已被对方合法还击,等等。

　　9. 轮换发球法:当一局比赛进行到15 min未结束,应立即中断比赛,该局未赛完部分以及该场比赛的剩余各局,均应实行轮换发球法。比赛被中断时球正处于比赛状态,应由被中断回合的发球员发球;如未处于比赛状态,由前一回合的接球员发球,重新开始比赛。在一场比赛的任何时间双方要求采用轮换发球时,均可随时执行。

第五节　乒乓球赛事及级别介绍

一、乒乓球主要赛事

　　目前国际上主要的乒乓球赛事有:奥运会乒乓球比赛、世界乒乓球锦标赛、世界杯乒乓球赛(男女分办)、国际职业乒乓球各站巡回赛、巡回赛年终总决赛;各个国家地区的公开赛、亚洲杯乒乓球比赛,亚洲乒乓球锦标赛,亚运会乒乓球比赛;国内的全运会乒乓球比赛等。

二、中国战绩

乒乓球是中国的国球,中国在乒乓球历史上占有很高的地位。20 世纪 60 年代以来,中国选手取得了世界乒乓球比赛的大部分冠军,甚至多次包揽整个赛事的所有冠军。

(一)中国队在历届世界乒乓球锦标赛上获得的冠军

男子单打冠军:16 次

表 10-1

时间	届次	冠军	时间	届次	冠军
1959 年	第 25 届	容国团	1961 年	第 26 届	庄则栋
1963 年	第 27 届	庄则栋	1965 年	第 28 届	庄则栋
1973 年	第 32 届	郗恩庭	1981 年	第 36 届	郭跃华
1983 年	第 37 届	郭跃华	1985 年	第 38 届	江嘉良
1987 年	第 39 届	江嘉良	1995 年	第 43 届	孔令辉
1999 年	第 45 届	刘国梁	2001 年	第 46 届	王励勤
2005 年	第 48 届	王励勤	2007 年	第 49 届	王励勤
2009 年	第 50 届	王　皓	2011 年	第 51 届	张继科
			2013 年	第 52 届	张继科

女子单打冠军:19 次

表 10-2

时间	届次	冠军	时间	届次	冠军
1961 年	第 26 届	邱钟惠	1971 年	第 31 届	林惠卿
1973 年	第 32 届	胡玉兰	1979 年	第 35 届	葛新爱
1981 年	第 36 届	童玲	1983 年	第 37 届	曹燕华
1985 年	第 38 届	曹燕华	1987 年	第 39 届	何智丽
1989 年	第 40 届	乔红	1991 年	第 41 届	邓亚萍
1995 年	第 43 届	邓亚萍	1997 年	第 44 届	邓亚萍
1999 年	第 45 届	王楠	2001 年	第 46 届	王楠
2003 年	第 47 届	王楠	2005 年	第 48 届	张怡宁
2007 年	第 49 届	郭跃	2009 年	第 50 届	张怡宁
2011 年	第 51 届	丁宁			
2013 年	第 52 届	李晓霞			

男子双打冠军:15 次

表 10-3

时间	届次	冠军	时间	届次	冠军
1963 年	第 27 届	张燮林/王志良	1965 年	第 28 届	庄则栋/徐寅生
1977 年	第 34 届	梁戈亮/李振恃	1981 年	第 36 届	李振恃/蔡振华
1987 年	第 39 届	陈龙灿/韦晴光	1993 年	第 42 届	王涛/吕林
1995 年	第 43 届	王涛/吕林	1997 年	第 44 届	孔令辉/刘国梁
1999 年	第 45 届	孔令辉/刘国梁	2001 年	第 46 届	王励勤/阎森
2003 年	第 47 届	王励勤/阎森	2005 年	第 48 届	孔令辉/王皓
2007 年	第 49 届	马琳/陈玘	2009 年	第 50 届	王皓/陈玘
2011 年	第 51 届	马龙/许昕			

女子双打冠军:19 次

表 10-4

时间	届次	冠军	时间	届次	冠军
1965 年	第 28 届	林惠卿/郑敏之	1971 年	第 31 届	林惠卿/郑敏之
1977 年	第 34 届	杨莹/朴英玉(朝鲜)	1979 年	第 35 届	张立/张德英
1981 年	第 36 届	张德英/曹燕华	1983 年	第 37 届	戴丽丽/沈剑萍
1985 年	第 38 届	戴丽丽/耿丽娟	1989 年	第 40 届	邓亚萍/乔红
1991 年	第 41 届	陈子荷/高军	1993 年	第 42 届	刘伟/乔云萍
1995 年	第 43 届	邓亚萍/乔红	1997 年	第 44 届	邓亚萍/杨影
1999 年	第 45 届	王楠/李菊	2001 年	第 46 届	王楠/李菊
2003 年	第 47 届	王楠/张怡宁	2005 年	第 48 届	王楠/张怡宁
2007 年	第 49 届	王楠/张怡宁	2009 年	第 50 届	郭跃/李晓霞
2011 年	第 51 届	郭跃/李晓霞			

表 10-5

混合双打冠军:18 次

时间	届次	冠军	时间	届次	冠军
1971 年	第 31 届	张燮林/林惠卿	1973 年	第 32 届	梁戈亮/李莉
1979 年	第 35 届	梁戈亮/葛新爱	1981 年	第 36 届	谢赛克/黄俊群
1983 年	第 37 届	郭跃华/倪夏莲	1985 年	第 38 届	蔡振华/曹燕华
1987 年	第 39 届	惠钧/耿丽娟	1991 年	第 41 届	王涛/刘伟
1993 年	第 42 届	王涛/刘伟	1995 年	第 43 届	王涛/刘伟
1997 年	第 44 届	刘国梁/邬娜	1999 年	第 45 届	马琳/张莹莹
2001 年	第 46 届	秦志戬/杨影	2003 年	第 47 届	马琳/王楠
2005 年	第 48 届	王励勤/郭跃	2007 年	第 49 届	王励勤/郭跃
2009 年	第 50 届	李平/曹臻	2011 年	第 51 届	张超/曹臻

男子团体冠军:18 次

表 10-6

时间	届次	时间	届次
1961 年	第 26 届	1963 年	第 27 届
1965 年	第 28 届	1971 年	第 31 届
1975 年	第 33 届	1977 年	第 34 届
1981 年	第 36 届	1983 年	第 37 届
1985 年	第 38 届	1987 年	第 39 届
1995 年	第 43 届	1997 年	第 44 届
2001 年	第 46 届	2004 年	第 47 届
2006 年	第 48 届	2008 年	第 49 届
2010 年	第 50 届	2012 年	第 51 届

女子团体冠军:18 次

表 10-7

时间	届次	时间	届次
1965 年	第 28 届	1975 年	第 33 届
1977 年	第 34 届	1979 年	第 35 届
1981 年	第 36 届	1983 年	第 37 届
1985 年	第 38 届	1987 年	第 39 届
1989 年	第 40 届	1993 年	第 42 届
1995 年	第 43 届	1997 年	第 44 届
2000 年	第 45 届	2001 年	第 46 届
2004 年	第 47 届	2006 年	第 48 届
2008 年	第 49 届	2012 年	第 51 届

(二)中国乒乓球神话诞生地

1992 年,张燮林率领中国乒乓球女队备战第 25 届奥运会,首次进驻正定训练基地——16 年间走出几十位世界冠军的正定国家乒乓球训练基地的前身,而很难想象的是,这座被蔡振华称作"世界上最好"的乒乓球基地,前身却只是一个小学的乒乓球运动队训练地。

与女排的漳州基地、足球的香河基地不同,正定基地的发展并非依靠行政指令和国家投资。追溯正定训练基地发展历史,它的起点颇具戏剧性,能够最终成为"国球"的大本营,完全依靠一位体育老师的执着。

正定地处冀中平原,北连北京、石家庄,交通便利,这也是中国乒乓球队将训练基地设于此处的原因之一。

（三）奥运会战绩

表 10-8　2012 年伦敦奥运会

项目	金牌	银牌	铜牌
男子团体	中国乒乓球男队（张继科、王皓、马龙）	韩国乒乓球男队（柳承敏，吴尚垠、朱世赫）	德国乒乓球男队（波尔、斯蒂格、奥恰洛夫）
女子团体	中国乒乓球女队（李晓霞、丁宁、郭跃）	日本乒乓球女队（福原爱、石川佳纯、平野早矢香）	新加坡乒乓球女队（李佳薇、王越古、冯天薇）
男子单打	张继科（中国）	王　皓（中国）	奥恰洛夫（德国）
女子单打	李晓霞（中国）	丁　宁（中国）	冯天薇（新加坡）

表 10-9　2008 年北京奥运会

项目	金牌	银牌	铜牌
男子团体	中国乒乓球男队（马琳、王皓、王励勤）	德国乒乓球男队（波尔、苏斯、奥恰洛夫）	韩国乒乓球男队（柳承敏，吴尚垠、尹在荣）
女子团体	中国乒乓球女队（张怡宁、王楠、郭跃）	新加坡乒乓球女队（李佳薇、王越古、冯天薇）	韩国乒乓球女队（金景娥、唐娜、朴美英）
男子单打	马　琳（中国）	王　皓（中国）	王励勤（中国）
女子单打	张怡宁（中国）	王　楠（中国）	郭　跃（中国）

表 10-10　2004 年雅典奥运会

项目	金牌	银牌	铜牌
男子单打	柳承敏（韩国）	王　皓（中国）	王励勤（中国）
女子单打	张怡宁（中国）	金香美（朝鲜）	金景娥（韩国）
男子双打	马琳/陈杞（中国）	高礼泽/李静（中国香港）	梅兹/图格威尔（丹麦）
女子双打	王楠/张怡宁（中国）	李恩石/石恩美（韩国）	牛剑锋/郭跃（中国）

表 10-11　2000 年悉尼奥运会

项目	金牌	银牌	铜牌
男子单打	孔令辉（中国）	瓦尔德内尔（瑞典）	刘国梁（中国）
女子单打	王　楠（中国）	李　菊（中国）	陈静（中华台北）
男子双打	王励勤/阎森（中国）	刘国梁/孔令辉（中国）	帕特里克·希拉/让－菲利普·加蒂安（法国）
女子双打	王楠/李菊（中国）	杨影/孙晋（中国）	金茂校/柳智惠（韩国）

表 10-12　1996 年亚特兰大奥运会

项目	金牌	银牌	铜牌
男子单打	刘国梁(中国)	王　涛(中国)	罗斯科普夫(德国)
女子单打	邓亚萍(中国)	陈　静(中国)	乔　红(中国)
男子双打	孔令辉/刘国梁(中国)	吕林/王涛(中国)	刘南奎/李哲承(韩国)
女子双打	邓亚萍/乔红(中国)	刘伟/乔云萍(中国)	朴海晶/柳智惠(韩国)

表 10-13　1992 年巴塞罗那奥运会

项目	金牌
男子单打	瓦尔德内尔(瑞典)
女子单打	邓亚萍(中国)
男子双打	王涛/吕林(中国)
女子双打	邓亚萍/乔红(中国)

表 10-14　1988 年汉城奥运会

项目	金　牌
男子单打	刘南奎(韩国)
女子单打	陈　静(中国)
男子双打	陈龙灿/韦晴光(中国)
女子双打	梁英子/玄静和(韩国)

(四)中国乒乓球联赛

中国乒乓球俱乐部超级联赛是由中国乒乓球协会与中央电视台联合主办的精品赛事,每年举行一届,比赛项目:男子团体、女子团体。2008 年中国乒乓球俱乐部超级联赛,将从 2008 年 10 月 4 日起至 12 月 14 日结束,所有比赛均在各参赛俱乐部主场进行。

1. 称号

(1)国际级运动健将

凡符合下列条件之一者,可申请授予国际级运动健将的称号。

①在奥运会、世界锦标赛、世界杯赛中,获得男、女团体前三名的运动员(个别成绩很差者除外),获得各单项比赛前八名的运动员;

②在国际乒联公布的当年度世界排名表中前十六名的选手;

③在国际乒联举办的职业巡回赛总决赛中,获得各单项前三名的运动员。

(2)运动健将

凡符合下列条件之一者,可申请授予运动健将称号。

①凡获得奥运会、世界锦标赛、世界杯赛正式参赛资格的选手;

②凡被列入国际乒联公布的世界排名表前五十名的选手;

③在亚运会、亚洲锦标赛、亚洲杯赛中获得任何一个单项前八名的运动员。

④在国际乒联和中国乒协承认的重大国际比赛上,有世界比赛前十六名队中的四个队

（必须有国际乒联和亚乒联公布的优秀选手参加）参加的国际比赛中,获得团体前二名的运动员（申请的运动员必须在比赛中出场次数不少于三分之一,其中获胜场次达到50％）,获得单项比赛前三名的运动员;

⑤在世界青年运动会、世界大学生运动会比赛、世界大学生乒乓球比赛、亚洲青少年锦标赛中,获得团体冠军（申请的运动员必须在比赛中出场次数达到50％,其中获胜场次达到50％）,获得各单项前三名的运动员;

⑥在全运会、全国锦标赛、中国乒协杯赛中,获得团体前四名的运动员（申请的运动员必须在比赛中出场次数不少于50％,其中获胜次数达到50％）;获得单打比赛前十六名,双打前四名的运动员;

⑦在全国城市运动会、全国青年比赛中获得团体冠军的运动员（申请的运动员必须在比赛中出场次数达到50％,其中获胜场次达到50％）,获得各单项比赛前三名的运动员;

⑧在一个年度的中国乒乓球俱乐部超级联赛的比赛中,获得男、女团体前四名的运动员（申请的运动员必须在比赛中出场次数不少于三分之一,其中获胜场次达到50％）;五至八名的运动员（申请的运动员必须在比赛中出场次数不少于三分之二,其中获胜场次达到60％）;九至十二名的运动员（申请的运动员必须在比赛中出场次数不少于三分之二,其中获胜场次达到70％）;

⑨在一个年度的中国乒乓球俱乐部甲A联赛的比赛中,获得男、女团体前二名的运动员（申请的运动员必须在比赛中出场次数达到三分之二,其中获胜场次达到80％）;

⑩在全国少年比赛总决赛中获得单打前两名的运动员;

⑪在一年度的正式比赛中,中国乒协将根据参赛运动员的成绩和技术水平,推荐二名运动健将。

（3）一级运动员

凡符合下列条件之一者,可申请授予一级运动员称号。

①在全运会、全国锦标赛、中国乒协杯比赛中获得团体前十六名的运动员,获得双打比赛前三十二名,单打比赛前六十四名的运动员;

②在全国城市运动会、全国青年比赛中,获得团体前八名、单打比赛前十六名的运动员;

③在全国少年比赛总决赛中,获得团体前六名的运动员,获得单打比赛前十六名的运动员;

④在全国业余少年总决赛中,获得团体前三名,获得单打比赛前八名的运动员。

（4）二级运动员

凡符合下列条件之一者,可申请授予二级运动员称号。

①在省、自治区、直辖市举办的成年、青年比赛中获团体前六名,获得各单项比赛前八名的运动员;（现省级比赛更改为前三名）

②在地（市）或相当于省辖市的比赛,以及在各省、市、自治区系统举办的正式比赛中,获得团体赛前三名的运动员（申请的运动员必须在比赛中出场次数达到50％,或出场次数达到三分之一,其中获胜场次达到50％,或在关键场次出场比赛为该队获胜做出贡献的）,获得各单项比赛前六名的运动员;

③在各省、市、自治区举办的少年比赛中,获得单打前八名的运动员。

（5）三级运动员

凡符合下列条件之一者,可申请授予三级运动员称号。

①在省辖市、县一级举行的正式比赛中，获得团体赛前三名的运动员（申请的运动员必须在比赛中出场次数达到 50%，或出场次数达到三分之一，其中获胜场次达到 50%，或在关键场次出场比赛为该队获胜做出贡献的），获得各单项比赛前八名的运动员。

②在地（市）或相当于省辖市的少年比赛中，获得单打前八名的运动员。

（6）少年级运动员

凡符合下列条件之一者，可申请授予少年级运动员称号。

①代表地（市）（专区、直辖市的区）参加省、区、市以上所举办的少年比赛的运动员。

②在不少于 24 名少年运动员参加的正式比赛中，获得单打前四名的运动员。

2．大满贯

乒乓球运动的"大满贯"是指获得奥林匹克运动会的单打冠军、世界锦标赛单打冠军、世界杯单打冠军。截止 2012 年，国际乒坛上一共有 7 位大满贯运动员：

外国：瓦尔德内尔（瑞典）

中国：邓亚萍、刘国梁、孔令辉、王楠、张怡宁、张继科

3．球拍类型

（1）正胶海绵拍

正胶就是胶皮颗粒向上、高度与直径相等的胶皮。它弹性好，击球稳且速度快，略带下沉的感觉，适合近台快攻型的球员使用。如果觉得自己手腕动作灵活，而大臂和腰腹力量不够，那最好选择以速度制胜的正胶球拍。

（2）生胶海绵拍

生胶就是颗粒向上、直径大于高度的胶皮。特点是击球有下沉，搓球旋转弱，适合近中台选手使用。

（3）反胶海绵拍

反胶就是粘贴时粗面向下、黏性较大的光面向上的一种胶皮，全欧洲的选手均采用此种胶皮。反胶打球的旋转力特强，所以打法以旋转为主的球员（如弧圈球、削球）必谙此道。当然，反胶容易制造旋转，也容易吃转儿，掌握有一定难度。

（4）长胶海绵拍

一般来说，高度超过 1.5 mm 以上的胶皮称为长胶。这种胶皮的胶粒很软，颗粒细长，支撑力小，主动制造旋转的能力很差，主要依靠来球的强旋转或冲力大来增加回球的旋转度。由于长胶的性能特殊，不利于少儿掌握，而且会干扰球感，因此国家已经禁止少儿比赛使用长胶。初学者和技术不高的爱好者同样不适合用长胶！

（5）防守型海绵拍

用拍一般以削球为主，属于旋转型打法，故而横拍削球手多以反胶为主，反手则花样繁多。生产的球拍上，多标明有"进攻"、"全面"、"防守"等类型的分类标识，可供爱好者选择。

初学者，不妨选用控球容易的低档球拍来矫正动作，待水平逐渐提高，形成稳定的打法后，再挑选针对性较强的中高档底板。中低档的球拍不一定就不好用，哪块球拍用顺手了，哪块就好用。

第十一章　羽毛球

　　羽毛球运动是一项大众性体育活动，设备简单、老少皆宜、充满乐趣，又是强身健体的一项运动，深受人们喜爱。它是培养人的道德风尚、陶冶情操的有效方法，通过锻炼和比赛，还能培养顽强的拼搏精神和优良的意志品质，从而提高身体素质和心理素质。在我国，羽毛球运动具有良好和广泛的群众基础。

　　羽毛球是一项隔着球网，使用长柄网状球拍击打平口端扎有一圈羽毛的半球状软木的运动。依据参与的人数，可以分为单打与双打。相较于性质相近的网球运动，羽毛球运动对选手的体格要求并不很高，却比较讲究耐力，极适合东方人发展。自1992年起，羽毛球成为奥运会的正式比赛项目。

第一节　羽毛球运动概述

　　早在两千多年前，一种类似羽毛球运动的游戏就在中国、印度等国出现。中国叫打手毽，印度叫浦那，西欧等国则叫作毽子板球。19世纪70年代，英国军人将在印度学到的浦那游戏带回国，作为茶余饭后的消遣娱乐活动。

　　14～15世纪时的日本，当时的球拍为木质，球是樱桃核插上羽毛做成。据传，在14世纪末，日本出现了把樱桃核插上美丽的羽毛当球，两人用木板来回对打的运动，这便是羽毛球运动的原形。

　　现代羽毛球运动诞生在英国。1873年，在英国格拉斯哥郡的伯明顿镇有一位叫鲍弗特的公爵，在他的领地开游园会，有几个从印度回来的退役军官就向大家介绍了一种隔网用拍子来回击打毽球的游戏，人们对此产生了很大的兴趣。因这项活动极富趣味性，很快就在上层社会社交场上风行开来。"伯明顿"（Badminton）即成为英文羽毛球的名字。1893年，英国14个羽毛球俱乐部组成羽毛球协会。18世纪时，印度的浦那城出现类似今日羽毛球活

176

动的游戏,以绒线编织成球形,插上羽毛,人手持木拍,隔网将球在空中来回对击。这种游戏流行的时间不长便消失了。

一、早期羽毛球运动

羽毛球运动约于 1920 年传入我国,新中国成立后得到迅速发展。20 世纪 70 年代我国羽毛球队已跻身于世界强队之列。

70 年代,国际羽毛球坛是印度尼西亚与我国平分秋色。

80 年代,优势已转向我国,说明我国羽毛球运动已达到世界先进水平。1992 年羽毛球在巴塞罗那奥运会上被列为正式比赛项目,设立男、女单打和双打及混合打 5 项比赛。每届羽毛球赛事的时间、地点均有不断的变化,像汤姆斯杯、尤伯杯以及世界羽毛球锦标赛。

二、羽毛球运动的发展

1877 年,英国的巴斯羽毛球俱乐部成立,并且第一本羽毛球比赛规则在英国出版。

1893 年在英国成立了世界上第一个羽毛球协会。1899 年该协会举办了第一届“全英羽毛球锦标赛”,每年举办一次,沿袭至今。

羽毛球运动从斯堪的纳维亚到英联邦各国,20 世纪初流传到亚洲、美洲、大洋洲,最后传到非洲。

1934 年成立了国际羽毛球联合会,总部设在伦敦。

1939 年国际羽毛球联合会通过了各会员国共同遵守的《羽毛球竞赛规则》。

20 世纪 20 到 40 年代欧美国家的羽毛球运动发展很快,其中英国、丹麦、美国、加拿大的水平相当高。50 年代亚洲羽毛球运动发展很快,马来西亚取得两届汤姆斯杯赛冠军。同时印度尼西亚队在技术和打法上有所创新很快取得了霸主地位。60 年代以后羽毛球运动的发展逐渐移向亚洲。

1981 年 5 月国际羽毛球联合会重新恢复了中国在国际羽联的合法席位,从此揭开了国际羽坛历史上新的一页,进入了中国羽毛球选手称雄世界的辉煌时代。

1988 年汉城奥运会(第二十四届)上,羽毛球被列为表演项目,1992 年巴塞罗那奥运会(第二十五届)列为正式比赛项目,1996 年亚特兰大奥运会(第二十六届)混双列为比赛项目。从此羽毛球运动进入新的发展时期。

2006 年,羽毛球新规则在试行了 3 个月后正式实施,在该年汤、尤杯赛中首先采用。

三、国内羽毛球运动的发展

1954 年,先后一批报效祖国的赤子回国,并带回了先进的羽毛球技术,同时组建了国家集训队。继而我国在东南沿海几个主要大城市也成立了以归国华侨青年为骨干的羽毛球队,在“破除迷信,解放思想,走自己的路”的思想的指导下,我国羽毛球运动员总结了国内外羽毛球运动的经验教训和技术资料,结合自己的运动实践进行了探索,不断改进训练方法。其中,福建省运动队主要在技术的手法上、广东队主要在步法上进行了改革和突破。同时借鉴我国乒乓球运动的成功经验,并通过对多年训练和比赛实践经验的总结,提出了“以我为主、以快为主、以攻为主”的积极打法。后来,又经过不断的总结和完善,逐步形成了中国羽毛球运动所特有的“快、狠、准、活”技术风格。我国运动员怀着一颗勇攀世界羽坛技术高峰、为国争光的雄心大志,吸取了国外的一些先进的运动训练方法,勤学苦练,自觉地贯彻了"从难、从严、从实战出发,进行大运动量训练"的"三从一大"训练方针,运动技术水平得到了进一步的提高。由于政治上的原因,当时我国未加入国际羽联,故未参加世界性锦标赛。但是在国际相互的交往中,多次与当时的世界强队进行过较量,都取得了优异的成绩,被许多外电报誉为"无冕之王""冠军之冠军"等。

直到1981年5月,国际羽联重新恢复我国在国际羽联的合法席位,实现了我国运动员多年的夙愿——逐鹿世界羽坛,争夺世界桂冠,为国争光。

1981年7月,在第1届世界运动会上(美国洛杉矶),我国运动员陈昌杰、孙志安、姚喜明、刘霞和张爱玲夺取了男女单、双打的四项冠军。

1982年,我国第一次参加了全英羽毛球比赛,张爱玲夺得女子单打冠军,徐蓉、吴健秋夺得女子双打冠军,李劲勇夺男子单打冠军。

同年,中国队第一次参加"汤姆斯杯"赛,在第一天1∶3非常不利的情况下,奋力拼搏,最终以5∶4击败羽坛劲旅印尼队,夺得冠军。

1984年,在马来西亚的吉隆坡,我国羽毛球女队又夺得了第10届"尤伯杯"。

紧随其后,我国又涌现出了杨阳、赵剑华、熊国宝、李永波、田秉毅和林瑛、吴迪茜、李玲蔚、韩爱萍等一批世界羽坛顶尖高手,从而进一步奠定了我国羽毛球技术水平处于世界羽坛领先地位的基础,在一系列世界大赛中为祖国夺得了众多的金牌,创造了中国羽毛球历史上的辉煌时期。

进入90年代,随着杨阳、赵剑华、李玲蔚等一批优秀运动员的相继退役,我国暂时出现了一段青黄不接的时期,而印尼经过了多年的励精图治,涌现了一批以阿迪、王莲香为代表的新秀。欧洲也重新崛起,韩国、马来西亚有时有新人涌现,世界羽坛进入了群雄抗衡的时代。

在巴塞罗那奥运会上,我国羽毛球项目竟与金牌无缘。直到1995年才逐渐步走出低谷,首次夺得"苏迪曼杯"。在1996年亚特兰大奥运会上,葛菲、顾俊勇夺女双冠军,实现了我国羽毛球项目在奥运会上零的突破。1997年,我国运动员再次夺得"苏迪曼杯",同时在世界锦标赛上获得了女单、女双和混双三块金牌,开始步入再铸辉煌的历程。

四、羽毛球运动的特点

(一)全身运动

羽毛球运动无论是进行有规则的比赛还是作为一般性的健身活动,都要在场地上不停地进行脚步移动、跳跃、转体、挥拍,合理地运用各种击球技术和步法将球在场上往返对击,从而增大了上肢、下肢和腰部肌肉的力量,加快了全身血液循环,增强了心血管系统和呼吸系统的功能。据统计,大强度羽毛球运动者的心率可达到每分钟160～180次,中强度心率可达到每分钟140～150次,低强度运动心率也可达到每分钟100～130次。长期进行羽毛球锻炼,可使心跳强而有力,肺活量加大,耐久力提高,同时也提高了人体神经系统的灵活性和协调性。

(二)老少皆宜

羽毛球运动适合于男女老幼,运动量可根据个人年龄、体质、运动水平和场地环境的特点而定。青少年可作为促进生长发育、提高身体机能的有效手段进行锻炼,运动量宜为中强度,活动时间以 40～50 min 为宜。适量的羽毛球运动能促进青少年增长身高,能培养青少年自信、勇敢、果断等优良的心理素质。老年人和体弱者可作为保健康复的方法进行锻炼,运动量宜较小,活动时间以 20～30 min 为宜,达到出出汗、弯弯腰、舒展关节的目的,从而增强心血管和神经系统的功能,预防和治疗老年心血管和神经系统方面的疾病。儿童可作为活动性游戏方法来进行锻炼,让他们在阳光下奔跑跳跃,并要求他们能击到球,培养他们不畏困难、不怕吃苦、不甘落后的品质。

第二节　羽毛球的基本技术

一、握拍

握拍是羽毛球运动第一个动作,在羽毛球运动中,从不同的路线或角度击球时,握拍的方式都有可能不同。根据人体解剖学的原理,通过调整握拍,有利于击球手腕的灵活转动和身体力量的发挥。正确的握拍方法基本分为两种,即正手握拍法和反手握拍法(本书所述基本技术均以右手握拍为例)。

(一)正手握拍

正手握又称(握手)式握拍法,握拍时先用左手拿住球拍的中杠,使拍面与地面垂直。张开右手,使虎口对着拍柄窄面的小棱边,拇指和食指贴在拍柄的两个宽面上,食指和中指稍微分开,中指、无名指和小指并拢握住拍柄。握拍时掌心不要紧贴拍柄,要使掌心与拍柄留有一定的空隙(图 11-1)。

(二)反手握拍

反手握拍法是在正手握拍的基础上,将大拇指伸直用其第一指节内侧顶贴在拍柄内侧的宽面上,食指收回与拇指同(或略)高,用大拇指和食指把拍柄稍向外旋转,中指、无名指、小指紧握拍柄。拍柄近端靠小指根部(图 11-2)。

图 11-1

图 11-2

二、发球

发球是羽毛球运动中的一个重要基本技术,也是羽毛球比赛中重要的战术组成部分。21 分制每球得分的赛制模式中,发球变得更加重要,运动员往往在比赛中通过发球的多变来取得比赛的主动。因此发球也是羽毛球比赛的进攻手段之一。

羽毛球运动中,发球的主要方法有两种:一是正手发球,二是反手发球。正常情况下,羽毛球单打一般是采用正手发球,而双打、混双比赛中,则一般采用反手发球。根据球在空中飞行的特点,我们将发球分为高远球、平高球、平射球和网前球四种(图 11-3)。

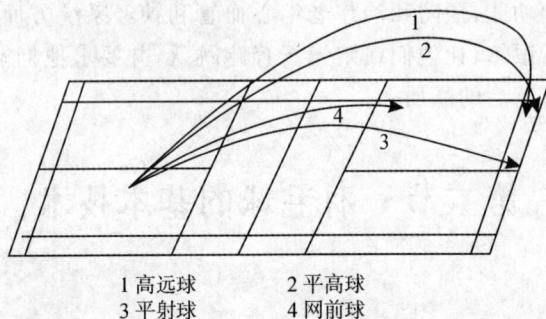

1 高远球   2 平高球
3 平射球   4 网前球

图 11-3

(一)发球站位与准备姿势

1. 发球站位

发球站位是指运动员在开始发球前,选择有利位置的选位方法。一般情况下,单打发球站位的运动员应选择在球场中心中线附近,站在规定场区内离前发球线 1~1.5 m 处,双打发球站立则可靠近前发球线的地方。

2. 正手发球准备姿势

运动员两脚前后站立与肩同宽,侧身对网。左脚在前(脚尖向网),右脚在后(脚尖侧对网),身体重心在后脚,右手持拍向右后侧自然举起、屈肘,左手持球举于身前腹胸间处,眼睛注视对方。发球时,重心由后脚移至前脚(图 11-4)。

(二)正手发球技术

正手发球就是按照合法的发球方式,用正拍面将位于自己身体右侧前下方的球击打到对方场区的一种发球方式。按照球飞行的不同弧度和落点,又分为正手发高远球、平高球、网前短球和平快球等。

图 11-4　正手发球姿势

1. 正手发高远球

发高远球主要是把球发得又高又远,使球飞行到对方底线上空时,几乎垂直下落,球的落点在对方场内端线附近。

1   2   3   4   5   6   7

图 11-5　正手发高远球

发球时,重心由后脚前移至前脚,持球手松开使球自然下落,紧接着右手持拍沿着由下而上的弧线自然地沿着身体向前上方挥摆,手部自然伸腕。球拍触球前刹那,小臂带动手腕向前上方"闪动",手紧握拍柄,利用手腕、手指爆发力以及拍面的前半部击球。击球瞬间,拍面正对出球方向,击球点在发球员的右前下方(图 11-5)。

发高远球的特点:球在空中飞行高而远,直至落到对方场区底线。在战术上把对方逼至底线,可以限制对方的一些进攻战术,也可以消耗对方的体力。

2. 正手发平高球

平高球在空中的飞行弧度稍低于高远球,而飞行速度稍快于高远球,球较快地越过对方身体落在对方内端线附近。发平高球是发球抢攻的手段之一。

挥拍击球不要紧握拍柄,利用小臂挥动力量,带动手腕、手指向前上方击球。拍面稍向前推送,使出球仰角小于 45°,球运行至最高点后逐渐下落至对方场内端线附近(图 11-6)。

发平高球的特点:平高球飞行弧度比高远球低,并且落点靠近底线,可以限制对方发挥大力扣杀或其他进攻手段。

图 11-6 正手发平高球

3. 正手发网前短球

发网前短球是把球发至对方发球区内前发球线附近。球的飞行速度较慢,飞行弧线较低,使球"贴网"而过。

发球时,挥拍幅度较小,击球瞬间不需紧握拍柄,而是利用手腕和手指的力量从右向左横切推送,将球轻轻发出,使球贴网而过。

发网前球的特点:击球挥拍幅度小,力量轻,球飞行弧度低,飞行距离短,可以有效地限制对方直接进行有威胁的进攻。

4. 发平快球

发平快球时,前期准备动作和发高远球、平高球一致,当球下落至腰腹部稍下的时候,利用前臂带动,靠屈腕和手指的爆发力,向前用力击球。击球点在规则允许的范围内尽量高一点,使球几乎贴网而过,直到落至对方后场区。

发平快球的特点:飞行急速且弧线平直,发球落点只要是在对方的薄弱部位或空挡,可以创造机会直接得分,也是发球抢攻战术的主要发球形式之一。

(三)练习方法

1. 徒手做发球前的准备姿势,模仿发球的动作。

2. 站在墙边 50 cm 处,身体右侧对墙,反复较小挥拍练习,使挥拍路线尽量贴近右腿。

3. 用细绳把球吊在预定的击球点处(身体右侧前下方适当高度),反复进行练习。

4. 用多球进行准确发球的练习。

5. 在场上两人对练发球。

三、接发球

(一)单打接发球站位和姿势

1. 站位

在右发球区接发球时,运动员应站在靠中线离前发球线约 1.5 m 处接发球。为防备发球员利用发平快球直接进攻反手部位,运动员则应站在该发球区内的中间位置接发球。

2. 准备姿势

两脚前后开立,一般应左脚在前右脚在后,身体侧身对网,重心在前脚,后脚脚跟稍离地,双膝微曲,收腹含胸,左手自然抬起屈肘,右手持拍于右身前,思想集中,两眼注视对方(图 11-7)。

(二)练习方法

1. 学习接发球时,最好采用固定的一种基本技术去接对方的单一发球(可用多球),并按球路线或要求定时、定量进行练习,然后交换。

2. 练习接发球时应在对方球拍触球的瞬间观察球的飞行方向来提高判断能力。

图 11-7　站位准备姿势

3. 在上述基础上,还有进一步研究控制回球落点,以避免在接球后给对方有较多的攻击机会。

4. 在掌握了较好的适应能力和能够较自如地控制回球落点之后,应逐步提高防御对方抢攻的能力。

四、击球

羽毛球的击球技术包括正手击球和反手击球,其中正手击球和反手击球分别包含击高球、吊球、杀球、搓球、推球、勾球、抽球、扑球等。

(一)高手击球

1. 击高球技术

高球分为高远球和平高球。高远球是指球的飞行弧度高,落点在对方场区底线附近的高球。平高球是指球的飞行弧度不太高,落在对方场区底线附近的高球。平高球飞行弧线较低,球速快,故具有更大的进攻威力,是用于快速调动对方,创造进攻机会的重要手段。

判断来球路线和高度,迅速移位使球下落于右肩稍前上空,侧身对网,左脚在前右脚在后,重心在右脚,右手曲臂将球拍举在右肩上,拍面对网,左手屈肘自然举起准备击球,当球下落至接近击球点高度时,胸部舒张,握拍手小臂向后移动,肘部自然抬起使球拍后引至头后,自然伸腕。击球时,右腿蹬地,转体收腹协调用力,大臂带动小臂送肘上举,小臂向前"甩"出。击球瞬间,手臂几乎伸直,"闪"动手腕,用手臂、手腕和手指力量将球击出(图 11-8)。

图 11-8 击高球

2. 吊球技术

吊球是指把对方击来的高球从后场区还击到对方的网前区。高手吊球按球的飞行弧线和击球运作的不同可分为劈吊、轻吊和拦截三种。击球挥动球拍时,拍面成半弧形,击球瞬间前臂突然减速,快速"闪"动手腕击球托的偏右侧。

3. 扣杀球技术

击球动作瞬间需要全力,充分利用右腿的蹬力、腰腹力、手臂腕力及重心的转移,快速将球向前下方击出。球拍触球时拍面前倾向前下方用力,手握紧球拍,击球点在右肩稍前上方。击球后球拍随惯性向左下方摆动,身体重心由右脚移至左脚图(11-9)。

图 11-9 正手扣杀球

(二)网前击球

1. 正手搓球

上网步法要快,左脚蹬地,右脚向网前跨成弓箭步,侧身对网,重心在右脚。持拍手臂向前伸出,出手要快,握拍手腕和手指自然放松。击球时,前臂稍外旋,拍面与球网成斜向前。用手指控制好拍面并发力,使搓出的球尽可能贴网而过(图 11-10)。

2. 反手搓球

上网步法要快,左脚蹬地,右脚向网前跨成弓箭步,侧身背对网,重心在右脚,握拍手臂向前伸出,出手要快,手腕、手指自然放松,前臂稍上举,手腕前屈,握拍手部高于拍面,反拍

图 11-10 正手搓球

迎球。击球时，主要靠前臂的前伸外旋和手腕由内收至展腕的合力，带动手指离网"提拉"，搓击球托的侧底部，使球呈上旋翻滚过网。

（三）低手击球

1. 正手挑高球

判断来球，快速上网，左脚积极蹬地，右脚跨步向前成弓箭步，侧身对网，重心在右脚。正手握拍，手臂自然向右前方伸出，小臂外旋伸腕，左臂自然后伸起平衡作用。击球时，以肘关节为轴，小臂带动手腕、手指快速由下方向前上方成半圆形挥拍击球（图 11-11）。

图 11-11

2. 反手挑高球

判断来球，快速上网，左脚积极蹬地，右脚跨步向前成弓箭步，重心在右脚，侧身背对网。反手握拍，手臂向左前方伸出，小臂内旋屈肘屈腕，左臂自然后伸起平衡作用。击球时，以肘关节为轴，小臂带动手腕、手指快速由左下方向前上方成半圆形挥拍击球。

（四）练习方法

1. 按技术动作要领反复进行模仿挥拍练习。

2. 向前上方（或下方）投掷羽毛球，通过"甩臂"动作领会击高球的要领。

3. 用细绳将羽毛球吊在预定的位置或适当的高度，按技术动作要领进行练习。

4. 移动步法,调整重心的挥拍练习。

5. 两人一组进行定点、定位变向的对击练习。

6. 移动步法的定点击球练习。

7. 多球进行定位、定向、定位变向、变位定向及变位变向的击球练习。

8. 采用二打一或三打一进行定位定向、定位变向、变位定向及变位变向的击球练习。

9. 利用左(右)场区进行定位的一攻一守练习,定时定量的练习。

五、步法

根据上网时脚步移动方法的区别,上网步法可分为跨步(又称交叉步)上网、垫步上网和蹬跳步上网。

(一)跨步(交叉步)上网步法

站位于球场中心稍靠后,两脚左右开立,右脚略前,上体稍前倾,两眼注视对方击球。当对方吊球时,在对方击球瞬间,脚跟提起轻跳并迅速调整重心至后脚以协助快速起动。左脚迈一小步,用脚掌内侧蹬起,右脚向前跨大步,以脚跟和脚掌外侧着地画布缓冲,脚尖外斜,右脚屈膝成弓箭步,左脚随即向前拖动,以协助右脚回蹬。击球后用并步或交叉步退回中心位置。如果对方来球较近时,可用左脚蹬地随即右脚跨一大步上网。

(二)后退步法

1. 侧身并步后退步法

在对方击球前刹那间,脚跟提起轻跳,迅速调整重心至右脚。接着右脚蹬地快速向右后撤一小步,上体右转侧身对网,紧接着左脚并步靠近右脚,右脚再向后移至来球位置,在移动中做好手部动作准备,待来球在右肩上方下落时做正手底线原地击球或挑起击球,击球后并步或小步跑回中心位置。

2. 交叉步后退步法

右脚撤后一小步后,左脚从体后交叉后退一步,右脚再后移至来球位置。

(三)练习方法

1. 进行垫步、并步、蹬步、交叉步、跨步等单个步法的反复练习。

2. 上网步法。中心位置——上右网前——回中心位置——上左网前——回中心位置。

3. 正手后退右后场步法练习。从起动开始,右脚向右后侧移动,髋部带动身体转向右后场,以并步或交叉步向后移动到接近底线的位置,然后起跳(单、双脚均可)击球。完成击球后回中心位置再多次重复练习。

4. 后退左后场区正手绕头顶击球步法练习。从起动开始,右脚向左后方移动,髋部带动身体转向左后方,以并步或交叉步移动到位。右脚起跳,随即左侧髋部迅速转向左后方,带动左腿后摆到身后落地,缓冲并支撑身体重心。当右脚落地时,身体前倾,重心移向右脚,左脚开始回动。回中心位置后再多次重复练习。

第三节　羽毛球基本战术

一、压后场底线

通过平高球压对方于后场底线,待对方回球质量较差时,大力扣杀或吊网前空当。

二、攻四方球控制落地

以快速准确的落点攻击对方场区的四个角落,使对方前后左右奔跑,打乱对方阵脚,待其来不及回中心位置时,攻其空当部位。

三、快拉快吊控制网前

以进攻性平高球压对方于后场两底角,然后突然以吊球或劈杀引对方上网,再迅速上网控制网前,以网前搓球结合推后场底线制造对方回击困难,从而创造中后场大力扣杀机会。

四、后场下压,上网搓、推

在后场通过扣杀、劈杀或吊球的进攻技术,快速上网搓或推球取得前场攻势,使后场、前场的进攻相辅相成,紧密衔接,提高攻击威力。

五、守中反攻

因为杀球是要消耗体力,控制不好容易失误,质量不佳还容易为对方反击,所以守中反攻这种打法应运而生。它以逸待劳,后发制人,先以拉吊四角,多拍调动,让对方在跑动中勉强进攻。当对方攻球质量不好,或回击被动球时,乘机出击,往往能一拍成功。

第四节　羽毛球竞赛规则简介

一、场地、器材

(一)场地

羽毛球场为一长方形场地,长度为 13.40 m,双打场地宽为 6.10 m,单打场地宽为 5.18 m。球场上各条线宽均为 4 cm,丈量时要从线的外沿算起(图11-12)。

球场界限最好用白色、黄色或其它易于识别的颜色画出。按国际比赛规定,整个球场上空空间最低为 9 m,在这个高度以内,不得有任何横梁或其他障碍物,球场四周 2 m 以内不得有任何障碍物。任何并列的两个球场之间,最少应有 2 m 的距离。球场四周的墙壁最好为深色,不能有风。

球场中央网高 1.524 m,双打边线处网高 1.55 m。

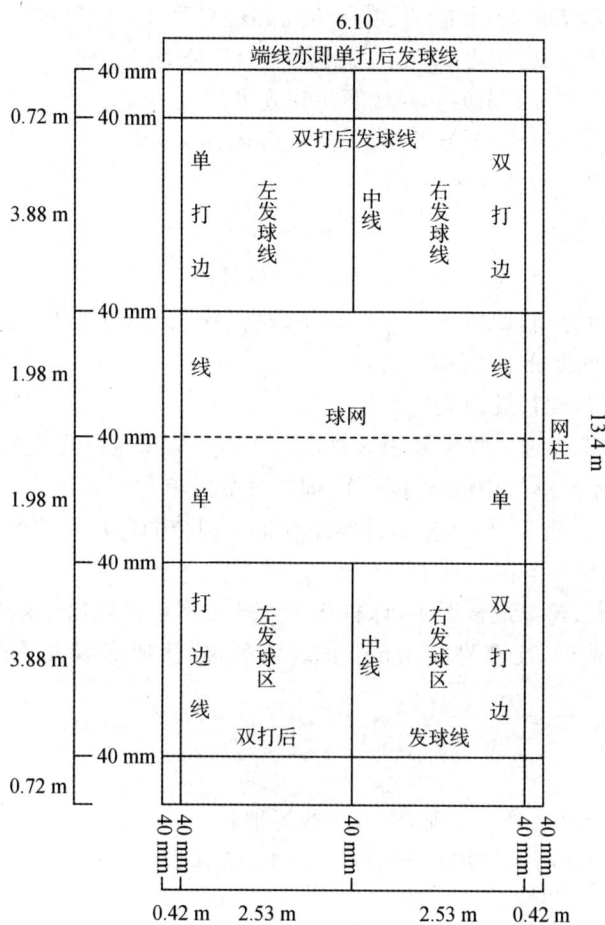

(图 11-12)

(二)羽毛球

羽毛球重 4.74 g～5.5 g,由 16 根羽毛插在半球形软木托上,球高 68～78 mm,直径 58～68 mm,分为 1～10 号。

(三)球拍

球拍框总长度不超过 68 cm,宽不超过 23 cm,拍弦面长不超过 28 cm,宽不超过 22 cm。

二、比赛项目与方法

羽毛球项目为:男子单打、女子单打、男子双打、女子双打、混合双打、男子团体、女子团体。团体赛多采用五局三胜制,单打和双打每场采用三局两胜制,不受时间限制。

三、比赛规则

(一)单打比赛

1. 每场比赛采取三局两胜制;

2. 比赛为每球得分制,率先得到 21 分的一方赢得当局比赛;

3. 如果双方比分打成 20 比 20,获胜一方需超过对手 2 分才算取胜;

4. 如果双方比分打成 29 比 29,则率先得到第 30 分的一方取胜;

5. 首局获胜一方在接下来的一局比赛中率先发球;

6. 当一方在比赛中得到 11 分后,双方队员将休息 1 min;

7. 两局比赛之间的休息时间为 2 min。

（二）双打比赛规则

1. 每次交换发球权的时候,只有一名队员有发球权;

2. 比赛为每球得分制,即任何一方只要将球打"死"在对方的有效位置,或者因为对方出现违例或失误,均可得分。

3. 后发球线保留,现行规则适用;

4. 比赛开始前,双方通过投掷硬币方式确定由哪一方来选择是先发球或后发球。

5. 发球员的顺序与单打中的顺序一样,即以分数的单数或双数来决定只有发球方在得分时才交换发球区。除此以外,运动员继续站在上一回合的各自发球区不变,以此保证发球员的交替;

6. 除非特殊情况(比如地板湿了,球打坏了),球员不可再提出中断比赛的要求。但是,每局一方以 11 分领先时,比赛进行 1 min 的技术暂停,让比赛双方进行擦汗、喝水等事宜(单、双打通用)。

四、交换场地

1. 第一局结束和第三局开始前,双方交换场地;

2. 在第三局或只进行一局的比赛中,领先的一方达到 11 分时。

五、发球

1. 发球时任何一方都不允许非法延误发球;

2. 发球员和接发球员都必须站在斜对角线发球区内发球和接发球,脚不能触及发球区的界限;两脚必须都有一部分与地面接触,不得移动,直至将球发出;

3. 发球员的球拍必须先击中球托,与此同时整个球必须低于发球员的腰部;

4. 击球瞬间球杆应指向下方,从而使整个球框明显低于发球员的整个握拍手部;

5. 发球开始后,发球员的球拍必须连续向前挥动,直至将球发出;

6. 发出的球必须向上飞行过网,如果不受拦截,应落入接发球员的发球区。

六、违例

1. 发球不合法违例,或接发球者提前移动;

2. 发球员发球时未击中球;

3. 发球时,球过网后挂在网上或停在网顶;

4. 比赛时:

(1)球落在球场边线外;

(2)球从网孔或从网下穿过;

(3)球不过网;

（4）球碰屋顶、天花板或四周墙壁；

（5）球碰到运动员的身体或衣服；

（6）球碰到场地外其他人或物体（由于建筑物的结构问题，必要时地方羽毛球组织可以制定羽毛球触及建筑物的临时规定，但其他组织有否决权）；

5. 比赛时，球拍或球的最初接触点不在击球者网的这一方（击球者击球后，球拍可以随球过网）；

6. 比赛进行中：

（1）运动员球拍、身体或衣服触及网或网的支撑物；

（2）运动员的球拍或身体，以任何程度侵入对方场区；

（3）妨碍对手，如阻挡对方紧靠球网的合法击球；

7. 比赛时，运动员故意分散对方注意力的任何举动，如喊叫、故作姿态等；

8. 比赛时：

（1）击球时，球夹在或停滞在拍上紧接着又被拖带；

（2）同一运动员两次挥拍连续击中球两次；

（3）同一方两名运动员连续各击中球一次；

（4）球碰球拍继续向后场飞行；

9. 运动员违反比赛连续性的规定；

10. 运动员行为不端。

七、重发球

1. 与不能预见或意外的情况，应重发球；

2. 除发球外，球过网后，球挂在网上或停在网顶，应重发球；

3. 发球时，发球员和接发球员同时违例，应重发球；

4. 发球员在接发球员未做好准备时发球，应重发球；

5. 比赛进行中，球托与球的其他部分完全分离，应重发球；

6. 司线员未看清球的落点，裁判员也不能做出决定时，应重发球；

7. "重发球"时，最后一次发球无效，原发球员重发球。

八、死球

1. 球撞网并挂在网上，或停在网顶上；

2. 球撞网或网柱后开始在击球这一方落向地面；

3. 球触及地面；

4. "违例"或"重发球"。

九、发球区错误

1. 发球顺序错误；

2. 从错误的发球区发球；

3. 在错误的发球区准备接发球，且对方球已发出。

注：每局开始首先发球的运动员，在该局本方得分为 0 或双数时，都必须在右发球区发

球或接发球;得分为单数时,则应在左发球区发球或接发球。

十、发球区错误的裁判方法

1. 如果错误在下一次发球击出前发现,应重发球;只有一方错误并输了这一回合,则错误不予纠正;

2. 如果错误在下一次发球击出前未被发现,则错误不予纠正;

3. 如果因发球区错误而"重发球",则该回合无效,纠正错误重发球;

4. 如果发球区错误未被纠正,比赛也应继续进行,并且不改变运动员的新发球区和新发球顺序。

十一、比赛中的出界

1. 单打的边线,是在边界的里面一条;

2. 双打的边线就是最外面一条;

3. 单打的前发球线,就是最前面的一条线;

4. 后发球线就是底线。发球在这两条线之间才有效;

5. 双打的前发球线和单打一样,都是最前面一条;

6. 后发球线是底线前的那一条线。发球在这两条线之间才有效。

第五节　羽毛球赛事与名人介绍

一、国际赛事

(一)汤姆斯杯

即世界男子团体羽毛球锦标赛,1948年举行首届比赛,现为两年一届,在偶数年举行。比赛由三场单打,两场双打组成。历史上夺得汤姆斯杯冠军最多的国家是印度尼西亚队,共13次。

(二)尤伯杯

即世界女子团体羽毛球锦标赛,1956年举行首届比赛,两年一届,在偶数年举行。比赛由三场单打,两场双打组成。历史上夺得尤伯杯冠军最多的国家是中国队,共12次。

(三)世界锦标赛

即世界羽毛球单项锦标赛。设有男、女单打、双打和混合双打五个比赛项目。1977年起为三年一届,1983年改为两年一届,在奇数年进行。2005年改为每年一届,但奥运年不举办。

(四)苏迪曼杯

即世界羽毛球混合团体比赛。1989年开始举办,两年一届,在奇数年举行,比赛由男、女单打、双打和混合双打5个比赛项目组成。

(五)世界杯赛

属于邀请性比赛,由国际羽联邀请当年成绩优异的选手参加。创办于1981年,1997年世界杯停办，2005、2006 年世界杯恢复举办，中国益阳市承办最后两届世界杯，2006 年，世界杯羽毛球赛正式停办。

（六）中国公开赛

2007 年，世界羽联推出级别仅次于奥运会、汤尤杯、苏迪杯以及世锦赛的超级系列赛，中国公开赛被列为超级系列赛十二站中的重要一站，其成绩计入世界排名和奥运参赛积分，总奖金高达 25 万美元，每届比赛均吸引到当今世界羽坛众多的顶尖高手前来参赛。

（七）全英锦标赛

由英格兰羽毛球协会于 1899 年创办，是世界历史上最悠久的羽毛球赛事。最初由英国和英联邦国家选手参加，现在已成为全球性的羽坛大会战。

（八）奥运会比赛

羽毛球 1992 年成为奥运会正式比赛项目，只设 4 个单项比赛，无混双比赛。1996 年亚特兰大奥运会起增设混双项目，奥运会羽毛球赛冠军是世界羽坛的至高荣誉。

（九）世界羽联超级系列赛

世界羽联参照世界网球大奖赛办法组织的，始于 1983 年。由在全年不同时间和在不同国家举办的六个级别的系列赛组成，主要包括超级赛和大奖赛。2011 年提出 5 站超级顶级大满贯赛，在 12 站超级赛中获得积分最高的前 8 名/对选手参加年终举办的世界羽联超级系列赛总决赛，但在任一单项比赛中每个下属协会最多每队两名选手报名参加。

二、著名球员

（一）国外球员

表 11-1　外国著名运动员

姓　名	英文名	性　别	国　籍	生　日	身高(cm)
柳镛成	Yoo Yong-sung	男	韩　国	1974.10.25	171
河泰权	Ha Tae-kwon	男	韩　国	1975.4.30	187
西吉特	Budiarto Sigit	男	印　尼	1975.11.24	173
彼得·盖德	Peter Gade	男	丹　麦	1976.12.14	184
黄综翰	Wong Choonghann	男	马来西亚	1977.2.17	183
孙升模	Shon Seung Mo	男	韩　国	1980.7.1	182
陶菲克	Hidayat Taufik	男	印　尼	1981.8.10	178
哈菲兹	Hashim Hafiz	男	马来西亚	1982.9.13	186
李宗伟	Lee Chong Wei	男	马来西亚	1982.10.21	174
李万华		男	马来西亚	1975.11.24	183
米仓加奈子	Yonekura Kanako	女	日　本	1976.10.29	166
张海丽	Mia Audina-Tjiptawan	女	荷　兰	1979.8.22	161
李敬元	Lee Kyung-won	女	韩　国	1980.1.21	160
黄妙珠	Wong Mew Choo	女	马来西亚	1983.5.1	165

(二)国内球员

陈宏(1979 年 11 月 28 日),男,福建龙岩人,身高 182 cm。2006 年汤姆斯杯冠军成员。

林丹(1983 年 10 月 14 日),男,福建龙岩人,身高 178 cm。2008 年北京奥运会男单冠军,2012 年伦敦奥运会男单冠军。现在唯一一个已实现"全满贯"的羽毛球运动员。

鲍春来(1983 年 2 月 17 日),男,湖南长沙人,身高 191 cm,现已退役。

蔡赟(1980 年 1 月 19 日),男,江苏苏州人,身高 182 cm,2008 年北京奥运会男子双打银牌,2012 年伦敦奥运会男子双打金牌。

李永波(1962 年 9 月 18 日),男,辽宁大连人,中国羽毛球男子双打运动员。多次获得过世界杯、世界大奖赛总决赛冠军、全英羽毛球赛冠军。现任中国羽毛球队总教练。

吴建秋(1962 年),女,江苏南通人,国家羽毛球队队员,国际级运动健将,世界冠军。

傅海峰(1883 年 8 月 23 日),男,中国羽毛球男子双打运动员,广东揭阳人,与蔡赟搭档后成为中国继李永波、田秉毅之后的全英公开赛冠军(2005 年)。以后场大力杀球著称。

李玲蔚(1964 年 1 月 4 日),女,浙江丽水人。主要特点是速度快,攻击力强,球路多变,网前技术好。她是世界羽毛球史上第一个集世界锦标赛、世界杯、全英锦标赛和世界系列大奖赛总决赛金牌于一身的女子单打羽毛球运动员。被世界羽坛誉为"羽坛皇后"、"一代羽毛球女王"等称号。

张宁(1975 年 5 月 15 日),女,辽宁人,右手握拍,是和叶钊颖同期的羽毛球国手,自1994 年就已经开始代表中国出战尤伯杯。是典型的大器晚成型选手,2003 年世锦赛才夺得个人首个世界冠军,2004 年夺得雅典奥运会女单冠军,2008 年北京奥运会成功卫冕,成为奥运史上第一个成功卫冕该项目金牌的选手。

谢杏芳(1981 年 1 月 18 日),女,广东梅州人,2008 年北京奥运会女单亚军。

杨阳(1963 年 12 月 9 日),男,江苏南京人,1984 年夺得全国男单冠军,1987 年连续在世界锦标赛和各种世界公开赛中夺冠。1988 年他勇夺奥运会表演赛男单桂冠,1990 年为中国男队卫冕汤姆斯杯成功。被誉为世界羽坛的"四大天王"中的"王中王"。

赵剑华(1965 年 4 月 21 日),男,江苏南通人,1985 年和 1990 年全英锦标赛冠军,1987年世界杯赛男单冠军,1988 年和 1990 年汤姆斯杯团体冠军,1991 年世界锦标赛单打冠军,1991 年世界羽毛球总决赛单打冠军。20 世纪 80 年代末世界羽坛"四大天王"之一。

孙俊(1975 年 6 月 3 日),男,江苏南京人,世界冠军。他与葛菲堪称世界羽坛的"神仙伴侣"。

葛菲(1975 年 10 月 9 日),女,江苏南通人,世界冠军,奥运冠军。

顾俊(1975 年 1 月 3 日),女,江苏无锡人,世界冠军,奥运冠军。她与葛菲的配合号称"天下第一双"。

高崚(1979 年 3 月 14 日),女,湖北武汉人,15 次夺得世界冠军,成为中国羽毛球运动员中获世界冠军最多的选手,2000 年奥运会与张军搭档夺得了混双金牌,2004 年奥运会两人卫冕了该项金牌,并且分别在 2000 年和 2004 年获得奥运会女双铜牌和银牌。

黄穗(1981 年 2 月 8 日),女,湖南人,1999 年进入国家一队,右手摇拍,力量型打法,进攻凶狠,控球能力强,前半场意识好。与高崚配合双打后多次在世界大赛中夺魁,已经成为中国和世界的一号女双选手。

董炯(1973 年 8 月 20 日),北京人,18 岁时加入中国国家队,1996 年奥运会获得男单亚军,同年获得世界杯赛男单冠军,1997 年获得全英公开赛、中国公开赛、瑞士公开赛和丹麦公开赛冠军。

张军(1977 年 11 月 26 日),男,江苏苏州人,2000 年奥运会与高崚搭档夺得了混双金牌,2004 年两人卫冕了该项金牌。

陈金(1986 年 1 月 10 日),男,河北邯郸人,多次获得羽毛球公开赛冠军,2006、2008 年汤姆斯杯冠军成员,中国羽毛球极具潜力的男单选手。2008 年北京奥运会男单季军。现世界排名第四。

龚智超(1977 年 5 月 3 日),女,湖南安化人,2000 年悉尼奥运会女单冠军。

(三)历届奥运会羽毛球比赛成绩

表 11-2　2012 年伦敦奥运会

项目	金牌	银牌	铜牌
男子单打	林丹(中国)	李宗伟(马来西亚)	谌龙(中国)
女子单打	李雪芮(中国)	王仪涵(中国)	内瓦尔(印度)
男子双打	蔡赟/傅海峰(中国)	鲍伊/摩根森(丹麦)	郑在成/李龙大(韩国)
女子双打	田卿/赵芸蕾(中国)	藤井瑞希/垣岩令佳(日本)	索罗基娜/维斯洛娃(俄罗斯)
混合双打	张楠/赵芸蕾(中国)	徐晨/马晋(中国)	菲舍尔/彼得森(丹麦)

表 11-3　2008 年北京奥运会

项目	金牌	银牌	铜牌
男子单打	林丹(中国)	李宗伟(马来西亚)	陈金(中国)
女子单打	张宁(中国)	谢杏芳(中国)	玛丽亚·克丽斯廷·尤利安蒂(印尼)
男子双打	马尔基斯·基多/亨德拉·塞蒂亚万(印度尼西亚)	傅海峰/蔡赟(中国)	李在珍/黄智万(韩国)
女子双打	于洋/杜婧(中国)	李孝贞/李敬元(韩国)	张亚雯/魏轶力(中国)
混合双打	李龙大/李孝贞(韩国)	诺瓦·维迪安托/利利亚纳(印尼)	何汉斌/于洋(中国)

表 11-4　2004 年雅典奥运会

项目	金牌	银牌	铜牌
男子单打	陶菲克(印尼)	孙升模(韩国)	索尼(印尼)
女子单打	张宁(中国)	张海丽(荷兰)	周蜜(中国)
男子双打	金东文/河泰权(韩国)	李东秀/柳镛成(韩国)	林培雷/徐永贤(印尼)
女子双打	杨维/张洁雯(中国)	高崚/黄穗(中国)	罗景民/李敬元(韩国)
混合双打	张军/高崚(中国)	罗伯特森/埃姆斯(英)	埃里克森/美蒂(丹麦)

表 11-5　2000 年悉尼奥运会

项目	金牌	银牌	铜牌
男子单打	吉新鹏(中国)	叶诚万(印尼)	夏煊泽(中国)
女子单打	龚智超(中国)	马　丁(丹麦)	叶钊颖(中国)
男子双打	吴俊明/陈甲亮(印尼)	李东秀/柳镛成(韩国)	金东文/河泰权(韩国)
女子双打	葛菲/顾俊(中国)	杨维/黄楠雁(中国)	秦艺源/高崚(中国)
混合双打	张军/高崚(中国)	特里古斯/许一敏(印尼)	阿彻/古德(英格兰)

表 11-6　1996 年亚特兰大奥运会

项目	金牌	银牌	铜牌
男子单打	拉尔森(丹麦)	董　炯(中国)	拉·西德克(马来西亚)
女子单打	方铢贤(韩国)	张海丽(印尼)	王莲香(印尼)
男子双打	里奇/雷西(印尼)	谢顺吉/叶锦福(马来西亚)	苏明强/陈金和(马来西亚)
女子双打	葛菲/顾俊(中国)	吉永雅/张惠玉(韩国)	秦艺源/唐永淑(中国)
混合双打	金东文/吉永雅(韩国)	朴柱奉/罗景民(韩国)	刘坚军/孙曼(中国)

第十二章　田　径

第一节　田径运动概述

田径运动是体育运动主要项目之一。人们通常把以时间计算成绩的竞走和跑的项目叫"径赛",把以远度和高度计量成绩的跳跃和投掷项目叫"田赛","田赛"和"径赛"合称为田径运动。

田径运动是比速度、比高度、比远度的项目,要求运动员在短时间内表现出最大的速度与力量,或在较长时间内持续不断地工作,运动强度大,比赛紧张激烈,竞争性强。此外,田径运动项目较多,锻炼形式多样,在空地和道路上都可练习,也不受人数、年龄、性别、季节、气候等条件的限制,便于广泛开展。

田径运动是增强人民体质和对广大青少年进行精神文明教育的重要手段之一,在各级学校体育课和《国家体育锻炼标准》中,占有很大比重。经常系统、科学地参加田径运动,能促进人体的新陈代谢,改善神经系统的调节功能和内脏器官的机能,提高人体健康水平与工作能力。通过田径运动的教学和训练,可以不断提高技术水平与运动成绩,对学生进行爱国主义教育,培养勇敢、果断、坚韧、顽强的意志品质。

田径运动能全面发展人的身体素质(力量、速度、耐力、灵敏等),促进各项运动技能的形成及成功地运用战术,并能减少运动损伤。所以其他运动项目都把田径作为发展身体素质的手段与提高技术、战术的基础。

田径运动在国际体坛影响甚大,是奥林匹克运动会上奖牌最多的项目。世界各国都很重视发展田径运动,并把它作为衡量一个国家体育运动水平的重要标志。

田径运动包括男女竞走、跑、跳跃和投掷的四十多个单项,以及由跑、跳跃、投掷的部分

项目组成的全能运动。具体分类如下(表12-1、2、3、4)

一、田径运动的分类

表 12-1 走、跑

项 目	距 离					
	成 年		少 年			
	男子组	女子组	男子甲组	男子乙组	女子甲组	女子乙组
竞 走	20 km 田径场 公路					
	50 km 公路					
短距离跑	100 m 200 m 400 m	100 m 200 m 400 m	100 m 200 m 400 m 800 m 1500 m 3000 m	60 m 100 m 200 m 400 m 800 m	100 m 200 m 400 m 800 m 1500 m 3000 m	60 m 100 m 200 m 400 m 800 m
中距离跑	800 m 1500 m 3000 m	800 m 1500 m				
长距离跑	5000 m 10000 m	3000 m				
跨栏跑	110 m 栏 (1.067 m) 400 m 栏 (0.914 m)	100 m 栏 (0.84 m) 400 m 栏 (0.762 m)	110 m 栏 (0.914 m)	110 m 栏 (0.914 m)	100 m 栏 (0.84 m)	100 m 栏 (0.762 m)
障碍跑	3000 m					
马拉松	42195 m	42195 m				
接力跑	4×100 m 4×400 m	4×100 m 4×400 m	4×100 m	4×100 m		

表 12-2 跳 跃

项目	男子组	女子组	备注
高度	跳高	跳高	
	撑竿跳高		少年男、女甲组与成年 男、女组项目相同。
远度	跳远	跳远	
	三级跳远		

表 12-3 投 掷

项 目	成 年		少 年			
	男子组	女子组	男子甲组	男子乙组	女子甲组	女子乙组
推铅球	7.26 kg	4 kg	6 kg	5 kg	4 kg	3 kg
掷标枪	800 g	600 g	700 g	600 g	600 g	
掷铁饼	2 kg	1 kg	1.5 kg	1 kg	1 kg	
掷链球	7.26 kg					

表 12-4 全能运动

组别	项目	内容和比赛顺序
成年 男子	十项 全能	100 m、跳远、推铅球、跳高、400 m 110 m栏、掷铁饼、撑竿跳高、掷标枪、1500 m
成年 女子	七项 全能	100 m栏、推铅球、跳高、200 m 跳远、掷标枪、800 m
少年 男甲	五项 全能	跳远、掷标枪、200 m、掷铁饼、1500 m
少年 女甲	五项 全能	100 m栏、推铅球、跳高 跳远、800 m
少年男乙 少年女乙	三项 全能	100 m、推铅球、跳高

注：1. 以上是已承认全国纪录的项目。

2. 国际田联公布承认世界纪录的有 59 项（男子 36 项，女子 23 项），某些项目未包括在此分类中。

二、田径运动的发展

田径运动是在社会发展中逐步产生和发展起来的。远在上古时代，人们为了生存与获得生活资料，在和大自然以及野兽斗争中，经常出没于崇山峻岭、沼泽平原，跨溪流、越障碍，投掷石块、木棒和使用捕猎工具。在日常劳动生活中，不断重复这些动作，逐渐形成了走、跑、跳跃和投掷等各种运动技能。随着社会的发展，人们有意识地把这些技能传授给下一代，并经常进行练习和比赛，从而逐渐形成了现今的田径运动。

我国早在春秋战国时期就有关于利用走、跑、跳跃和投掷来训练和挑选士兵的记载，例如：墨子《非攻篇》中记述了吴国用了七年的时间训练士兵，要士兵穿着甲胄，拿着兵器奔跑三百里而后宿营。吴子《图国篇》记述了吴起与魏武侯谈论练兵、用人、强国的方法时，主张把跳得高、跳得远和善走路的人选为士兵。元世祖忽必烈规定他的"贵赤卫"（即禁卫军）每年要有一次距离为 180～200 里的赛跑。明朝大将戚继光在他的《纪效新书》里记述了训练士兵的方法，规定士兵要比赛跑，平时还要在腿上绑沙袋，并逐渐加重，作战时再去掉，使两腿轻便，他把这种训练叫"练足"。

根据历史记载，公元前 776 年在希腊奥林匹克村举行了第一届古代奥林匹克运动会，短跑被列为比赛项目。到公元前648年又增加了跳跃、投掷等项目。古代奥林匹克运动会延续了一千多年,到公元394年被罗马帝国皇帝狄奥西多所废止。

1894年法国教育家顾拜旦建议恢复奥林匹克运动会,同年在法国巴黎召开了国际体育会议,成立了国际奥林匹克委员会的组织,决定1896年在希腊举行第一届现代奥林匹克运动会(指夏季奥林匹克运动会)。现代奥林匹克运动会每隔四年举行一次,到目前为止已经举行了30届,其中第六届、第十二届和第十三届,因为第一次与第二次世界大战未能举行,实际上只举行过27届。

历届奥运会(夏季)举行的时间和地点见表12-5。

表 12-5

届　数	举行地点	年　代	备　注
1	雅典(希腊)	1896	
2	巴黎(法国)	1900	
3	圣路易(美国)	1904	
4	伦敦(英国)	1908	
5	斯德哥尔摩(瑞典)	1912	
6	柏林(德国)	1916	因第一次世界大战未举行
7	安特卫普(比利时)	1920	
8	巴黎(法国)	1924	
9	阿姆斯特丹(荷兰)	1928	
10	洛杉矶(美国)	1932	
11	柏林(德国)	1936	
12	赫尔辛基(芬兰)	1940	因第二次世界大战未举行
13	伦敦(英国)	1944	因第二次世界大战未举行
14	伦敦(英国)	1948	
15	赫尔辛基(芬兰)	1952	
16	墨尔本(澳大利亚)	1956	
17	罗马(意大利)	1960	
18	东京(日本)	1964	
19	墨西哥城(墨西哥)	1968	
20	慕尼黑(西德)	1972	
21	蒙特利尔(加拿大)	1976	
22	莫斯科(苏联)	1980	
23	洛杉矶(美国)	1984	
24	汉城(韩国)	1988	
25	巴塞罗纳(西班牙)	1992	
26	亚特兰大(美国)	1996	
27	悉尼(澳大利亚)	2000	

续表

届　数	举行地点	年　代	备　注
28	雅典(希腊)	2004	
29	北京(中国)	2008	
30	伦敦(英国)	2012	

　　1912 年成立了国际业余田径联合会,随后拟定了国际统一的田径竞赛项目和竞赛规则,设立了田径运动的世界纪录,并负责审批新的世界纪录,以及组织了一些国际间大规模的田径运动比赛。

　　1896 年第一届现代奥运会至今已经历了 100 多年,随着科学技术的进步,田径运动有了很大的发展,尤其是近几年来,成绩提高更为显著。在训练方面,已形成了较为完整的科学体系,进行了有计划的多年训练,重视了对青少年的训练和一般身体训练、专项身体训练及心理训练等,加强了医务监督,同时也重视了恢复训练,并把电子计算机运用于训练之中。在技术方面,出现了背越式跳高,跳远朝着加快助跑速度和积极起跳的方向发展,推铅球的侧向滑步已被淘汰,出现了背向滑步、短长步点和旋转的形式,掷铁饼采用了加大旋转幅度的技术。在场地器材方面,出现了美观整洁、坚实耐用、富有弹性的塑胶(即"塔当")跑道;泡沫海绵垫,保证了跳高和撑竿跳高运动员着地的安全;玻璃纤维竿(即尼龙竿)已广泛地用于撑竿跳高;金属标枪滑翔性能良好。在裁判用具方面,出现了全自动电动计时器、激光测距仪、电动计分牌和电动升降的撑竿跳高架等。为了进一步分析和探讨新技术,不断改进训练,还广泛地开展了科学研究工作,研究的课题广泛、深入,涉及到生理学、解剖学、生物力学、生物化学和控制论等多种学科,许多科技成果直接或间接地应用于运动实践。所有这些,促进了田径运动技术的发展和成绩的迅速提高,目前已达到了很高的水平。

三、我国的田径运动

　　随着帝国主义的文化侵略,现代田径运动由基督教、青年会和教会学校传入我国。但在旧中国,由于经济落后,民不聊生,各项体育运动得不到发展,田径运动水平很低,成绩十分落后,甚至第一届到第三届全运会的组织领导和裁判人员多是由美、英等外国人担任,严重损害了中华民族的尊严。

　　旧中国历届全运会的年代和地点见表 12-6。

表 12-6

届　数	年　代	地　点
1	1910 年	南　京
2	1914 年	北　京
3	1924 年	武　汉
4	1930 年	杭　州
5	1933 年	南　京
6	1935 年	上　海
7	1948 年	上　海

新中国成立后,党和政府十分关心人民健康,指明了体育运动的发展方向,鼓舞了体育工作者的斗志,激发了群众参加体育锻炼的热情,田径运动逐步普及,技术水平迅速提高。

1953年举行了第一次全国性的田径比赛,在男女34个单项中创造了19项全国纪录,1954年、1955年先后举行了全国中等以上学校田径运动会和全国工人运动会。1956年一年内,有28项全国纪录被刷新。1957年郑凤荣创造了女子跳高世界纪录。到1958年,旧中国的田径纪录全部被刷新。

1959年召开了规模盛大的第一届全国运动会,参加田径比赛的有1200名运动员,有55人76次打破25项全国纪录。此后,由于当时经济条件的影响,运动水平一度下降。从1963年起,由于贯彻党中央提出的"调整、巩固、充实、提高"八字方针,国民经济情况迅速好转,体育战线也很快恢复了生机,在1965年第二届全运会上,田径比赛有70人80次打破21项全国纪录,当年有11项17人可列入世界前10名,有35人达到第十九届奥运会报名标准。正当我国田径运动迅速发展、技术水平日益提高的时候,1966年开始了十年动乱又使田径运动受到很大摧残,除男子跳高运动员倪志钦在1970年以2.29 m打破世界纪录外,其它项目的运动技术水平一度停滞不前。1975年的第三届全运会成绩,在男女35个田径项目中竟有23项不如1965年第二届全运会成绩。1976年拨乱反正以后,我国田径运动水平又开始回升,在1979年举行的第四届全运会上,又有57人打破16项全国田径纪录。近年来男子跳高、三级跳远等项目有了新的进步,创造了一批亚洲纪录,出现了可喜的局面。

在国际竞赛活动中,1963年中国田径队在亚洲新兴力量运动会上获得胜利。1974年在参加第七届亚运会上,我国运动员打破12项亚运会纪录。1979年在参加第二届亚洲田径锦标赛中,中国队取得了六项第一名,有七名运动员代表亚洲参加第二届田径世界锦标赛。1982年亚运会田径赛中,我国又夺得12枚金牌,19岁的跳高运动员朱建华跳过了2.33 m的高度,列为该年度的世界最好成绩。

新中国成立以来历届全运会的年代和地点见表12-7。

表 12-7

届　数	年　代	地　点
1	1959 年	北　京
2	1965 年	北　京
3	1975 年	北　京
4	1979 年	北　京
5	1983 年	上　海
6	1987 年	广　州
7	1993 年	北　京
8	1997 年	上　海
9	2001 年	广　东
10	2005 年	江　苏
11	2009 年	济　南
12	2013 年	辽　宁

在提高田径理论、科研水平和培养体育干部方面,也取得了很大的成绩,国家及省市建立了体育科研机构,设立了体育院、系,并建立了业余训练网点,出版了多种田径运动图书资料,田径场地不断增多,运动器材不断革新,"田径之乡"活动正在开展,这些都为开展群众性的田径运动和提高技术水平创造了有利条件。

目前我国田径水平发展仍不平衡,田赛水平比径赛水平稍高,虽涌现出一批新手,但基础不够雄厚,中国纪录与世界纪录差距甚大。我国田径界任重道远,务必发愤图强,勇于改革,为振兴中华而努力工作,使我国田径运动早日冲出亚洲,走向世界。

第二节 跑

在田径运动中,跑可以分为短跑、中长跑、长跑、越野跑、公路越野跑、公路接力赛跑及跨栏跑、障碍跑、马拉松跑、接力跑等。虽各有其特点,但跑的基本技术原理是共通的。跑的全程可分为起跑、加速跑、起跑后的疾跑、途中跑、冲刺跑。跑的基本技术动作包括:后蹬、摆腿、摆臂、上体姿势、落地等。

一、跑的练习内容

(一)跑的专门性练习

1. 小步跑。2. 高抬腿跑。3. 后蹬跑。4. 车轮跑。5. 折叠腿跑。

(二)起跑和加速跑练习

1. 站立式起跑 30 m。2. 练习蹲踞式起跑"各就位"、"预备"、"鸣枪"动作(图 12-1)。3. 蹲踞式起跑 20～30 m。4. 弯道蹲踞式起跑 20～30 m。

鸣枪　　　　　预备　　　　　各就位

图 12-1 蹲踞式起跑动作

要求:起跑迈出第一步要短、低、快;逐渐抬体,增加步长到正常跑。

(三)途中跑练习

1. 中速跑 60～80 m。

2. 加速跑 60～100 m、30～50 m。

3. 直道进入弯道和弯道进入直道跑 60～80 m。

要求:跑时用前脚掌着地(中长跑用全脚掌着地),蹬摆配合协调用力。

(四)终点跑和全程跑练习

1. 中速跑 20 m 至终点线前 1 m 处,前倾上体做撞线动作。

201

2. 快速跑 30~40 m 并做撞线动作。

3. 100 m 全程跑。

（五）接力跑的专门性练习

1. 2~4 人一组，前后间隔 1.5 m，左右错开在慢跑中传接棒。

要求：传棒者递棒前需发出"接"的信号（图 12-2）。

2. 同上练习，但跑的速度加快。

3. 直道或弯道接力区两人一组传接棒。

要求：通过反复练习确定好接棒者的起动标志。

图 12-2　交棒跑

4. 全程接力跑。

（六）跨栏跑专门性练习

1. 原地扶支撑物做起跨腿过栏（图 12-3）。

要求：起跨腿必须抬至胸前。

图 12-3　起跨腿过栏

2. 攻栏时，躯干前倾，应使手脚同时蹬墙（图 12-4）。

图 12-4　攻栏练习

3. 行进间起跨腿连续过栏（摆动腿在栏侧）（图 12-5）。

要求：起跨腿过栏后要保持屈膝向前送髋。

图 12-5　栏侧摆动腿过栏

4. 行进间摆动腿过栏(起跨腿在栏侧)(图 12-6)。

要求:摆动腿过栏时要有抬、伸、压动作。

图 12-6　栏侧起跨腿过栏

5. 行进间攻栏腿练习。

要求:攻栏腿过栏时要保持曲壮提重心,快速向前下压,扒地动作。

6. 两腿配合栏间跑一步或多步在栏侧或栏架中间连续过栏(图 12-7)。

图 12-7　跨栏步

7. 蹲踞式起跑过第一栏或多栏。

要求:100 m、110 m 栏起跑至第一栏,一般跑 7～9 步,栏间跑 3 步。400 m 栏起跑至第一栏跑 21 步或 22 步,栏间跑 13～15 步、15～17 步。

一、跑的练习提示

1. 途中跑技术是跑的主要技术,而途中跑的关键就是蹬与摆的协调用力。因此要把蹬、摆技术作为跑的重点技术进行练习,后蹬跑是其中最好的练习手段。

2. 沿直线跑和盯固定目标跑是改进"左右摇摆跑"、"拐弯跑"错误的最有效手段。

3. 跑时两腿腾空后的快速放松动作,有助于节省能量,保持持续快跑的能力。

4. 由于后蹬不充分造成的"坐着跑";后蹬结束,大小腿没有折叠就向前摆腿造成的"拖脚跑";内、外八字脚、仰头、低头、闭眼、视线不固定的跑及左右横摆臂所造成的"左右摇摆跑"、"拐弯跑";落地动作生硬、小腿或踝关节紧张造成的"击地"和"戳地跑"等,都是跑步技术中需要克服的典型错误。

5. 400 m(含 400 m)以下项目必须采用蹲踞式起跑,而中长跑和接力区内接棒者起跑一般采用站立式或半蹲踞式起跑,径赛起跑二次犯规取消比赛资格,全能比赛中,允许一人一次犯规,二次犯规取消比赛资格。径赛起跑允许一次犯规,第二次犯规不论是谁即被取消资格。

6. 中长跑是有氧供能,需要掌握正确的呼吸节奏,一般跑 2 步或 3 步一呼气,2 步或 3 步一吸气,也有 1 步一呼 1 步一吸的。

7. 中长跑竞赛战术一般有两种,一种是领先跑,一种是跟随跑,这要根据各人的专项素质能力和需要来确定。一般耐力好、速度差,要破纪录,采用领先跑;速度好、耐力差,要争名次,采用跟随跑。

8. 传接棒是接力跑的关键技术,学好传接棒技术要注意以下几点:

(1)传接棒手型要正确,一般采用"上挑式"和"下压式"两种方法(图 12-8)。

图 12-18

(2)起跑标志,起跑标志要根据传棒人的最后跑速度和接棒人起跑速度来定。

(3)应错开跑,相隔 1～1.5 m 时,传棒人发出"接"的信号,接棒人向后伸手接棒,手型要正确稳定。

(4)10 m 预跑区只作起跑加速用,交接棒必须在 20 m 接力区内完成。在接力区或跑程中出现的掉棒必须由掉棒者捡起。

9. 4×100 m 接力赛跑应按每个队员的特长安排相应棒次。

第一棒:起跑好,善跑弯道;第二棒:速度耐力好,传接棒技术好;第三棒,除具备第二棒条件外,还应善跑弯道;第四棒:起动速度最快,冲刺能力最强。

第三节　跳

田径运动中的跳跃项目包括跳高、跳远、三级跳远、撑竿跳高等。虽然它们的运动形式和要求各不相同,但其共性都是用自身的能力(也可借助一定的运动器材,如钉鞋、起跳板、撑杆等),通过助跑、起跳越过最大高度或达到最大远度,然后落地。学生练习跳跃运动能发展下肢力量、弹跳力和跳跃能力,培养勇敢、果断的意志品质,具有重要的实用价值。

一、跳的练习内容

(一)跳远的专门练习

1. 4～8 步助跑起跳成"腾空步"落地(图 12-9)。目的:起跳后的平衡动作。

2. 4～8 步助跑起跳成"腾空步"后,起跳腿前举与摆动腿靠拢向前做蹲踞式落地(图 12-10)。

3. 4～8 步助跑起跳成"腾空步"后,摆动腿向后快速下放摆动,展髋、挺胸腰,成挺身式后举腿落地(图 12-11)。

图 12-9　起跳成腾空步落地

图 12-10　蹲踞式跳远

图 12-11　挺身式跳远

4. 逐步增加助跑距离进行完整的蹲踞式或挺身式跳远。

要求:以上 1、2、3、4 各练习可先放起跳板进行,要确定好助跑步数和距离。

(二)三级跳远专门性练习

1. 单足跳跃过小障碍物,体会每跳的扒地动作。

2. 4～6 步助跑,第二次单足跳接一次跨跳,反复做 3～5 次。

3. 4～6 步助跑跨步跳接跳远。

4. 4～8 步助跑单足跳越过低障碍物,跨步跳到跳箱上,然后第三跳越过横杆落于高垫上。目的:提高各跳动作幅度,体会三跳组合技术(图 12-12)。

5. 半程或全程助跑三级跳远。

要求:量好助跑步点,在跑道上按大、中、小比例画好三跳节奏标志,反复进行练习。

图 12-12　三跳相结合练习

（三）背越式跳高专门性练习

1. 原地摆腿转体 90° 放腿倒肩（图 12-13）。

图 12-13　原地放腿倒肩成背弓

2. 2～4 步助跑、起跳、转体，成背弓躺在高海绵垫上（图 12-14）。

目的：学习助跑起跳、背弓动作。

3. 原地双脚跳起背越过杆（图 12-15）。

目的：学习过杆动作。

图 12-14　助跑、起跳、转体、后倒成背弓

图 12-15　原地双脚起跳过杆

4. 按地面画好的弧线做全程助跑、起跳、空中转体，但不过杆。要求：横杆放在一定高度上进行练习（图 12-16）。

5. 半程或全程背越式跳高（图 12-17）。

图 12-16　在一定高度横杆前助跑起跳

图 12-17　背越式跳高过杆

二、跳的练习提示

1. 快速助跑与快速起跳相结合是跳跃技术的关键。助跑速度快慢要以能控制做起跳动作为前提。

2. 跳远、三级跳远的助跑距离约为 20～30 m 左右。跳高的助跑一般跑 8～10 步，且与横杆成 35°～40°角进行助跑。助跑步点丈量可采用走步式丈量法，即走步数＝跑步数 2 减 1 或减 2(穿胶鞋跑)，从起跳点向助跑相反方向用自然步走，确定起动标志后，再经助跑校正。

3. 因助跑最后几步要为起跳做准备，所以重心较低，倒数第二步要大于最后一步，因此倒数第二步身体重心最低。跳高重心下降幅度大于跳远、三级跳远。

4. 助跑准确性是跳跃技术中的难点，它对助跑速度的发挥及起跳动作影响重大。助跑节奏的稳定性，固定的开始姿势，对场地、气候条件变化的适应性等都能影响助跑的准确性。

5. 助跑的开始姿势有站立式起跑和行进间起跑两种。加速的方法有积极加速跑和逐渐加速跑两种。助跑距离长短以发挥速度快慢来定，发挥速度慢，助跑距离可长些，可用逐步加速法。初学者为求步子的稳定性采用站立式起跑。

6. 迈步踏跳时，倒数第二步摆动屈膝送髋很关键，跳高摆动屈膝程度大于跳远项目。

三、跳跃比赛简要规则

1. 学生参加跳高比赛时，可以在规定起跳高度以上的任何高度起跳，并可自己决定在某一高度上的任何一次"免跳"。但在下一高度只能试跳在前一高度上试跳失败后的剩余次数(每个高度只有三次试跳机会)。

2. 跳远落地时，身体任何部分触及沙坑以外的地面，且触及点比沙坑内落点离起跳线近或完成试跳后向后走出沙坑，都应判作失败。

3. 三级跳远第一跳必须是单脚跳，第二跳是跨步跳，第三跳是跳跃。跳跃中，摆动腿触地，不作失败论处。

第四节　投　掷

田径比赛中的投掷项目有铅球、铁饼、标枪和链球。这些项目的器械在构造、形状、重量上都不一样,投掷的方法、场地规则也不相同,但都属于斜抛运动,都由器械握持、助跑(直线形式或旋转形式)、器械的掷出(最后用力)、维持身体平衡四个相互紧密衔接的部分组成。

一、投的练习内容(均以右手投为例)

图 12-18　握球和持球

(一)推铅球的专门练习(侧向滑步推铅球)

1. 握球和持球(图 12-18)。

2. 原地上一步正面双手推球(图 12-19)。

3. 原地侧向推球(图 12-20)。

目的:学习最后用力动作。

图 12-19　原地上一步正面双手推球

图 12-20　原地最后用力推球

4. 上两步后成最用力推球。

5. 重复做侧向连续滑步。

要求:预摆团身后要先坐臀移重心,再摆腿蹬收。

6. 完整的侧向滑步投球。

(二)投标枪的专门练习

1. 握枪和持枪(图 12-21)。

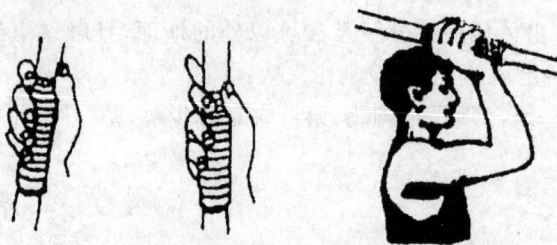

图 12-21　握枪和持枪

2. 左脚前迈成满弓（图 12-22）。

要求：标枪出手要有甩腕拨指动作，并使用力通过标枪的纵轴。

3. 原地正面投枪（图 12-23）。

图 12-22　左脚前迈成"满弓"　　　　图 12-23　原地正面投枪

要求：右手抓住支撑物或握枪顶住墙做。左脚要在右髋推送下向前迈出，同时保持上体的后倾，左脚落地一刹那被拉直的右臂翻肘向上。

4. 原地侧向投枪（图 12-24）。

图 12-24　侧面原地掷标枪

要求：右膝、右髋先向前转动发力。

5. 跳交叉步后投枪（图 12-25）。

图 12-25　跳交叉步后投枪

目的：将交叉步与最后用力投枪相结合。

要求：右腿积极向前摆动着地后应迅速屈膝抬脚跟向前送髋，促使左脚向前快落，造成下肢超越上肢的良好姿势。

6. 原地、走步、跑步引枪。

要求：尽可能向右转动左肩和右臂向后引直枪。

7. 五步投掷步投枪（图 12-26）。

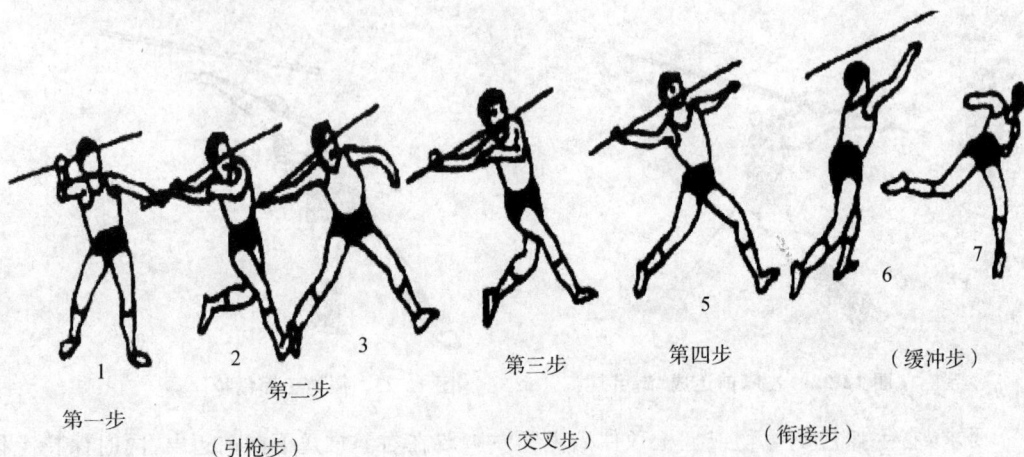

图 12-26　五步投掷步投枪

要求：左脚踏标志线后，迈右脚开始引枪，上左脚伸直手臂做交叉步后投枪。

8. 短程、中程、全程助跑投枪。

二、投的练习提示

1. 所有投的项目都包括握持器械、助跑、最后用力、出手后的身体平衡等四个部分，其中最后用力技术是主要部分，是决定投掷远度的关键。

2. 助跑与最后用力衔接技术的关键在于助跑最后一步右脚落地之后，左脚着地前的一刹那，右腿及时工作和左脚积极快落。

3. 助跑结束两脚落地部位和方向是否正确，直接影响到最后用力的效果。一般正确落位是左脚尖和右脚跟基本在一直线上，要使身体处于正确的发力状态，下颌、膝和右脚尖基本呈一垂线（图 12-27）。

4. 头和非投掷臂的正确动作，直接影响到肌肉的拉紧和放松。如铅球滑步中，过早回头和左臂不保持前伸而过早打开，就会使左侧肌肉过早放松，直接影响到最后用力的工作距离、动作的速度和力量。

5. 最后用力的顺序应是：腿部蹬地用力在先，手臂用力在后；下肢转动先于上体的转动，髋的运动先于右肩；重心由右脚转向左脚。

图 12-27　投掷发力前站位及正确姿态

6. 从左脚落地到器械出手，始终存在左侧支撑用力过程。左侧支撑用力指的是从左肩到左臂到左腿左脚整个身体左侧的用力，这在最后用力过程中起到积极支撑制动作用、用力作用和转动轴的作用。

7. 器械出手时，投掷臂的快速鞭打及手腕、手指的甩动或拨动，最后给器械再加速，有助于提高出手速度，对于掷标枪还可以使器械产生顺时针方向的自转运动，有助于提高器械在飞行中的稳定性。作用到器械上的力应做到铅球通过球的重心,标枪通过纵轴。

8. 因铅球过早离开颈部而形成的"掉肘投",便出现"只用手臂力量、坐臀推球"的现象,这是由于用力顺序不明确而产生的。滑步时上体保持前俯不够,过早抬体引起"超越器械差";再则摆腿方向不正,蹬地角度过大引起"跳滑";左侧支撑无力出现"左肩侧倒或后转投";左脚落地慢、右脚蹬转不及时造成"滑步后停顿"等都是推铅球技术中的典型错误,对推铅球成绩有直接影响。

三、投掷的简要规则

1. 铅球投掷角度为 34.92°,标枪角度为 29°。铅球、标枪枪尖必须完全落在投掷区角度线内沿以内,且标枪枪尖必须先落地,才为有效。正式比赛铅球重 7.26 kg(女 4 kg),锻炼标准掷的铅球重 5 kg(女 3 kg)。标枪重 800 g(女子 600 g)。

2. 器械投出完全落地之后,人才能离开投掷区,推铅球或掷铁饼必须从后半圈走出,投标枪后不能触及起掷弧和其两端 1.5 m 延长线。

3. 开始试掷后,身体任何部分触及圈的上沿(铅球包括抵趾板上沿)及圈外地面,标枪包括起掷弧及两端延长线上沿地面和助跑道以外地面,均判失败一次。

4. 成绩丈量:均从器械落地最近点(标枪为枪尖落点)起,通过圆心丈量至投掷圈内沿(铅球为抵趾板内沿,标枪为起掷弧内沿)之间的直线距离。所有投掷项目均以 1 cm 为最小计量单位。

第五节　田径运动赛事与名人介绍

一、国际田联

国际业余田径联合会(International Amateur Athletic Federation,IAAF)简称国际田联,1912 年 7 月 17 日在瑞典首都斯德哥尔摩成立,现有协会会员 210 个,分属欧、亚、非、中北美、南美及大洋洲等 6 个地区联合会。国际田联的工作用语为英、法、俄/德、西班牙语等,不同工作用语文本发生冲突时,以英语文本为准。国际田联总部 1912～1946 年设在斯德哥尔摩,1946—1993 年移至伦敦,1994 年 6 月 10 日新的总部在摩纳哥公国启用。

田径是夏季奥运会的基础项目。国际田联在国际体育和奥林匹克运动中举足轻重。国际田联有两位主席担任过国际奥委会主席,前任国际田联主席内比奥罗也是世界大学生体育联合会和夏季奥运会项目国际单项体育联合会协会主席。

国际田联的宗旨是保护国际业余田径运动的权益,在各个协会之间建立友好和真挚的合作关系,反对任何种族、宗教、政治和其他形式的歧视。其任务是:在世界上开展田径运动,在所有会员之间建立友好关系,采取必要措施反对种族、政治和宗教信仰歧视,为不同种族、不同政治态度和不同宗教信仰的运动员参加国际比赛消除障碍,制定国际比赛的章程和规则,保证会员之间的比赛按田联制定的章程和规则进行,与新的国家田协联系,解决在田径运动中出现的有争议的问题,与奥运会组委会合作举办田径比赛,确认世界纪录。

国际田联的最高权力机构是代表大会,每两年举行一次,拥有修改章程、制定竞赛规则、批准项目、选举官员等权力。大会选出的理事会负责处理日常事务。理事会由主席、4名副主席、司库、6名大洲代表和15名理事共27人组成,任期4年。前任主席意大利人内比奥罗于1999年11月7日突然辞世,11月18日国际田联特别会议一致通过由塞内加尔的迪亚克(Lamine Diack)继任主席至2001年,2002年国际田联举行换届选举,迪亚克成功当选新一届国际田联主席。

国际田联设有6个委员会,除了医学委员会由理事会指定外,技术、女子、越野、竞走、老运动员共5个委员会均由大会选举产生。这些委员会协助理事会向代表大会提出建议,其成员任期均为4年。此外,国际田联理事会下设的专门委员会有运动员委员会、兴奋剂检测委员会、发展委员会、财政预算委员会、奖金资助委员会、新闻发布和电视转播委员会等,这些委员会定期向理事会提交报告和提供咨询。国际田联在全世界设有9个地区发展中心,其中之一设在中国北京。

国际田联的主要赛事有世界锦标赛、世界青年锦标赛、世界室内锦标赛、世界杯赛、世界越野锦标赛、世界竞走杯赛、世界半程马拉松锦标赛、世界公路接力锦标赛、国际巡回大奖赛和国际越野巡回赛等。此外田径也是14个地区综合性运动会的比赛项目。

中国田径运动协会于1978年加入国际田联。走、跑、跳、掷是人类生活的基本技能,是田径运动项目中最基本的运动形式。这些自然动作和技能对学习掌握田径运动各项技术有着十分密切的关系;这些自然动作规范,有助于正确地、较快地掌握田径运动技术。

二、项目设置

2008年奥运会项目设置:

男子:100 m跑、200 m跑、400 m跑、800 m跑、1500 m跑、5000 m跑、10000 m跑、马拉松、3000 m障碍跑、110 m跨栏跑、400 m跨栏跑、跳高、撑竿跳高、跳远、三级跳远、铅球、铁饼、链球、标枪、十项全能、20 km竞走、50 km竞走、4×100 m接力跑、4×400 m接力跑。

女子:100 m跑、200 m跑、400 m跑、800 m跑、1500 m跑、5000 m跑、10000 m跑、马拉松、100 m跨栏跑、400 m跨栏跑、跳高、撑竿跳高、跳远、三级跳远、铅球、铁饼、链球、标枪、七项全能、20 km竞走、4×100 m接力跑、4×400 m接力跑、3000 m障碍跑。

共47个项目,其中男子24项,女子23项。

三、明星人物

1. 帕弗·纳米

芬兰人,帕弗·纳米被誉为"长跑之王"。从1920年、1924年到1928年的三届奥运会,纳米在男子中长跑、越野跑个人以及团体项目上共夺得12枚奖牌,其中包括9枚金牌(创造了奥运会夺金纪录)。

2. 杰西·欧文斯

美国人,杰西·欧文斯是1936年柏林奥运会上的英雄人物。他在男子短跑以及跳远总共四个项目上夺得4枚金牌,风光无限的欧文斯在本届奥运会上盖过了纳粹领导人希特勒的风头。

3. 卡尔·刘易斯

美国人,卡尔·刘易斯参加了1984年、1988年、1992年和1996年四届奥运会,在男子短跑以及跳远项目上总共夺得 10 枚奖牌,其中包括 9 枚金牌(平奥运会夺金纪录),同时,刘易斯还曾八夺世界冠军并 8 次刷新世界纪录。

4. 刘翔

中国人,2003 年 3 月 16 日英国伯明翰第 9 届国际室内田径锦标赛男子 60 m 栏,第三名,7 秒 52,打破亚洲室内纪录,成为参加本次比赛唯一获得奖牌的亚洲选手,实现中国男选手在该项赛事 18 年来奖牌"零"的突破。

2004 年 8 月 27 日雅典奥运会男子 110 m 栏决赛,冠军,12 秒 91,平由英国选手科林·杰克逊 1993 年创造的世界纪录,打破 12 秒 95 的奥运会纪录。这枚金牌是中国男选手在奥运会上夺得的第一枚田径金牌。

2006 年 7 月 12 日瑞士洛桑田径超级大奖赛,男子 110 m 栏,12 秒 88,冠军,打破沉睡 13 年之久,由英国名将科林·杰克逊创造的 12 秒 91 的世界纪录(现已被古巴小将罗伯斯打破)。

2007 年 8 月 31 日日本大坂世锦赛男子 110 m 栏决赛,12 秒 95,冠军,成为集世界纪录、奥运会冠军、世锦赛冠军于一身的男子 110 m 栏大满贯得主。

2010 年 11 月 24 日广州亚运会 110 m 栏决赛中,以 13 秒 09 获得冠军,也是在亚运会此项目中,唯一三连冠的运动员。

5. 获奖牌的中国人

朱建华,1984 年第 23 届洛杉矶奥运会获得男子跳高铜牌;

李梅素,1988 年第 24 届汉城奥运会获得女子铅球铜牌;

陈跃玲,1992 年第 25 届巴塞罗那奥运会获得女子 10 km 竞走金牌(44 分 32 秒);

黄志红,1992 年第 25 届巴塞罗那奥运会获得女子铅球银牌;

李春秀,1992 年第 25 届巴塞罗那奥运会获得女子 10 km 竞走铜牌;

曲云霞,1992 年第 25 届巴塞罗那奥运会获得女子 1500 m 铜牌;

王军霞,1996 年第 26 届亚特兰大奥运会获得女子 5000 m 金牌、女子 10000 m 银牌;

隋新梅,1996 年第 26 届亚特兰大奥运会获得女子铅球银牌;

王　妍,1996 年第 26 届亚特兰大奥运会获得女子 10 km 竞走铜牌;

王丽萍,2000 年第 27 届悉尼奥运会获得女子 20 km 竞走金牌;

刘　翔,2004 年第 28 届雅典奥运会获得男子 110 m 栏金牌;

邢慧娜,2004 年第 28 届雅典奥运会获得女子 10000 m 金牌;

周春秀,2008 年第 29 届北京奥运会获得女子马拉松铜牌;

张文秀,2008 年第 29 届北京奥运会获得女子链球铜牌(8 月 20 日 20 点 50 分,成绩为 74.32 m)

陈　定,2012 年第 30 届伦敦奥运会获得男子 20 km 竞走金牌;

司天峰,2012 年第 30 届伦敦奥运会获得男子 50 km 竞走铜牌;

王　镇,2012 年第 30 届伦敦奥运会获得男子 20 km 竞走铜牌;

切阳什姐,2012 年第 30 届伦敦奥运会获得女子 20 km 竞走铜牌;

李艳凤,2012 年第 30 届伦敦奥运会获得女子铁饼铜牌;

巩立姣,2012 年第 30 届伦敦奥运会获得女子铅球铜牌。

四、纪录大全

表 12-8

性别	项目	成绩	创造者	国籍	时间	地点	赛事
男	100 m	9秒58	尤塞恩·博尔特	牙买加	2009.8.16	柏林	第12届田径世锦赛
男	200 m	19秒19	尤塞恩·博尔特	牙买加	2009.8.20	柏林	第12届田径世锦赛
男	400 m	43秒18	迈克尔·约翰逊	美国	1999.8.26	塞维利亚	第7届田径世锦赛
男	800 m	1分40秒91	大卫·鲁迪沙	肯尼亚	2012.8.10	伦敦	第30届伦敦奥运会
男	1000 m	2分11秒96	诺·恩吉尼	肯尼亚	1999.9.5	列蒂	意大利国际田径赛
男	1500 m	3分26秒00	西查姆·埃尔·奎罗伊	摩洛哥	1998.7.14	罗马	国际田联黄金联赛罗马站
男	2000 m	4分44秒79	西查姆·埃尔·奎罗伊	摩洛哥	1999.9.8	柏林	国际田联黄金联赛
男	3000 m	7分20秒67	丹·科曼	肯尼亚	1996.9.1	列蒂	国际田径赛
男	5000 m	12分37秒35	贝克勒	埃塞俄比亚	2004.5.31	荷兰	国际田径赛
男	10000 m	26分17秒53	贝克勒	埃塞俄比亚	2005.8.26	布鲁塞尔	国际田联黄金联赛
男	3000 m障碍	7分53秒64	沙希恩	卡塔尔	2004.9.3	布鲁塞尔	国际田联黄金联赛
男	马拉松	2小时3分59秒	格布雷西拉西耶	埃塞俄比亚	2008.9.28	柏林	马拉松赛
男	20000 m竞走	1小时17分25秒6	塞桂拉	墨西哥	1994.5.7	卑尔根	
男	50000 m竞走	3小时40分57秒9	图坦	法国	1996.9.29	埃利库尔	
男	20 km竞走	1小时16分43秒	谢尔盖·莫洛佐夫	俄罗斯	2008.6.8	萨兰斯克	全国锦标赛
男	30 km竞走	2小时01分44秒	毛里齐奥·达米拉诺	俄罗斯	1992.10.3	库内奥	本人告别赛
男	50 km竞走	3小时34分13秒	尼泽戈罗托夫	俄罗斯	2008.5.11		第23届世界杯竞走赛
男	110 m栏	12秒80	梅里特	美国	2012.9.8	布鲁塞尔	国际田联钻石联赛布鲁塞尔站
男	400 m栏	46秒78	凯文·扬	美国	1992.8.6	巴塞罗那	第25届巴塞罗那奥运会
男	4×100 m接力	36秒84	卡特、弗拉特、布雷克、博尔特	牙买加	2012.8.12	伦敦	第30届伦敦奥运会
男	4×400 m接力	2分54秒29	迈克尔·约翰逊，Reynolds Harry，Watts Quincy，Valmon Andrew	美国	1993.8.22	斯图加特	第4届田径世锦赛
男	4×800 m接力	7分2秒43	约·穆图阿等	肯尼亚	2006.8.25	布鲁塞尔	国际田径赛
男	10 km	27分01秒	科戈	肯尼亚	2009.3.29	布林瑟姆	10公里公路赛
男	20 km	55分21秒	塔德赛	厄立特里亚	2010.3.21	里斯本	
男	半程马拉松	58分23秒	塔德赛	厄立特里亚	2010.3.21	里斯本	国际半程马拉松赛
男	1英里	3分43秒13	西查姆·埃尔·奎罗伊	摩洛哥	1999.7.7	罗马	国际田联黄金联赛罗马站

续表

性别	项目	成绩	创造者	国籍	时间	地点	赛事
男	2英里	7分58秒61	丹尼尔.科门	肯尼亚	1997.7.19	比利时	
男	跳高	2米45	哈维尔·索托马约尔	古巴	1993.7.27	萨拉曼卡	国际田径赛
男	跳远	8米95(+0.3)	鲍威尔	美国	1991.8.30	东京	第3届田径世锦赛
男	三级跳远	18米29(+1.3)	埃德沃兹	英国	1995.8.30	哥德堡	第5届田径世锦赛
男	撑杆跳高	6米14	谢尔盖·布勃卡	乌克兰	1994.7.31	塞斯特列雷	国际田径赛
男	铅球	23米12	兰迪·巴恩斯	美国	1990.5.20	洛杉矶	
男	铁饼	74米08	丁尔根·舒尔特	东德	1986.6.6	新勃兰登堡	
男	标枪	98米48	扬·泽11莱兹尼	捷克斯洛伐克	1996.5.26	耶拿	奥林匹克日'田径赛
男	链球	86米74	尤里·谢迪赫	苏联	1986.8.30	斯图加特	
男	十项全能	9039分	阿什顿·伊顿	美国	2009.6.23	美国	美国奥运田径选拔赛
女	100 m	10秒49(0.0)	格里菲斯·乔伊娜	美国	1988.7.16	印第安纳波利斯	
女	200 m	21秒34(+1.3)	格里菲斯·乔伊娜	美国	1988.9.29	汉城	第24届汉城奥运会
女	400 m	47秒60	马里塔·科赫	东德	1985.10.6	堪培拉	
女	800 m	1分53秒28	娅尔米拉·克拉托赫维洛娃	捷克斯洛	1983.7.26	慕尼黑	国际田径赛
女	1000 m	2分28秒98	斯·玛斯科特娃	俄罗斯	1996.8.23	布鲁塞尔	国际田径大奖赛
女	1500 m	3分50秒46	曲云霞	中国	1993.9.11	北京	第7届全运会
女	3000 m	8分06秒11	王军霞	中国	1993.9.13	北京	第7届全运会
女	5000 m	14分11秒15	蒂努内塞·迪巴巴	埃塞俄比亚	2008.6.8	奥斯陆	国际田联黄金联赛
女	10000 m	29分31秒78	王军霞	中国	1993.9.8	北京	第7届全运会
女	2000 m障碍	6分11秒84	玛琳娜·普鲁兹尼科娃	俄罗斯	1994.7.25	圣彼得堡	第三届友好运动会
女	3000 m障碍	8分58秒81	萨米托娃	俄罗斯	2008.8.17	北京	第29届北京奥运会
女	马拉松	2小时15分25秒	保拉·拉德克里夫	英国	2003.4.13	伦敦	
女	2英里	8分58秒58	梅塞莱特·德法尔	埃塞俄比亚	2007.9.14	布鲁塞尔	国际田联黄金联赛
女	5000 m竞走	20分02秒60	吉兰·奥苏利文	爱沙尼亚	2002.7.13	都柏林	
女	10000 m竞走	41分56秒23	雷斯基娜	苏联	1990.7.24	西雅图	
女	20000 m竞走	1小时26分52秒3	伊万诺娃	俄罗斯	2001.9.6	布里斯班	
女	5 km竞走	20分13秒26	克里·萨克斯比-琼娜	澳大利亚	1996.2.25	霍巴特	田径大奖赛
女	10 km竞走	41分04秒	叶琳娜·尼科拉耶娃	俄罗斯	1996.4.20	阿德勒	全国竞走锦标赛
女	20 km竞走	1小时25分11秒	奥尔加·卡尼斯基娜	俄罗斯	2008.2.23	俄·阿德列尔	全国田径锦标赛
女	100米栏	12秒21(+0.7)	约丹卡·东科娃	保加利亚	1988.8.20	旧扎格拉市	

续表

性别	项目	成绩	创造者	国籍	时间	地点	赛事
女	400 米栏	52 秒 34	尤里娅·佩奇昂基娜	俄罗斯	2003.8.8	图拉	俄罗斯田径锦标赛
女	4×100 m 接力	40 秒 82	麦迪逊、菲利克斯、奈特、杰特尔	美国	2012.8.11	伦敦	第 30 届伦敦奥运会
女	4×200 m 接力	1 分 27 秒 46	马里恩·琼斯等	美国	2000.4.29	宾夕法尼亚	州田径赛
女	4×400 m 接力	3 分 15 秒 17	莱多夫丝卡娅、娜扎罗娃、彼尼基娜、布赖兹基娜	苏联	1988.10.1	汉城	第 24 届汉城奥运会
女	4×800 m 接力	7 分 50 秒 17	奥莉扎伦科、吉莉娜、布里苏娃、伊列娜	苏联	1984.5.8	莫斯科	
女	10 km	30 分 38 秒	麦科尔根	英国			
女	20 km	1 小时 3 分 21 秒	洛娜·基普拉加特	荷兰	2006.10.8	匈·德布勒森	国际田联首届国际公路赛跑锦标赛
女	半程马拉松	1 小时 06 分 43 秒	千叶正子	日本	1997.1.19	东京	
女	1 英里	4 分 12 秒 56	斯·玛斯科特娃	俄罗斯	1996.8.14	苏黎世	国际田径大奖赛
女	1 小时跑	18517 米	图内	埃塞俄比亚	2008.6.12	捷·俄斯特拉发	田径大奖赛
女	跳高	2 米 09	斯特夫卡·科斯塔迪诺娃	保加利亚	1987.8.30	罗马	第 2 届田径世锦赛
女	跳远	7 米 52(+1.4)	加利娜·奇斯佳科娃	东德	1988.6.11	列宁格勒	
女	三级跳远	15 米 50(+0.9)	因尼萨·克拉维茨	乌克兰	1995.8.10	哥德堡	第 5 届田径世锦赛
女	撑杆跳高	5 米 06	伊辛巴耶娃	俄罗斯	2008.8.18	北京	第 29 届北京奥运会
女	铅球	22 米 63	纳塔利娅·利索夫斯卡娅	苏联	1987.6.7	莫斯科	
女	铁饼	76 米 80	加布里尔·赖因施	东德	1988.7.9	新勃兰登堡	
女	标枪	71 米 70	奥斯莱迪斯·梅嫩德斯	古巴	2005.8.14	赫尔辛基	第 10 届田径世锦赛
女	链球	77 米 96	沃尔达齐克	波兰	2009.8.22	柏林	第 12 届田径世锦赛
女	七项全能	7291 分	杰基·乔伊娜-克西	美国	1988.9.24	汉城	第 24 届汉城奥运会

第十三章　游　泳

第一节　游泳运动概述

游泳是在水里凭借肢体动作同水的相互作用力而进行的活动技能,是在水的特殊环境里进行的一项体育运动。

游泳简单易行。江河纵横、湖泊水库星罗棋布的我国,为开展游泳活动提供了有利的地理条件,而人工游泳池不断的建立和开辟,更为开展游泳活动提供了可靠的保证。不过,应当告诫大家:无论到何处去游泳,都必须注意安全,哪怕你游技不俗,也不要单独嬉水。

从健康的意义上来说,经常从事游泳锻炼,可以增强内脏器官的功能,改善循环系统的机能,提高健康水平。

游泳运动不仅能增强体质,而且对国防和生产建设都有很大的实用价值。掌握好游泳技术有利于练就一套水上制敌的本领,也有利于许多水上作业的实施。

按照体育运动的分类,游泳可分为实用游泳和竞技游泳两大类。实用游泳包括踩水、侧泳、反蛙泳、潜泳和武装泅渡;竞技游泳包括爬泳(自由泳)、仰泳、蛙泳和蝶泳。通常,实用游泳强调动作的实用价值,以娱乐健身为主要目的;竞技游泳强调动作的竞争价值,以竞速和奖牌为主要目的。由于竞技游泳中各种泳式动作规范,观赏性强,因此它正在向民间普及。过去,民间的游泳主要是作为一种消暑形式,如今,随着人们健身意识的增强,"冬泳"已在我国的大江南北得到广泛开展。

在我国的奥运争光计划中,竞技游泳被列为重点项目,因为它是奥运会"奖牌大户"之一。可以认为,抓好游泳对我国体育称雄奥运有着举足轻重的意义。

自由泳

蝶　泳

第二节　蛙泳的主要技术

　　蛙泳是模仿青蛙动作的一种游泳姿势。蛙泳动作对称,间歇性强,大腿肌肉群充分参加工作,所以游得远而且能保持一定的速度,既省体力又能负担较大的重量,它是竞技比赛和日常锻炼中最常见的一种游泳方式。

一、蛙泳技术要点

　　1.蛙泳的准备状态是身体俯卧在水中,稍微抬头挺胸(图13-1)。

图 13-1　蛙泳身体位置

　　2.蛙泳蹬腿动作是推动身体向前的主要力量,蹬腿动作包括收腿、翻脚与蹬夹等三个主要技术环节(图13-2)。

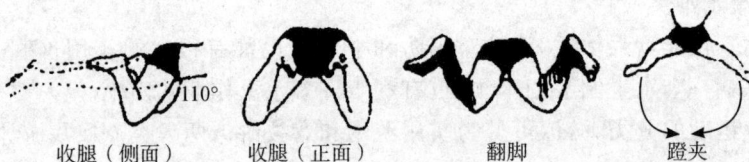

收腿(侧面)　　收腿(正面)　　翻脚　　蹬夹

图 13-2　收腿翻脚与蹬夹

　　3.蛙泳臂的划水同样可以产生很大的推进力,且与呼吸动作紧密配合,它们之间的关系是:臂划水时抬头吸气,臂前伸时低头吐气(图13-3)。

图 13-3　吸气与吐气

　　4.蛙泳臂的动作包括划水、收夹肘、伸臂等三个主要技术环节(图13-4)。

图 13-4　划水夹肘与伸臂

5. 蛙泳的完整动作配合是：一次对称的蹬腿配一次对称的划水，并做一次呼吸气，动作口诀是"划水不动腿，收手又收腿，伸臂再蹬腿，伸直漂一会"。蛙泳完整动作如图 13-5 所示。

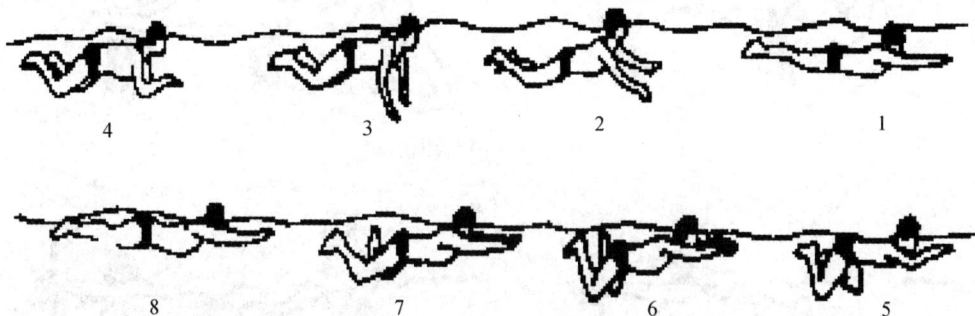

图 13-5　蛙泳配合动作

二、蛙泳练习方法

1. 浅水蹬离池底俯卧漂浮（图 13-6），注意，练习时要主动埋头提臀，将身展平躺在水面上。

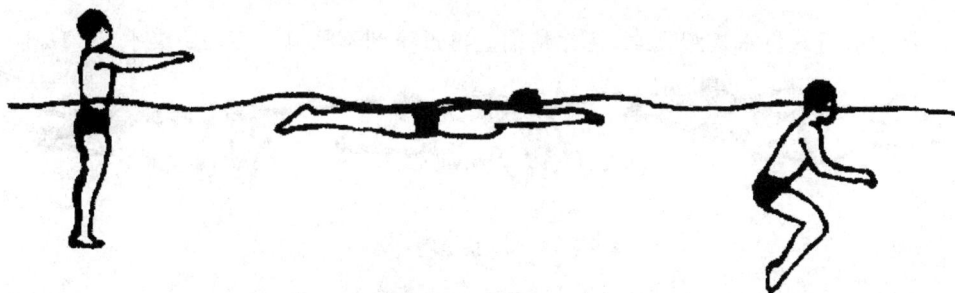

图 13-6　蹬池底漂浮

2. 浅水区蹬壁滑行（图 13-7）。

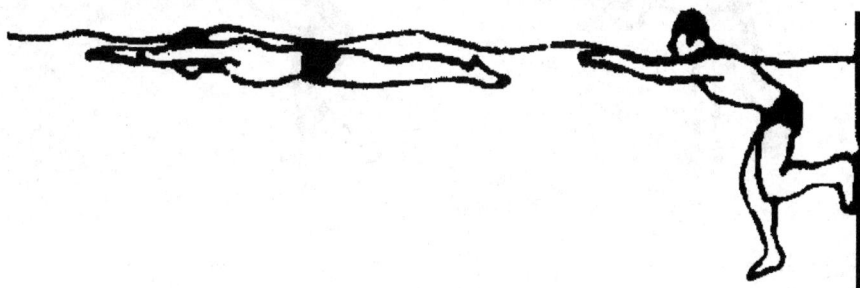

图 13-7　蹬壁滑行

3. 陆上蛙泳蹬腿模仿（图 13-8），注意练习中收腿后要翻脚，即将两脚尖转向两侧。

4. 水上扶池壁蹬夹水（图 13-9），初学者练此动作时身体常下沉，因此帮助人要将他的腹部长起。

图 13-8　蹬腿模仿

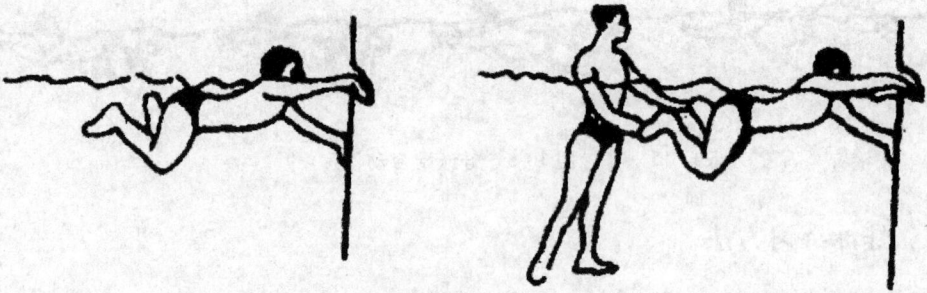

图 13-9　扶池壁蹬腿

5. 水中滑行扶打水板蹬夹水,在此基础上再过渡到不扶打水板的蹬夹水(图 13-10)。

图 13-10　扶板蹬夹水

6. 在陆上划水动作模仿的基础上,在浅水区做划手与呼吸的配合动作(图 13-11)。

图 13-11　浅水区划水

7. 在滑行中做划手抬头吸气与低头吐气的动作(不动腿)(图 13-12)。

图 13-12　抬头吸气

三、蛙泳练习提示

1. 蛙泳将人体在陆上的习惯直立位改变为水中的水平位,由于缺乏地面作支撑,必须寻求新的支撑点或支撑面,否则,人体就将沉没于水中,理解这一点,对于初学蛙泳者尤为重要。

2. 蹬腿和划水就是为蛙泳的身体位置创造适宜的支撑点或支撑面,以确保身体的上浮和向前。

3. 蛙泳的蹬腿是要最大限度地发挥大小腿对水面的作用力,因此收腿后的翻脚是一个重要的技术环节。

4. 蛙泳的臂部动作较为简单,所以蛙泳学习应以练腿部动作为主,而腿部动作又应以练习蹬夹水动作为主。

5. 呼吸是配合蛙泳的关键。切记,要先吐气后吸气,要主动张嘴吸气和吐气,而不要像通常那样仅靠鼻子作呼吸。

6. 害怕呛水的女生可以始终把嘴露出水面,注意在做这种抬头蛙泳动作时,动作的关键是手臂的划水幅度要小于正常蛙泳。也就是说,做抬头蛙泳动作时,手臂的前伸和收夹都不要做得太充分。

7. 臂划水时要抬肘,以形成两臂抱水动作;在臂划水至肩关节延长线处时,两手要做快速地收手夹肘动作。

8. 游泳时一定要注意先划水,再收腿。如果在划水的同时收腿,收回的腿形成一个屏障挡住臂向后划去的水流,这无异于你拖着一个挡水板在游泳,既费力又难以快速前进。

9. 蹬腿技术有宽蹬腿与窄蹬腿之分,划水技术也有宽划水与窄划水之分,选择哪种技术,应根据自己的条件而定。

第三节　爬泳的主要技术

爬泳是因其动作像在水中爬行而得名的。它是四种竞技游泳技术中速度最快的一种泳式。在自由泳项目的比赛中,运动员都采用爬泳,所以爬泳常被称为"自由泳"。

在动作结构上,爬泳和仰泳、海豚泳(蝶泳)属于同一类型,掌握了爬泳,就能为学习仰泳和海豚泳创造良好条件。

在现代竞技游泳中,爬泳是一项竞赛设项最多的泳式,也是游泳教学训练中的主要练习手段。因此,应努力学好爬泳,丰富自己的水上活动内容。

一、爬泳技术要点

1. 爬泳从俯卧在水面开始,正确的爬泳动作如(图 13-13)所示。

图 13-13　爬泳姿势

2. 爬泳的打腿是依靠大腿发力带动小腿,两腿交替作上下的鞭状打水动作(图 13-14)。

图 13-14　打腿

3. 爬泳的划水采用两臂交替进行,臂的一个划水过程可分为入水、抱水、划水、出手、移臂等五个部分(图 13-15)。

图 13-15　移臂与划水

4. 臂应在同侧肩的前方入水,入水的顺序是先掌后肘,插入水中;手划水至髋部后出水,出水的顺序是先肘后掌,以肩带动。

5. 手臂人水后要做前伸抓水动作,然后逐渐过渡到屈臂抱水与划水。

6. 爬泳的腿臂配合是打六次腿,划两次臂,或者是打四次腿,划两次臂。

7. 爬泳呼吸与手、腿的配合一般是每一个循环动作做一次呼吸气。呼吸与臂划水的配合是:臂入水与划水时呼气,划水至推水和提臂出水时转头张嘴吸气。

8. 空中移臂要以肩关节为轴,移臂过程中肘高于手,快速移动。

二、爬泳练习方法

1. 坐在池边或俯卧四方凳上,做上下打腿的模仿练习(图 13-16)。

图 13-16　陆上打腿模仿

2. 手扶池壁做水中上下打腿动作,注意练习中脚面绷直,脚踝内扣,两脚形成内"八"字打腿动作(图 13-17)。

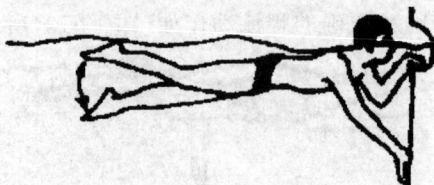

图 13-17　扶池壁打腿

3．扶板或不扶板的打腿练习，练习从蹬壁滑行开始，打腿时可将头没入水中，一边练习打，一边练习转头吸气(图13-18)。

图 13-18　扶板打腿

4．陆上两脚并拢站立，弯腰并伸双手于体前，两手交替做抱、划、推水的模仿练习。

5．陆上两脚前后开立成弓箭步，弯腰并伸双手于体前，双手交替做划水与空中移臂的模仿练习。

6．站立池底，在水中做两臂交替划水的走动练习(图13-19)。

图 13-19　浅水区划水

7．蹬壁俯卧直体滑行，然后做两臂交替划水的练习。

8．做一次性憋气腿、臂配合泳练习。

9．在爬的基础上做腿、臂、呼吸的配合游(图13-20)。

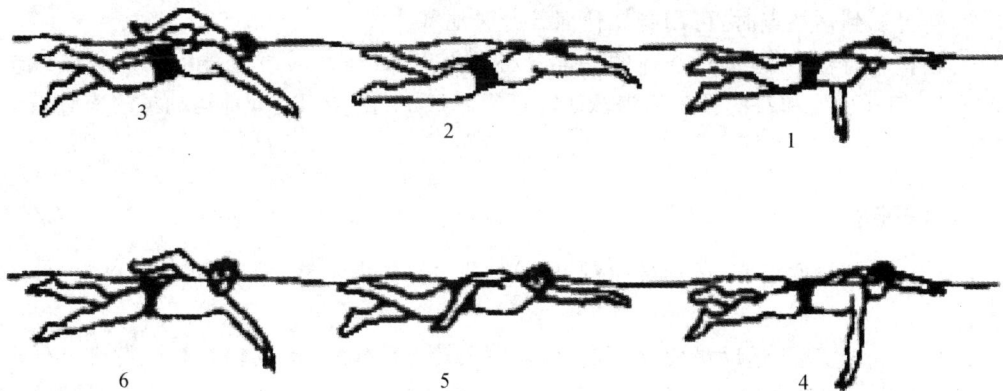

图 13-20　爬泳配合

三、爬泳练习提示

1．爬泳的手、腿配合方式改变了人在陆上的行走，迈一步摆一次臂的习惯方式，每划一次臂打三次或两次腿的手腿配合动作，要求人们在学习爬泳时必须建立新的手腿协调的条件反射，因此爬泳虽是靠划水产生主要推进力，但打腿却是学习爬泳的关键。

2. 要建立打腿技术的动力定型,在练习打腿时,要始终坚持用大腿带动小腿的快速打腿,初学时应做到膝关节不要过于弯曲,每次练习都要竭尽全力。

3. 只有熟练地掌握了打腿技术,换言之,只有在获得打腿向前的推进力,并能较轻松地扶板打腿 50 m 以上,才能进而学习爬的腿臂配合。

4. 刚开始练习爬泳腿臂配合时,应以一次性憋气配合游为主要形式,为防止腿下沉,应尽量将头埋于水中。

5. 爬泳的呼吸是掌握爬泳配合游的难点。长距离慢游是摸索呼吸技术的主要练习手段。注意在学习呼吸的过程中,要始终坚持转头侧向呼吸,而不要抬头正面呼吸。

6. 学习爬泳最忌讳扭摆身体前进,造成这种状况的原因是移臂不是靠肩关节转动而是靠上体摆动。为防止游动中蛇形前进,肩关节不灵活的学生可以做直臂移臂与入水动作。

7. 臂入水后要尽量做前伸抓水动作,须知划水幅度的加大对手腿配合协调具有帮助。

8. 两臂划水千万不要脱节,要做到每一动作循环中至少有一只手在支撑身体前行。

9. 在整个划水中手掌的抓水、拉水、抱水、推水是一个完整的过程,中途不得停顿。

10. 为加大划水面积,手掌和前臂要始终对准水。高水平的划水有后程加力加速的特点。

第四节　各项泳式的比赛规则

一、自由泳

1. 自由泳比赛中,可采用任何泳式。但在个人混合泳及混合泳接力赛中,自由泳是指除蝶、仰、蛙以外的泳式。

2. 转身和到达终点时,可用身体任何部分触池壁。

3. 在整个游程中,运动员身体的一部分必须露出水面,在转身过程中允许运动员完全潜入水中,但在出发和每次转身后潜泳距离不得超过 15 m,在 15 m 前运动员的头必须露出水面。

二、仰泳

1. 在出发信号发出前,运动员面对出发端,两手抓住握手器,两脚(包括脚趾)应处于水面下。

2. 出发和转身后,运动员应蹬离池壁,除在做转身动作外,运动员在整个游进过程中始终呈仰卧姿势。仰卧姿势允许身体做转动动作,但必须保持与水平面小于 90°的仰卧姿势。头部位置不受此限。

3. 在整个游进过程中,运动员身体的某一部分必须露出水面。在转身过程中,允许运动员完全潜入水中。但在出发和每次转身后,运动员潜泳距离不得超过 15 m,在 15 m 前运动员的头必须露出水面。

4. 在转身过程中,当运动员肩的转动超过垂直面后,可进行一次单臂划水或双臂同时划水动作,并在该动作结束前开始滚翻。一旦改变仰卧姿势,就必须做连续转身动作,任何打水或划水动作必须是连续转身动作的一部分。运动员必须呈仰卧姿势蹬离池壁,转身时运动员身体的某部分必须触壁。

5. 运动员在到达终点时,必须以仰卧姿势触壁。触壁时允许身体潜入水中。

三、蛙泳

1. 出发和每次转身后,从第一次手臂动作开始,身体应保持俯卧姿势,任何时候不允许呈仰卧姿势。

2. 两臂和两腿的所有动作都应同时在同一水平面上进行,不得有交替动作。

3. 两手应同时在水面、水下或水上由胸前伸出,并在水面或水下向后划水。除转身前最后一个动作、转身过程中和终点触壁前的最后一个动作外,在手臂的完整动作中,两肘不得露出水面。除出发和每次转身后的第一次划水动作外,两手向后划水不得超过臀线。

4. 在蹬腿过程中,两脚必须做外翻动作,不允许做剪夹、上下交替打水或向下的海豚式打水动作。只要不做向下的海豚式打腿动作,允许两脚露出水面。

5. 在每次转身和达到终点时,两手应在水面、水上或水下同时触壁。触壁前的最后一次划水动作结束后,头可以潜入水中,但在触壁前的一个完整或不完整的配合动作中,头的某一部分应露出水面。

6. 在每个以一次划臂和一次蹬腿顺序完成的完整动作周期内,运动员头的某一部分应露出水面。只有在出发和每次转身后,运动员可在全身没入水中时,做一次手臂充分的向后划至腿部的动作和二次蹬腿动作,但在第二次划臂至最宽点并在两手向内划水前,头必须露出水面。

四、蝶泳

1. 从出发和每次转身后的第一次手臂动作开始,身体应保持俯卧姿势,允许水下侧打腿。任何时候都不允许转成仰卧姿势。

2. 两臂必须在水面上同时向前摆动,并同时在水下向后划水。

3. 所有腿部的上下打水动作必须同时进行。两腿或两脚可不在同一水平面上,但不允许有交替动作,不允许有蹬蛙泳腿。

4. 在每次转身和到达终点时,两手应在水面、水上或水下同时触壁。

5. 在出发和每次转身后,允许运动员在水下做一次或多次打水动作和一次划水动作,这次划水动作必须使身体升到水面。在整个游程中,运动员身体的一部分必须露出水面。允许在出发和每次转身后潜泳,距离不得超过 15 m,在 15 m 前运动员的头必须露出水面。运动员必须使身体保持在水面上,直至下次转身或到达终点。

五、混合泳

1. 个人混合泳须按照下列顺序进行比赛:
(1)蝶泳,(2)仰泳,(3)蛙泳,(4)自由泳。

2. 混合泳接力须按照下列顺序进行比赛:
(1)仰泳,(2)蛙泳,(3)蝶泳,(4)自由泳。

3. 在个人混合泳和混合泳接力项目的比赛中,每一泳式都必须符合竞赛规则的有关规定,在仰泳转蛙泳过程中,运动员必须呈仰泳姿势触及池壁。

第五节　游泳的场地、器材、设备

举行全国综合性运动会的游泳比赛、全国游泳冠军赛、锦标赛、达标赛的游泳池必须符合以下规定:

一、游泳池

1. 游泳池应长 50 m(短池池长为 25 m),误差范围为＋0.03 m,－0.00 m。两端池壁自水面上 30 cm 至水下 80 cm 的范围内,必须符合此要求。安装自动计时装置触板后,误差也不得超出此范围。

以上规格必须经由国家承认的测绘单位测量并提供书面证明。

2. 游泳池宽 21 m 或 25 m(奥运会和世界游泳锦标赛的池宽为 25 m)。

3. 水面至池底的深度应在 2 m 以上,两端池壁必须垂直平行。两端自水面上 30 cm 至水面下 80 cm 的池壁必须结实、平整、防滑。游泳池与跳水池之间,至少应相隔 5 m。

应在离水面下至少 1.2 m 的池壁上设休息台,台面宽为 10～15 cm。池的四壁可设水槽(池的两端如设水槽,应按规定,在水面上 30 cm 处留有安装触板的地方,必须有铁栅或挡板遮盖水槽),水槽必须有调节阀以保证池内正常水位。

4. 池水:水温 25～28 ℃,室外游泳池水温最低不得少于 25 ℃。

比赛时,池水必须保持在正常水位。水面要平稳。如采用循环换水,池水不得有明显的流动或漩涡。

要求池水达到使运动员能看清池底和池端目标标志线的清晰程度。

5. 灯光:整个游泳池的灯光照度不得少于 1500 lx。

二、泳道、分道线及标志线

1. 游泳池内设八条泳道,由九条分道线构成,每条泳道宽 2.50 m。第一、九分道线距池边至少 0.50 m 或 2.50 m。

2. 分道线必须拉至泳池两端。固定分道线的挂钩应安装在池壁内,分道线必须拉紧。分道线由直径 5～15 cm 的单个浮标连接而成。从分道线两端开始至 5 m 处的全部浮标的颜色必须与其它不同。每两条泳道之间只允许有一条分道线。50 m 池必须设有 25 m 浮标标志。

3. 泳道标志线:各泳道中央的池底应有清晰的深色标志线,线宽 20～30 cm,线长 46 m(25 m 池线长 21 m),线两端距池端各为 2 m。在泳道标志线的两端应各画一条长 1 m 与泳道标志线同宽并与其垂直对称的横线。两条泳道标志线的中心距离应为 2.50 m。

4. 池端目标标志线应画在两端池壁上或触板上,位于各泳道中央,宽为 20～30 cm,从池壁的上沿一直延伸到池底。在水面下 30 cm 处的池端目标标志线中心上画一横线,横线长 50 cm,宽 20～30 cm。

三、出发台

1. 出发台应正对泳道的中央,其前缘应高出水面 50～75 cm。出发台的表面面积为 50 cm×50 cm。台面应由防滑材料覆盖,其向前倾斜不超过 10°。出发台前缘应与池壁在同一垂直面上。

出发台必须坚固且没有弹性,并应保证运动员出发时能在前缘和两侧抓住出发台(出发台台面的厚度不得超过 4 cm,否则出发台两侧应至少有 10 cm 长、前端至少有 40 cm 长深入台体的握手槽)。

2. 仰泳出发的握手器,必须同时有横的和竖的,设在出发台上,高出水面 30～60 cm。横握手器与水平面平行,竖握手器与水面垂直,握手器应与池壁在同一垂直面上,不得突出池壁之外。

3. 出发台四周应用明显的阿拉伯数字标明泳道号数。两侧的字应尽量靠前,使裁判员能看清。出发台的号数应在出发一端(面对面)从右至左依次排列。

四、召回线及仰泳转身标志线

1. 出发召回线必须横跨游泳池并缚在离出发池端 15 m 处的固定柱子上(距水面1.2 m 以上),要求能迅速放入水中,并能有效地盖住全部泳道。

在距离游泳池两端 15 m 处的泳池两侧和各泳道分道线上必须有明显的标记。

2. 仰泳转身标志线为横跨游泳池的旗绳。旗绳两端固定在离游泳池两端 5 m 的柱子上,高出水面 1.80～2.50 m。

五、自动计时装置

1. 全国综合性运动会、全国冠军赛、全国锦标赛必须采用自动计时装置。

2. 自动计时装置应能判定运动员到达终点的先后,并记录运动员的成绩。计取的成绩应精确到百分之一秒。任何安装的装置不得影响运动员的出发、转身或溢水系统的功能。这种装置应由发令员起动,装置的电线尽可能不要露在池岸上,能够按名次和泳道显示出各泳道所有记录下的信息,提供易读的运动员成绩。

3. 自动计时装置应包括以下设备:

(1)起动装置(出发音响)

①供发令员发布口令的话筒。

②如使用发令枪,必须带有换能器。

③话筒和换能器应与各出发台的扬声器相连,使出发运动员都能同时听到发令员的口令和出发信号。

(2)触板

触板应为 240 cm×90 cm,最大厚度为 1 cm。触板应露出水面 30 cm,浸入水中 60 cm,各泳道的触板应独立安装以便单独控制。触板的表面必须颜色鲜明,并画有规定的池端目标标志线。

①安装——触板应安装在泳道中心的固定位置上,触板应轻便,以便容易拆卸。

②灵敏度——触板的灵敏度应不会受水浪的波动而产生作用,只对运动员的轻微触动

产生作用。触板的顶沿应是灵敏的。

③标志线——触板上的标志线应与池壁的目标标志线一致并重叠,触板的周围和边沿应标有 2.5 cm 的黑边。

④安全性——触板应没有触电的危险,触板的边缘应平滑。

4. 自动计时装置至少有下列配件或功能:

(1)在比赛中能重复打印出各种信息。

(2)成绩公布板。

(3)精确到百分之一秒的接力出发判断器。

(4)自动计趟器。

(5)分段成绩公布板。

(6)总名次排列计算机。

(7)误触板纠正器。

(8)自动充电器。

5. 在各种重大比赛中还立具备下列条件:

(1)成绩公布板至少应有 12 行,每行可显示 38 个字符,每个字符的位置上均能显示字母和数字,每个字符至少为 20 cm 高,显示栏应可上下翻动,并且有闪烁功能。公布板应显示在比赛中运行的成绩。

(2)在离终点池端 3.5 m 处,必须有一个装有空调的控制中心,面积至少为 6 m×3 m,其地面要高出泳池地面 30~50 cm,以便在比赛中随时能不受阻碍地观察到终点端和转身端的情况。总裁判在比赛时间应能方便地进出控制中心。在比赛时间外控制中心应能封闭。

(3)录像计对系统(在奥运会和世界游泳锦标赛必备)。

6. 采用半自动装置计时时,终点一端裁判员应按动按钮记录到达终点运动员的成绩,作为自动计时装置的补救。如果每条泳道有三个按钮,每个按钮由一名裁判员操作(转身检查员可以操作其中一个按钮),在这种情况下不设终点裁判员。

六、基层比赛的游泳池

1. 深度:出发端 1~6 m 处,池深至少 1.35 m。泳池的其他地方至少 1 m 深。

2. 泳道宽不得少于 2 m,第一泳道及最后一道与两侧池壁的距离不得少于 20 cm。

3. 泳道数和池宽不限。

4. 灯光:照耀在出发台和转身池壁的灯光照度不得少于 600 lx。

附:游泳比赛卡片、游泳比赛成绩记录表及游泳检查表

游泳检查表

　年　子　组　米　泳　　　赛　年　月　日

组次　　　　道次　　　　姓名　　　　单位

自由泳:_____米处转身时,身体任何部分未触壁。

　　出发(_____米处转身)后,游泳 _____米头才露出水面。

仰　泳:出发时,两(左、右)脚趾露出水面约_____厘米。

出发(_____米处转身)后,反潜_____米头才露出水面。

_____米处转身成俯卧姿势后,没有做连贯的转身动作,打水滑行(静止滑行、划臂游进)_____米。

_____米处转身蹬离池壁后,身体成俯卧姿势。

_____米处转身时,身体任何部分未触壁。

_____米到达终点前改变仰卧姿势触壁。

蛙　泳:出发(_____米处转身)后在做第一次大划臂的同时,两腿做明显的海豚式

打_____次。

出发(_____米处转身)后第二次划水至最宽点,两手已向内划水,头未露出水面。

_____米处两腿做上下交替打水(向下的海豚式打水)_____次。

_____米处,在_____个完整动作周期内,头部未露出水面。

_____米处,两臂向后划水超过臀线。

_____米处,两(左、右)肘露出水面_____次。

_____米转身(到达终点)时,两手_____先_____后(_____手单手)触壁。

_____米处的游程中,在每次蹬腿后做向下的海豚式打水_____次。

蝶　泳:出发(_____米处转身)后,潜游_____米头才露出水面。

_____米处,两臂经空中前摆时_____先_____后_____次。

_____米处,两腿上下交替打水_____次。

_____米处转身蹬离池壁后,身体成仰卧姿势。

_____米处转身(到达终点)时,两臂未经空中前摆触壁。

_____米处转身(到达终点)时,两手_____先_____后(_____手单手)触壁。

_____米至_____米处,用蛙泳腿游进。

个人混合泳:第_____泳式顺序_____米处,应游_____泳,错游_____泳。

仰泳转体蛙泳时,改变仰卧姿势触壁。

蝶泳转仰泳(蛙泳转自由泳)时,两手　先　后(_____手单手)触壁。

_____米处_____泳犯规(见_____泳犯规条款)。

接　力:混合泳接力的第_____棒应游_____泳,错游成_____泳。

混合泳接力的自由泳棒次,在_____米处用_____泳游进。

第_____棒出发时抢码约_____厘米。

其　他:出发时抢码。

出发时延误比赛(蓄意不服从命令)。

_____米处,手拉分道线　次。

_____米处,错游入第　泳道。

技术(转身)检查员:　　　　转身检察长:　　　　总裁判:

第六节　游泳组织及赛事介绍

一、游泳组织

国际业余游泳联合会(FINA),简称国际泳联。1908 年由比利时、丹麦、芬兰、法国、德

国、英国、匈牙利和瑞典等国倡议成立,总部设在瑞士的洛桑,现有协会会员 179 个。国际泳联是国际单项体育联合会总会成员,正式用语为英语和法语,工作用语为英语。

从 1896 年第一届奥运会起,游泳就是奥运会的竞赛项目。国际泳联的任务是确定奥运会和其他国际比赛中游泳、跳水、水球和花样游泳的规则,审核和确认世界纪录,指导奥运会中的游泳比赛。

国际泳联承认非洲、美洲、亚洲、欧洲和大洋洲的大洲联合会。

国际泳联的组织体系由代表大会、技术代表大会、办公局、常设委员会、专门委员会和仲裁法庭组成。代表大会是其最高权力机构,有权对除技术代表大会权限以外的任何事宜进行决策,每 4 年召开一次。一个协会会员可派两名代表,有 2 票表决权。代表大会听取执行局的报告、司库的报告、修订章程与规则、选举执行局及其官员。

技术代表大会有权对一切有关游泳、跳水、水球、花样游泳竞赛的技术问题作出决定,有权决定国际泳联的技术规则,也是每 4 年召开一次,一个协会会员可派两名代表与会。

执行局由国际泳联主席、5 个副主席、秘书、司库和 14 名委员组成。每 4 年选举一次。终生主席、前任主席、前任秘书、前任司库也是执行局成员,但无表决权,后 3 人只能保持一届(4 年)。国际泳联现任主席是阿尔及利亚人拉尔夫伊(Mustapha Larfaoui),司库是马格里翁(Julio Cesar Maglione),秘书长是孔索洛(Bartolo Consolo)。

国际泳联设有以下专门委员会处理不同领域的专业问题:游泳技术委员会、露天水域游泳技术委员会、跳水技术委员会、水球技术委员会、花样游泳技术委员会、老将委员会和医务委员会。执行局还可根据需要设立各种专门委员会。

国际泳联设有信息中心,及时传递有关国际泳联、大洲泳联和协会会员的各种信息。

国际泳联负责主办的赛事除了奥运会游泳比赛外,还有世界锦标赛(1973 年始)、世界杯赛(1991 年始)、世界短池锦标赛(1993 年始)、跳水大奖赛(1994 年始),跳水世界杯中增加花样跳水(1994 年始),在世界水球锦标赛中增加少年女子水球比赛(1995 年始)。

中国在中华人民共和国成立前即为国际泳联会员,1958 年退出,1980 年 7 月恢复会员资格。

二、世界大赛

(一)世界游泳锦标赛

世界游泳锦标赛共有 44 枚金牌,分别为:

1. 男、女自由泳:50 m、100 m、200 m、400 m、800 m、1500 m

2. 男、女仰泳:50 m、100 m、200 m

3. 男、女蛙泳:50 m、100 m、200 m

4. 男、女蝶泳:50 m、100 m、200 m

5. 男、女个人混合泳:200 m、400 m

6. 男、女自由泳接力:4×100 m、4×200 m

7. 男、女混合泳接力:4×100 m

8. 男、女公开水域 5 km、公开水域 10 km

（二）奥运会

奥运会游泳比赛共有 34 枚金牌,分别为:

1. 男、女自由泳:50 m、100 m、200 m、400 m、800 m(女子)、1500 m(男子)

2. 男、女仰泳:100 m、200 m

3. 男、女蛙泳:100 m、200 m

4. 男、女蝶泳:100 m、200 m

5. 男、女个人混合泳:200 m、400 m

6. 男、女自由泳接力:4×100 m、4×200 m

7. 男、女混合泳接力:4×100 m

8. 男、女公开水域 10 km(马拉松游泳)

三、游泳名将

菲尔普斯

（一）男子

1. 混合泳:菲尔普斯(美国)　罗切特(美国)

2. 自由泳:菲尔普斯(美国)　比德尔曼(德国)　贝尔纳(法国)　苏立文(澳大利亚)
　　　　　朴泰桓(韩国)　小西埃洛(巴西)　张　琳(中国)　迈卢利(突尼斯)
　　　　　孙　杨(中国)　索　普(澳大利亚)

3. 蛙　泳:北岛康介(日本)

4. 仰　泳:佩尔索尔(美国)　罗切特(美国)　入江陵介(日本)　古贺淳也(日本)

5. 蝶　泳:菲尔普斯(美国)　查维奇(塞尔维亚)

6. 马拉松:范德维登(荷兰)

（二）女子

1. 混合泳:霍夫(美国)　库克尔斯(美国)　赖斯(澳大利亚)　叶诗文(中国)

2. 自由泳:阿德林顿(英国)　斯特芬(德国)　佩莱格里尼(意大利)

3. 蛙　泳:琼斯(澳大利亚)　索尼(美国)　罗雪娟(中国)

4. 仰　泳:考芙琳(美国)　考文垂(津巴布韦)　赵菁(中国)

5. 蝶　泳:特里克特(澳大利亚)　刘子歌(中国)　斯基佩尔(澳大利亚)　焦刘洋(中国)

6. 马拉松:伊莉琴科(俄罗斯)

表 13-1　中国奥运会冠军

届别	姓名	项目	备注
1992 年巴塞罗那奥运会	庄　泳	女子 100 米自由泳	
	钱　红	女子 100 米蝶泳	
	林　莉	女子 200 米混合泳	
	杨文意	女子 50 米自由泳	
1996 年亚特兰大奥运会	乐靖宜	女子 100 米自由泳	
2004 年雅典奥运会	罗雪娟	女子 100 米蛙泳	
2008 年北京奥运会	刘子歌	女子 200 米蝶泳	破世界纪录
2012 年伦敦奥运会	孙　杨	男子 400 米自由泳	破奥运会纪录
	孙　杨	男子 1500 米自由泳	破世界纪录
	叶诗文	女子 400 米混合泳	破世界纪录
	叶诗文	女子 200 米混合泳	破奥运纪录
	焦刘洋	女子 200 米蝶泳	破奥运会纪录

第十四章　健美操

第一节　健美操运动概述

健美操是体操、舞蹈、音乐逐步发展和结合的产物,是人们对生活及人体健美的追求,它以强大的生命力风靡世界。20世纪70年代末,健美操热传到了我国,北京、上海、广州等地率先培养出一批健美操骨干,推动了健美操运动的广泛发展。

健美操是在音乐的伴奏下,运用各种不同类型的操化动作,融体操、舞蹈、音乐为一体的身体练习,是健身美体、陶冶情操的大众健身方式,又是竞技运动的一个项目。

健美操竞赛项目包括男子单人、女子单人、混合双人、三人(男三;女三;混合三人)、混合六人(男三、女三)啦啦操等。比赛按性质分锦标赛和冠军赛两类。

健美操　　　　　　　　　　　　竞技健美操

一、健美操的起源

健美操的起源应追溯到两千多年前。古希腊人对人体美的崇尚举世闻名,他们认为,在世界万物之中,只有人体的健美才是最匀称、最和谐、最庄重、最有生气和最完美的。古希腊人喜爱采用跑跳、投掷、柔软体操和健美舞蹈等各种体育项目进行人体美的锻炼。他们提出了"体操锻炼身体,音乐陶冶精神"的主张。

古印度很早就流行一种瑜珈术,它把姿势、呼吸和意念紧密结合起来,通过调身(摆正姿势)、调息(调整呼吸)、调心(意守丹田入静),运用意识对肌体进行自我调节,健美身心,达到延年益寿。瑜珈健身术动作包括站立、跪、坐、卧、弓步等各种基本姿势。这些姿势与当前流行的健美操所常用的基本姿势是一致的。古代人对健身健美的追求,以及提倡体操与音乐相结合的主张是现代健美操形成与发展的基础。

早在 1937 年就由康健书局出版了马约翰等人所著的《女子健美体操集》一书。书中以"貌美与体美"、"妇女健康的运动"、"中年妇女的美容操"、"增加内体美的五分钟美容操"、"女子健康柔韧操"等 5 个标题,阐述了人体美的价值、重要性和要求,介绍了徒手操的动作,其内容与现代女子健美操有诸多相似之处。

19 世纪末 20 世纪初,欧洲出现了许多体操流派,他们在理论和实践上的创新对健美操的发展起到了推波助澜的作用。20 世纪 60 年代初,则是健美操的萌芽时期,它最早是由美国太空总署的医生库帕博士为太空人设计的体能训练内容。而 20 世纪 80 年代初,随着遍及全球的健身热和娱乐体育的发展,健美操以其强大的生命力风靡世界。美国是对世界健美操的发展有着重要影响的国家,其代表人——影视明星简·方达,根据自己的健身体会和经验,撰写了《简·方达健美术》一书。该书自 1981 年出版后,引起了世界的轰动。她以现身说法,促进了健美操在世界范围内的推广。与此同时,自 1985 年开始,美国正式举办一年一度的健美操锦标赛,并确定了竞赛项目和规则,使健美操发展成为竞技性运动项目。

二、健美操的发展

健美操不仅在美、英、法等国家迅速发展,而且在一些发展中的国家和地区也得到不同程度的开展。前苏联早已把健美操列入大、中、小学的体育教学大纲。在亚洲地区,日本、菲律宾、新加坡等国家也建有许多健美操活动中心及健身俱乐部,人们都开始将健美操作为自己的主要健身方式,由此形成了世界范围内的"健美操热"。

1983 年美国举行了首届健美操比赛。

1984 年首届远东区健美操大赛在日本举行,由此,健美操运动在世界各地全面兴起。每年国际上举办的活动有:健美操世界锦标赛、世界杯赛、世界冠军赛、世界巡回赛。

1992 年 9 月成立了中国健美操协会,总部设在北京。

1987 年,北京举办了首届全国健美操邀请赛,随后 1988 年、1989 年、1990 年、1991 年先后在北京、贵阳、昆明、北京举办了四届邀请赛。1992 年起改名为全国锦标赛,成为每年举办的传统赛事。

另外,1992 年、1995 年在北京举办了两届全国健美操冠军赛。1998 年,举办了全国锦标赛暨全国健美操运动会。

随着人民生活水平的不断提高,健美操所特有的保健、医疗、健身、健美、娱乐的实用价值受到越来越多的人们的重视,吸引了不同年龄的爱好者参与,形成了一定规模的消费群体。各级电视台纷纷制作以健美操竞赛、普及为内容的专题节目,其收视频率远远超过其他节目。

由于健美操比赛可在体育馆和舞台上举行,加之健美操运动时场地运用集中的特点,给企业结合比赛进行广告宣传创造了机会。健美操项目受到越来越多的企业的青睐。

近几十年来,健美操已经风靡世界。

三、健美操现状

据报道,美国跳健美操的人数超过 1800 多万,几乎与打网球人数不相上下。从 1985 年开始,美国还多次举行全国性的健美操比赛,使健美操发展到了竞技性阶段。

目前,美国健美操运动处在世界领先地位。法国在美国之后也开始盛行健美操运动,应运而生的健美操中心遍布全国各地,仅在巴黎就有 1000 多个。

法国目前跳健美操的人数已超过法国体操联合会的人数,达到 400 多万人。在日本、菲律宾、新加坡、香港等亚洲国家和地区,健美操也很流行,包括徒手健美操、艺术杂耍、韵律健美操、健身操、爵士健美操、迪斯科健美操等,形式多种多样。

现代健美操在我国发展的历史并不长,但发展速度却非常快。自 1979 年以来,我国在北京、上海、广州等地相继举办了各种健美操班,其中有的以芭蕾舞基本动作为主,有的以现代舞动作为主,并结合我国具体情况创编了多种多样的徒手健美操、健美球操、棍操等。1985 年北京体育学院成立了健美操研究组,开设了健美操选修课。

全国其他一些大、中、小学以至幼儿园,也在体育课中增加了健美操的内容。

1985 年 4 月在广州举行了我国第一次女子健美操邀请赛,同年 7 月在北京举行了首届"康康杯"儿童健美操比赛。

1987 年 5 月在北京举行了首届"长城杯"健美操友好邀请赛,第一次把健美操列为正式比赛项目。

1989 年 5 月,国家体委(现国家体育总局)批准中国健美操协会在北京成立,这标志着在我国此项运动进入了一个有序发展、科学指导的新阶段。

随后,健美操运动在全国风风火火地开展起来。先是在北京、上海、广州等地举办训练班,一些体育院系也将此项列入体操教学大纲的内容,为其推广普及培养了大批骨干。

此后,广州、天津、北京、南京等大城市相继举行全国性的健美操比赛。项目由少到多,内容不断充实,形式逐步完善,参与者的层次自然地进行分流,向国际接轨,逐步形成了竞技型和大众型两大类的运动架构。竞技型健美操水平提高很快,新人辈出,为我国的健美操运动的发展打下了坚实的基础。

几年来,我国的报刊、杂志、电台、电视等相继介绍各种健美操和各类健美操比赛,促进了健美操在我国的普遍发展。

总之,健美操正沿着健身和竞技的方向迅速发展,并以其独特的魅力吸引着越来越多的人们参加这项运动。健美操运动,作为一项具有极高健身价值的美的运动,必然会随着人们物质生活水平的不断提高而在世界各地更加广泛地开展起来,为健美人类做出贡献。

由于健美操比赛可在体育馆和舞台上举行,加之健美操运动时场地运用集中的特点,给企业结合比赛进行广告宣传创造了机会。健美操项目受到越来越多的企业的青睐。

第二节　健美操的分类和特点

一、健美操的分类

根据健美操的目的、任务,健美操可分为健身健美操和竞技健美操两大类。

(一)健身健美操

健身健美操以健身为目标,旨在全面活动身体,增强体质,其强度和难度相对较低,可为社会不同年龄、层次的人所采用,也就是通常所说的大众健美操。

（二）竞技健美操

竞技健美操以竞技为目的，有特定的竞赛规则和评分方法，需完成一些特定动作和特定要求，对人体的心肺功能、身体素质、技术技能和艺术表现力均有较高要求。

竞技健美操可分为男子单人、女子单人、混合双人、三人、集体六人健美操。

二、健美操的特点

（一）健身美体的实效性

健美操是依据人体解剖学、运动生理学、体育美学等多学科理论，为使人体健康健美发展而进行编排的，因此，它的内容丰富，形式多样，美观大方，有一定的针对性、负荷量，对人的身心影响比较全面，所以参加这项运动锻炼可收到健身美体的实效。

（二）鲜明的节奏感和韵律感

健美操必须在音乐伴奏下进行练习，音乐是健美操的灵魂，健美操强调动作的力度，因此健美操的音乐更趋于鲜明强劲，风格更趋热情奔放。健美操不同的动作和风格，配上适宜的音乐，就更能体现出健美操的节奏感、韵律性和风格特征。音乐的高低、长短、强弱、快慢等有节奏的变化，使健美操更富有韵律感。按照音乐的节奏做有节律和美观大方的动作，不仅能表现出音乐的优美欢快和激奋的情感，更能使练习者得到健美操的节奏感和韵律感的体验，从而获得美的享受。因此，健美操的音乐，不仅能使练习者在完成单个或成套动作时准确地把握每一节拍，更重要的是能激发练习者的情绪，培养节奏感和韵律性，陶冶情操，提高健美操的练习效果。

（三）广泛的群众性

健美操是时代的产物，它给人们带来热情奔放的情感体验，符合现代人追求健美、自娱自乐的需要，因此深受广大群众的喜爱。由于健美操的运动负荷和难度可以选择，不同年龄、性别、形体、素质、个性、气质的练习者，可根据自己的身体状况、身体素质择项参加，并通过练习提高或弥补自身的某些不足，因此，健美操能被男女老幼所接受。此外，健美操对场地器材等条件要求不高，可以因地制宜、因材施教，练习起来简便安全，易于普及与开展，具有广泛的群众性。

第三节 健美操基本动作

一、手型分掌（合掌、分掌）和拳两种（图 14-1）

分掌　　　　　　　　　　　合掌　　　　　　　　　　　拳

图 14-1

二、身体各种部位基本动作

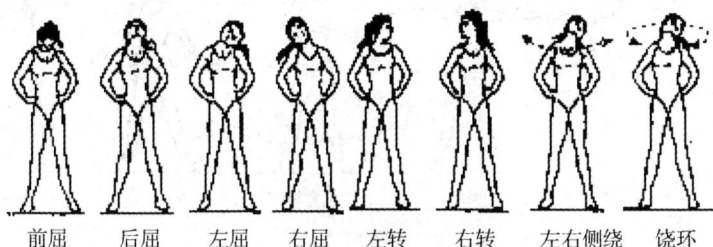

前屈　　后屈　　左屈　　右屈　　左转　　右转　　左右侧绕　饶环

图 14-2

（一）头颈动作：由屈、转、绕、绕环组成（图 14-2）

1. 屈：指头颈关节角度的弯曲，包括前屈、后屈、左屈、右屈。

2. 转：指头颈部绕身体垂直轴的转动，包括左转、右转。

3. 绕：指头以颈为轴心的弧形运动，包括左、右绕。

4. 绕环：指头以颈为轴心的圆形运动，包括左、右绕。

要求：上体保持正直，头颈移动的方向要准确，颈部被动肌群充分伸展。

（二）肩部动作：由提肩、沉肩、绕肩、肩绕环动作组成（图 14-3）

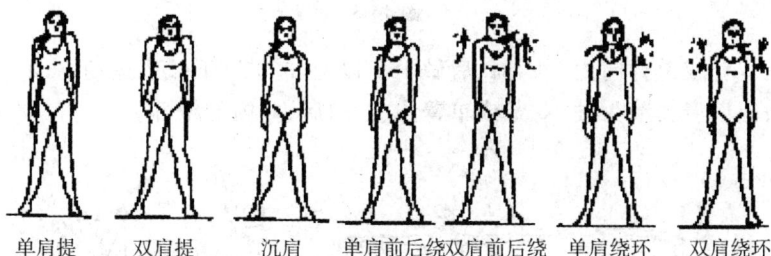

单肩提　双肩提　　沉肩　单肩前后绕双肩前后绕　单肩绕环　双肩绕环

图 14-3

1. 提肩：指肩胛骨做向上的运动，包括单肩提、双肩同时提和依次提。

2. 沉肩：指肩胛骨做向下的运动，包括单肩沉、双肩同时沉和依次沉。

3. 绕肩：指以肩关节为轴做小于 $360°$ 的弧形运动，包括单肩向前、后绕，双肩同时和依次向前、后绕。

4. 肩绕环：指以肩关节为轴做 $360°$ 及 $360°$ 以上的圆形运动，包括单肩向前、后绕环，双肩同时和依次向前、后绕环。

要求：提肩时要尽力向上，沉肩时要尽力向下，动作幅度大而有力。绕肩时上体不能摆动，颈与头不能前探。

（三）上肢动作：由举、屈、伸、摆、绕、绕环、振、旋等动作组成（图 14-4、图 14-5、图 14-6）

1. 举：指以肩为轴，臂的活动范围不超过 $180°$ 而停止在某一部位的动作，包括单臂和双臂的前、后、侧、侧上、侧下举等。

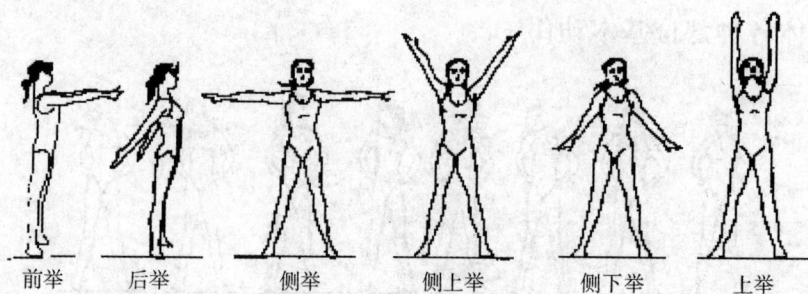

前举　后举　　侧举　　侧上举　　侧下举　　上举

图 14-4

2. 屈:指肘关节产生一定的弯屈角度,包括胸前平屈、肩侧屈、肩上侧屈、肩下侧屈、肩上前屈、腰间屈、头后屈。

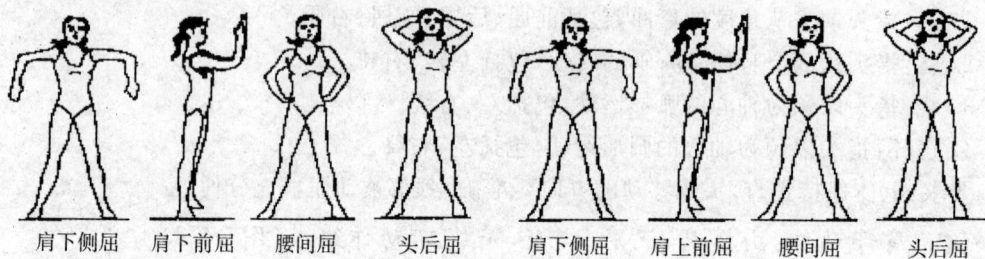

肩下侧屈　肩下前屈　腰间屈　头后屈　肩下侧屈　肩上前屈　腰间屈　头后屈

图 14-5

3. 绕:指双臂或单臂向内、外、前、后做 180°以上、360°以下弧形运动。

4. 绕环:指以肩关节为轴,双臂或单臂向前、向后、向内的绕环。

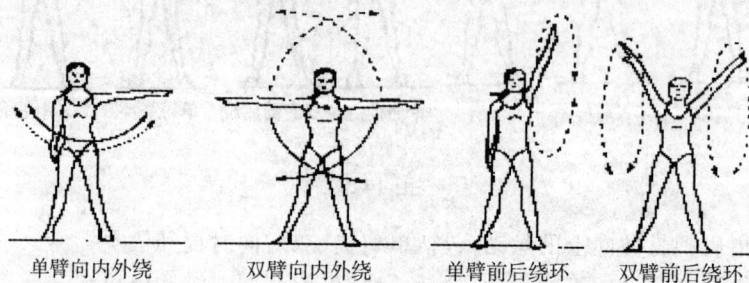

单臂向内外绕　　双臂向内外绕　　单臂前后绕环　　双臂前后绕环

图 14-6

(四)胸部动作:由含胸、挺胸、移胸动作组成(图 14-7)

1. 含胸:指两肩内含,缩小胸腔。

含胸　　挺胸　　　左右移胸

图 14-7

2. 挺胸:指两肩外展,扩大胸腔。

3. 移胸:指髋部固定,做胸左、右水平移动。

要求:含、挺、移胸要到最大极限。

(五)腰部动作:由屈、转、绕和绕环组成(图 14-8)

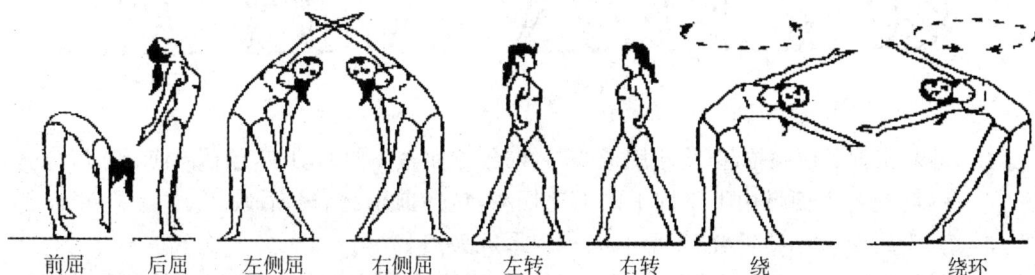

前屈　　后屈　　左侧屈　　右侧屈　　左转　　右转　　绕　　　绕环

图 14-8

1. 屈:指下肢不动,上体沿失状轴和水平轴的运动,包括前屈,后屈,左、右侧屈。

2. 转:指下肢不动,上体沿垂直轴的扭转,包括左转、右转。

3. 绕、绕环:指下肢不动,上体沿垂直轴做弧形、圆形运动,包括左、右绕和绕环。

要求:身体原端尽力向外延伸,绕环幅度要大,充分而连贯。

(六)髋部动作:由顶髋、提髋、绕髋和髋绕环动作组成(图 14-9)

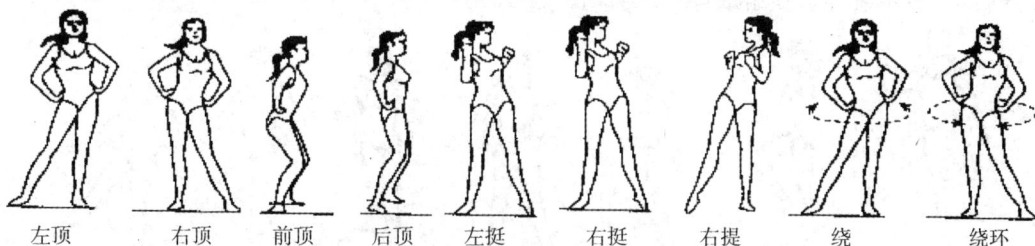

左顶　　右顶　　前顶　　后顶　　左挺　　右挺　　右提　　绕　　绕环

图 14-9

1. 顶髋:指髋关节做急速的水平移动,包括左顶、右顶、前顶、后顶。

2. 提髋:指髋关节急速向一侧上提的动作,包括左提、右提。

3. 绕髋和髋绕环:指髋关节做弧形、圆形移动,包括向左、右。

要求:髋关节做顶、提、绕和绕环时应平稳、柔和、协调、稍带弹性。

(七)下肢动作:由弹、踢、蹲、屈伸、内旋和外旋动作组成(图 14-10、图 14-11)

正弹腿　　　侧弹腿　　　前踢　　侧踢　　后踢

图 14-10

全蹲　　　　半蹲　　　　　屈　　　　　伸　　　　　内旋　　　　外旋

图 14-11

1. 弹踢:指弹踢屈膝抬起(大小腿成 90°),向各方面做弹伸的动作,包括向前、侧、后弹踢。

2. 踢:腿向各方面做由下至向上的加速摆动,包括前踢、侧踢、后踢。

3. 蹲:全蹲时大小腿折叠,半蹲时大小腿形成夹角。

4. 屈伸:指膝关节由直成屈再由屈伸直的动作,包括两腿同时或依次的原地和移动屈伸。

5. 内旋和外旋:以髋和膝为轴做腿的向内和向外的旋转动作,包括两腿同时或依次的内旋和外旋。

要求:弹踢时力达最远端,半蹲时上体立直,屈伸要有弹性,内旋、外旋时以膝带动腿旋转。

三、健美操的基本步伐

健美操的步伐由跑步、跑跳步、并腿跳、开并腿跳、弹踢跳、高踢腿跳、后踢腿跳、吸腿跳、侧摆腿跳、弓步跳等动作组成(图 14-12、图 14-13)。

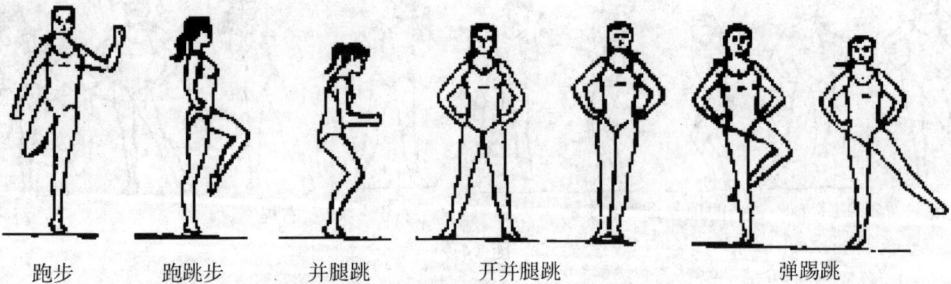

跑步　　　　跑跳步　　　　并腿跳　　　　　开并腿跳　　　　　弹踢跳

图 14-12

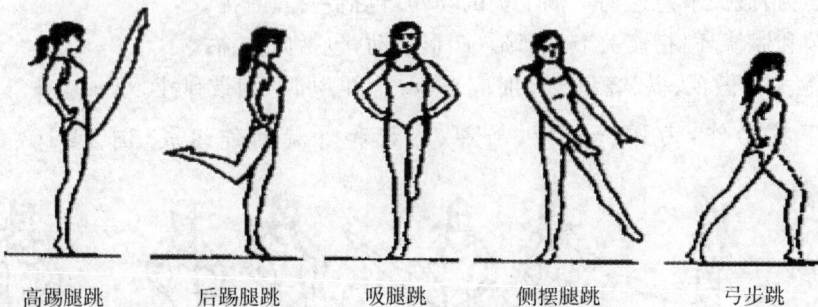

高踢腿跳　　　　后踢腿跳　　　　吸腿跳　　　　侧摆腿跳　　　　弓步跳

图 14-13

1. 跑步:两脚交替有短暂腾空过程。

2. 跑跳步:两脚交替进行,跑后支撑阶段有一次跳的过程。

3. 并腿跳:双腿并拢,直膝或屈膝跳。

4. 开并腿跳:并腿跳至开立,分腿跳至并立。

5. 弹踢跳:单脚跳,同时另一腿屈伸向前、向侧弹踢。

6. 高踢腿跳:单腿跳,同时另一腿直腿向前、向侧高踢。

7. 后踢腿跳:两腿交替有短暂腾空,小腿向后屈伸。

8. 吸腿跳:单脚跳起,同时另一腿屈膝向前、向侧上提。

9. 侧摆腿跳:单腿跳,同时另一腿向侧摆动。

10. 弓步跳:并腿跳起,落地时成前(侧、后)弓步。

要求:跳跃要轻松自如,有弹性,注意呼吸配合。

四、基本组合

(一)配合一(图 14-14)

预备姿势:并立。

1 拍并腿跳 1 次,同时左臂经前向后绕环 1 周。

2 拍并腿再跳 1 次,两臂体侧不变。

3～4 拍同 1～2 拍,方向相反。

5 拍跳至开立,同时两臂向后绕环 1 周。

6 拍跳至并立,两臂体侧不变。

7～8 拍同 5～6 拍。

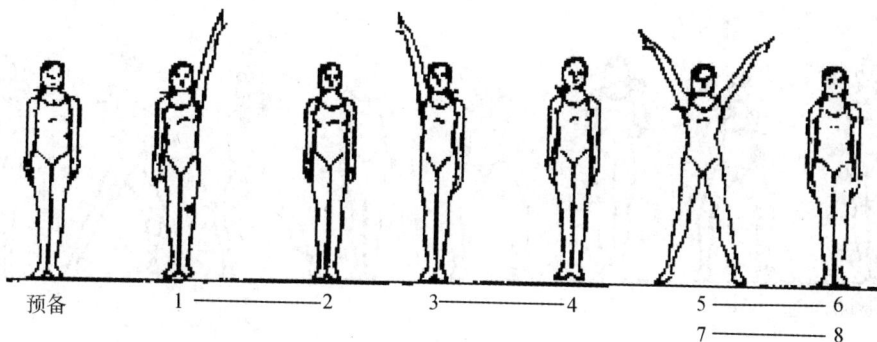

图 14-14

(二)配合二(图 14-15)

预备姿势:并立。

1 拍左脚蹬跳,同时右腿向前弹踢腿,两臂肩上前屈(掌心向后)。

2 拍右腿还原。

3 拍右腿蹬跳,同时左腿向前弹踢,两臂由内旋至前举。

4 拍左腿还原。

5～6 拍腿同 1～2 拍,同时两臂经下至肩上侧屈(掌心相对)。

7～8 拍腿同 3～4 拍,同时两臂斜上举。

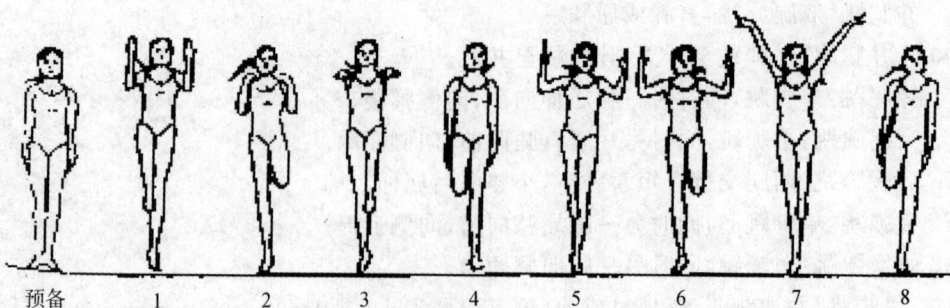

图 14-15

（三）配合三（图 14-16）

预备姿势：并立，两臂屈肘于腰际（拳心向上）。

1 拍双腿跳起落至分腿半蹲，同时右臂旋内前伸，拳心向下。

2 拍双腿跳至并立，右臂屈肘于腰际。

3 拍同 1 拍，方向相反。

4 拍腿同 2 拍，同时两臂伸直置于体侧（拳变掌，掌心向内）。

5 拍双腿跳起落至前弓步，同时向左转体 90°，两臂上举（掌心向前）。

6 拍同 4 拍。

7 拍同 5 拍，方向相反。

8 拍还原成预备姿势。

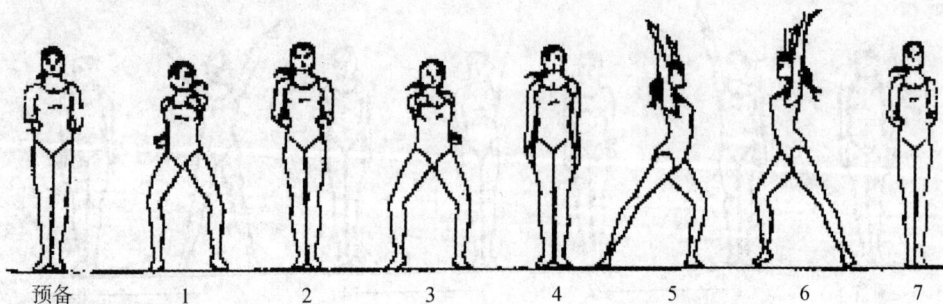

图 14-16

第四节　竞技健美操规则简介

竞技健美操共设 5 个项目：男子单人、女子单人、混合双人、三人（男女不限）、混合六人。

一、竞技健美操比赛场地

单人、混双、三人的比赛场地为 7 m×7 m，集体六人的比赛场地为 10 m×10 m，标志带为 5 cm 宽的黑色带，标记带是场地的一部分。

二、比赛时间

成套动作的时间为 1.45 min,有加减 5 s 的宽容度。

三、裁判组成

世界比赛裁判组由艺术裁判 4 人,完成裁判 4 人,难度裁判 2 人,视线裁判 2 人,计时裁判 1 人和裁判长 1 人组成。

艺术裁判评分范围包括:动作设计(音乐适宜、强度、创造性);竞技健美操内容(基本步伐、过渡与连接、空间);表演(表现力、合拍)共 10 分。完成裁判评分范围包括:技术技巧(身体姿态、准确性、力量、爆发力与肌肉耐力);一致性共 10 分。难度裁判评分范围:难度动作根据难度级别给分,所得的全部难度分相加,从 0 分开始加分。

四、注意事项

许多想减肥的女孩在一开始都在考虑什么样的运动减肥方法适合自己,而健美操就是热门的减肥运动之一。怎么选择健美操来减肥? 跳操的适合时候应该注意什么细节?

(一)时间的控制

在跳健美操时,并不是跳得越久效果越好,尤其是刚刚开始进入跳健美操的人,应该根据自己的实际身体情况来选择合适的时间。一般最佳跳健美操的时间是下午。在这大热天,下午阳光退去时分,个人的精神活力开始起来的时候,跳健美操最容易达到减肥瘦身的效果。

(二)选择适合自己的方式

有些健美操运动量非常大,这比较适合长期有锻炼的人士,对目标的追求不同,跳健美操的种类选择也应该有所不同。例如瑜珈也有分高温瑜珈与普通瑜珈。一般情况下,依据目的,分为健身性健美操和竞技性健美操;还有分女子健美操和男子健美操;依据练习方式,分为徒手健美操和持轻器械或专门器械的健美操,例如健美球操;根据局部的训练还有分为颈部健美操、腹部健美操、腿部健美操等,这些健美操的选择都应该根据各人的情况、各人的练习目的来选择。

(三)衣服的搭配

跳健美操要注意衣物的穿着,最好选择有弹性、纯棉、柔软、舒适的服装,以动作不受束缚。棉制服装吸汗性较强,适合运动时穿着。有人为减肥,喜欢穿塑胶紧身衣运动,事实上,这对减肥帮助非常有限。塑胶紧身衣可以使人在运动时大量出汗,但这样减轻的体重容易反弹。所以,穿着合适的衣服来跳健美操是相当重要的。

另外鞋子大小要合适,而且要有衬垫,并具备一定的弹性和弯曲性。切忌穿高跟鞋和厚底鞋。

第十五章 武 术

第一节 武术运动的概述

武术是中国的传统民族体育项目。在漫长的历史进程中,不同的时期对武术概念的表达不尽相同,它的内涵和外延是随着社会历史的发展和武术本身的发展而发展、变化的。

从历史上看,有不少归属武术类的名称,春秋战国时称"技击"(兵技巧一类);汉代出现了"武艺"一词,并沿用至明末;清初又借用南朝《文选》中"偃闭武术"(当时泛指军事)的"武术"一词;民国时称"国术";新中国成立后仍沿用"武术"一词。

随着历史的变迁,冷兵器的逐步消亡,专用武术器械的生产及拳械套路的大量出现,对抗性项目、武术竞赛规则的制定,武术已演化成为体育运动项目之一。武术的体育化使其内容、形式及训练手段等都发生了很大变化,反映事物本质属性的概念也在不断变化。发展到今天,武术的基本定义可概括为:武术是以技击为主要内容,以套路和捕斗为运动形式,注重内外兼修的中国传统体育项目。

从这一定义出发来认识武术。首先,武术属于中国传统的技击术。它是以踢、打、摔、拿、击、刺等技击动作为主要内容,通过徒手或借助于器械的身体运动,表现攻防格斗的能力。无论是对抗性的捕斗运动,还是势势相承的套路运动,都是以中国传统的技击方法作为其技术核心的。就人类的社会生活来说,技击术不可能是中国独有的。比较世界各地的技击术,武术不仅在技击方法上更为丰富(诸如快摔法、擒拿法等),在运动形式上,既有套路的,也有散手的,既是结合的,又是分离的,这种发展模式,也迥然有别于世界上其他技击术。在演练方法上注重内外兼修,演练风格上要求神形兼备,无不反映了中国传统的技击术的运动特点。

其次,武术是体育项目,它明显区别于使人致伤致残的实用技击技术。套路运动中尽管

包含丰富的技击方法,但其宗旨是通过演练以提高人的身体素质和攻防能力,进行功力与技巧上的较量,在技术要求上与实用技术有一定的区别,散手运动的技术固然更接近于实用技术,但由于受竞赛规则的规定,亦将其限制在体育竞技运动之内。总之,归结为一点,武术具有明确的体育属性,当今武术主要包含的社会哲学、中医学、伦理学、兵学、美学、气功等多种传统文化思想和文化观念,都是注重内外兼修的体现,诸如整体观、阴阳变化观、形神论、气论、动静说、刚柔说等,逐步形成了独具民族风貌的武术文化体系。它源远流长,博大精深,内涵丰富,寓意深,既具备了人类体育运动强身健体的共同特征,又具有东方文明所特有的哲理性、科学性和艺术性,较集中地体现了中国人民在体育领域中的智慧结晶。它从一个侧面反映了东方的民族文化光彩。因此,从广义上认识,武术不仅是一个运动项目,而且是一项民族体育,是中华民族一宗璀灿夺目的文化遗产。

武术的内容丰富多采,在所有体育项目中可以称得上世界之最,仅套路运动就有上千种之多,其中拳术就有五百多种,器械也有刀枪剑棍、绳镖鞭锤等五花八门,还有惊而无险的对练、气势磅礴的集体表演、斗智较力的搏斗运动,等等。其风格独特,功效极大,无论男女老少、体弱多病者都能得益于其中——强身健体、防身自卫、修身养性。武术植根于中国五千年生存与发展的历史,它已成为中华民族享誉世界的东方明珠。

第二节　武术的基本技术

武术的基本知识与技术是学习各种拳术和器械套路的基础,要想学好武术的一招一式,必须从基础入手。

一、手型

1. 拳:四指并拢卷握,拇指紧扣食指等二指节,腕直、拳面平(图 15-1)。

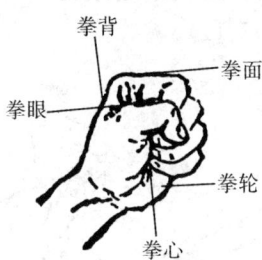 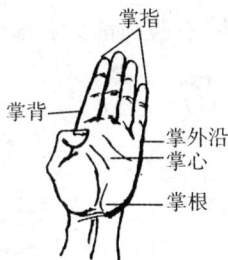 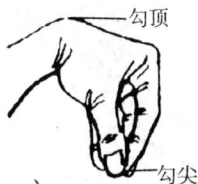

图 15-1　拳　　　　　　图 15-2　掌　　　　　　图 15-3　勾

2. 掌:四指并拢伸直,拇指紧扣虎口,沉腕、稍内斜翘掌(图 15-2)。

3. 勾:五指捏紧,用力屈腕,肘部要直(图 15-3)。

二、手法练习

1. 冲拳:开立抱拳("抱拳"或"收抱"均指两手握拳紧靠腰侧,拳心向上)。右拳从腰间以肘贴肋向前猛力冲出,当肘部过腰后,急旋前臂,力达拳面,同时转腰、顺肩,左肘后拉(图15-4)。

2. 推掌:开立抱拳。推掌时,右拳变掌,指尖向前,当右臂接近伸直时,沉腕翘掌猛力向前推击,力达掌根及掌外沿。同时转腰、顺肩左肘后拉(图15-5)。

3. 架拳:开立抱拳。右拳经下向左、向上划弧至头右上方时,突然前臂外旋上架,拳心向上,同时左摆头(图15-6)。

4. 亮掌:开立抱拳。右拳变掌,由下向右、向上划弧至头右上方时,突然猛力抖腕翘掌,手心斜向上,同时左摆头(图15-7)。

图15-4　冲拳　　　　图15-5　推掌　　　图15-6　架拳　　　图15-7　亮掌

三、步型

1. 弓步:两脚前后开立,前腿半蹲,膝与脚尖垂直。后腿伸直,脚尖内扣,两脚全掌着地。挺胸、塌腰、抱拳正对前方。弓左腿为左弓步,弓右腿为右弓步(图15-8)。

2. 马步:两脚平行开立约为本人脚长的三倍,半蹲,膝与脚尖垂直,两脚跟外蹬。身体重心居中,挺胸、直腰抱拳(图15-9)。

3. 仆步:右腿全蹲,膝向外展45°,左腿伸直平仆,脚尖内扣。两脚合掌着地,塌腰、开胯、挺胸抱拳。仆右腿为右仆步,仆左腿为左仆步(图15-10)。

4. 虚步:后脚外展45°,重心落在后腿,前脚绷直稍内扣,脚尖虚点地面。两膝半蹲,直腰,挺胸抱拳。左脚在前为左虚步,右脚在前为右虚步(图15-11)。

图15-8　弓步　　　　图15-9　马步　　　图15-10　仆步　　　图15-11　虚步

5. 歇步:两腿交叉全蹲。前脚全掌着地,脚尖外展,后脚前掌着地,膝部贴近前腿外侧,臀部贴于后脚跟,拧腰,挺胸抱拳。左脚在前为左歇步,右脚在前为右歇步(图15-12)

6. 丁步:两腿半蹲并拢,一脚全脚掌着地支撑,另一脚停在支撑脚内侧相靠,脚尖点地,挺胸、立腰、虚实分明。(图15-13)

四、腿法练习

1. 弹腿:右腿屈膝提起接近水平时,提膝猛力前踢,脚面绷直,力达脚尖,与腰齐平。收髋、直腰、挺胸(图 15-14)。

2. 侧踹腿:两腿交叉微屈。前腿蹬直支撑,后腿屈膝提起,勾脚内扣,向侧上猛力踹出,力达脚跟及外侧(图 15-15)。

图 15-12 歇步　图 15-13 丁步　图 15-14 弹腿　图 15-15 侧踹腿　图 15-16 提膝平衡

五、平衡跳跃练习

1. 提膝平衡:右腿伸直支撑,左腿屈膝提起过腰,脚面绷直,小腿斜垂内扣于右腿前侧(图 15-16)。

2. 大跃步前穿:并立。左脚上步,两掌同时向左下后摆,右腿提膝前摆,左脚立即蹬地前跃,两臂经下向上摆起。空中上体右转,右、左腿依次前落成左仆步,同时右手抱拳,左手立掌右肩前(图 15-17)。

3. 腾空飞脚:右脚上步起跳腾空右弹腿,左腿上摆提膝收控。

同时两臂向上摆起,空中左手拍右手背、右手拍右脚背成连击二响,左勾侧拳(图 15-18)。

① ② ③ ④

图 15-17 大跃步前穿　　　　　　　　　图 15-18 腾空飞脚

六、组合练习

(一)弓马步组合:①起势:并步抱拳头左摆→②向侧左弓步冲右拳→③向前右弹腿前冲

体育运动与健康

左拳→④左拳上架马步侧冲右拳→⑤收势:左并右脚还原成①。

（二）虚步组合:①起势:同上→②左脚侧出,两拳腹前交叉经上向侧成马步双劈拳→③右脚后叉,左手前穿右掌成左歇步勾手亮右掌→④左脚侧踹腿→⑤侧落上右脚成右虚步侧勾手挑右掌→⑥收势:同上。

（三）平衡跳跃组合:①起势:同上→②向侧左弓步搂手连击右、左掌→③上步起跳腾空飞脚→④落地左转,左掌穿右掌成左提膝勾手亮右掌→⑤收势:同上。

第三节　初级长拳

一、初级长拳(第三路)

1. 虚步亮掌:后撤右脚成左虚步,同时右臂右后向前划一周亮掌,左掌前穿右掌向左划弧至体后勾手(图15-19,图15-20)。

图 15-19　准备姿势　　　　图 15-20　虚步亮掌

2. 并步对拳:左、右脚向前连上三步成并步,同时两臂右前向后划弧至额前对拳下按于腹前(图15-21)。

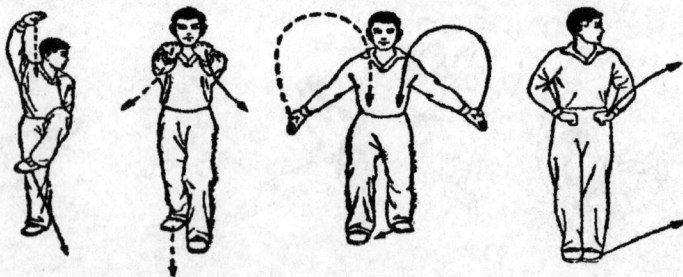

图 15-21　并步对拳

【第一段】

1. 弓步冲拳:左脚侧出成左弓步,同时左拳格挡收抱,右拳前冲(凡"冲拳"均指拳眼向上的立拳)(图15-22)。

2. 弹腿冲拳:提膝右弹腿,同时右拳收抱前冲左拳(图15-23)。

3. 马步冲拳:右脚前落内扣成马步,同时左拳收抱冲右拳(图15-24)。

图 15-22 弓步冲拳

图 15-23 弹腿冲拳   图 15-24 马步冲拳   图 15-25 弓步击掌

4. 弓步冲拳:同本节"1",唯左右相反。

5. 弹腿冲拳:同本节"2",唯左右相反。

6. 大跃步前穿:与(五)"2"同解。

7. 弓步击掌:仆步变左弓步,同时手向后划弧成勾手,右掌前推(图 15-25)。

8. 马步架掌:弓步变马步,同时左掌经腰向左上穿右掌成亮掌,右掌立于左腋前(图 15-26)。

图 15-26 马步架掌

【第二段】

1. 虚步栽掌:右脚提膝右转 180°侧落成左虚步,同时右掌变勾向后提左膝,再变拳经侧上架,左臂内旋垂直向下栽拳于左膝上(图 15-27)。

2. 提膝穿掌:左掌经左向上划弧至右上,右拳侧落经腰上穿左掌,同时提左膝,左掌收至右腋下(图 15-28)。

3. 仆步穿掌:左脚侧落成左仆步,同时左掌顺左腿内侧前穿(图 15-29)。

4. 虚步挑掌:上右脚成右虚步,同时左掌经上向后成侧立掌,右掌经下向右侧挑掌(图 15-30)。

图 15-27　虚步栽掌

图 15-28　提膝穿掌

图 15-29　仆步穿掌

图 15-30　虚步挑掌

5. 马步击掌:向右上左脚成马步,同时右掌抓握收抱右推掌(图 15-31)。

图 15-31　马步击掌

6. 叉步双摆拳：右腿向左后插步，同时双臂向右划弧侧摆掌(图 15-32)。

图 15-32 叉步双摆掌

7. 弓步击掌：左脚后退成右弓步，同时右掌向上划弧至体后勾手，左掌前推(图 15-33)。

图 15-33 弓步击掌

8. 转体踢腿马步盘肘：(1)左转体 180°正踢右腿，同时左臂向上划立圆一周亮掌，右臂向右划立圆一周半至体后勾手。(2)右脚前落成弓步，同时左掌收抱右掌向胸前平扫盘肘(图 15-34)。

图 15-34 转身踢腿马步盘肘

【第三段】

1. 歇步轮砸拳:后转成右歇步,同时两臂依次向上划立圆至左拳上举(图 15-35)。

图 15-35 歇步轮砸拳

2. 仆步亮掌:左脚向上步,提右膝右转 180°,同时右掌向右横击,左掌收至左腋,随即侧落右脚成左仆步勾手右亮掌(图 15-36)。

图 15-36 仆步亮掌

3. 弓步劈拳:立起左脚弧线向左上步,同时右拳收抱,左掌经下向右划弧至左侧按掌,随即上右脚成弓步,同时右拳前劈,右掌接扶右臂(图 15-37)。

图 15-37 弓步劈拳

4. 换跳步弓步冲拳:后收右脚稍抬,即抬脚以全掌用力下跺,左脚抬起前落成左弓步,同时右拳下挂划立圆一周收抱,左掌随右臂划弧至左前按掌,随即前冲右掌,左掌收至右腋下(图 15-38)。

图 15-38　换跳步弓步冲拳

5. 马步冲拳：弓步变马步，同时右拳收抱，左拳侧冲（图 15-39）。

图 15-39　马步冲拳　　　　图 15-40　弓步下冲拳

6. 弓步下冲拳：再变左弓步，同时左掌经前上架，右拳左前下冲（图 15-40）。

7. 叉步亮掌侧踹拳：右脚向左脚后插步，两臂同时经左前向下划弧至右手亮掌，左手体后勾，随即侧踹左腿（图 15-41）。

图 15-41　叉步亮掌侧踹拳

8. 虚步挑拳：左脚侧落上右脚成右虚步，同时左臂向左向上划弧收抱，右拳经下向前上挑（图 15-42）。

【第四段】

1. 弓步顶肘：(1)右拳下挂右膝下，随即两臂向右上摆起，同时左脚起跳腾空右转 180°。(2)右脚落地，侧上左脚成左弓步，同时两臂右落经胸前以右掌收顶左拳面向左顶肘（图 15-43）。

253

图 15-42　虚步挑拳

图 15-43　弓步顶肘

2. 转身左拍脚：左转体 90°，绷脚正踢左腿，同时右臂向上划立圆一周前拍左脚背，左臂经左向上划弧至体前收抱(图 15-44)。

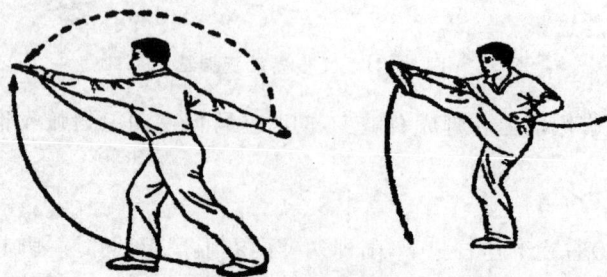

图 15-44　转身左拍脚

3. 右拍脚:同左拍脚,唯左右相反,并直接踢腿拍脚(图 15-45)。

图 15-45 右拍脚

4. 腾空飞脚:(1)右脚落地。(2)左脚向前摆起,右脚猛力蹬地跳起,左腿屈膝继续前上摆。同时右拳变掌向前向上摆起,左掌先上摆而后下降拍击右掌背。(3)右腿继续上摆,脚面绷平。右手拍击右脚面,左掌由体前向后上举(图 15-46)。

图 15-46 腾空飞脚

5. 歇步下冲拳:落成右歇步,同时右拳抓握收抱,左平拳下冲(图 15-47)。

图 15-47 歇步下冲拳

6. 仆步轮臂拳:左提膝左转 360°,后落成右仆步,同时左拳向上,右拳向下划立圆一周至右拳下劈,左拳侧上举(图 15-48)。

图 15-48 仆步轮臂拳

7. 提膝挑掌:右脚前弓蹬起右提膝,同时右臂向上,左臂向下划立圆一周至上挑右掌,体后左勾手(图 15-49)。

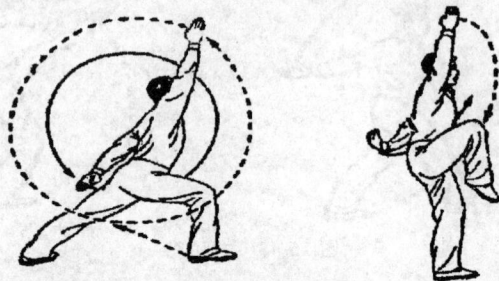

图 15-49 提膝挑掌

8. 提膝劈掌弓步冲拳:右掌下劈,左掌护右臂内侧,随即右脚向右后落地成右弓步,同时右掌搂手收抱,左拳左前冲出(图 15-50)。

图 15-50 提膝劈掌弓步冲拳

结束动作

1. 虚步亮掌:右脚扣左膝后,两臂右上左下交叉于体前,右掌向后,左掌向左水平划弧一周至左上右下交叉,随后落成左虚步亮右掌,左手后摆成勾手。

2. 并步对拳:左、右、左脚连退三步成并步,两掌同时经腰前穿向下划弧至额前对拳下按于腹前。

还原:两臂下落体侧还原成预备姿势。

第四节 二十四式太极拳

【第一组】

1. 起势:自然直立。向左开立,两臂前抬至肩平时屈膝下按拳(图 15-51)。

图 15-51 起势

2. 左右野马分鬃：左：(1)左脚收至右脚内侧，右肘稍抬，左手向右翻掌向上与右掌相对成右抱球状。(2)侧迈左脚成左弓步，同时两手分别向左上、右下分开(图 15-52)。右：(3)后坐左转，同时翻左掌向下，其余动作同"左"，唯左右相反。(4)与"右"同解，唯左右相反。

图 15-52　左右野马分鬃

3. 白鹤亮翅：右脚上半步成左虚步，同时两手经左抱球分别向左下、右上分开(图 15-53)。

图 15-53　白鹤亮翅

【第二组】

1. 左右搂膝拗步：左：(1)右手体前下落划弧至右侧举，手心向上，左手向右划弧至右肩前，手心向下，同时左脚手点右脚内侧。(2)左脚侧迈成左弓步，同时左手向左搂膝至左胯旁，右手经耳向前推掌。右：(3)后坐、左转，左手上抬左侧举，手心向上，其余动作与(1)、(2)同解，唯左右相反。(4)与"右"同解，唯左右相反(图 15-54)。

图 15-54　左右搂膝拗步

2. 手挥琵琶:右脚上半步,左脚勾脚跟点地,同时左掌前挑,右掌收靠左肘(图 15-55)。

图 15-55　手挥琵琶

3. 左右倒卷肱:右脚尖点地,右手向下划弧至右后平举;两手心向上。(1)左:左脚向左后撤步成右虚步,同时右手经耳前推掌,左手向下划弧后平举,两掌心向上。(2)右:与"左"同解,唯左右相反(图 15-56)。(3)"左""右"再做一次。

【第三组】

1. 左揽雀尾:(1)棚:与左野马分鬃同解,唯左肘圆辗。(2)捋:左手前伸翻掌向下,右手向前翻掌向上贴于左腕下,并随后坐右转两手向下划弧至左手胸前屈,右手侧举。(3)挤:左手搭于左腕内侧,向前挤推成左弓步。(4)按:两手右上左下交叉侧分手心向下,并随后坐、勾左脚收至胸前,再向下向前按推掌成左弓步(图15-57)。

图 15-56　左右倒卷肱

图 15-57　左揽雀尾

2. 右揽雀尾：后坐右转扣左脚，同时右手向右划弧，其余动作与"左揽雀尾"同解，唯左右相反（图 15-58）。

图 15-58　右揽雀尾

【第四组】

1. 单鞭：后坐左转扣右脚，左脚收点右脚内侧，再侧迈成左弓步，同时两手左上、右下划立圆一周至右勾手侧举，左掌侧推（图 15-59）。

图 15-59　单鞭

2. 云手：(1)后坐扣左脚右转，同时左掌向下划弧至右肩前，右勾变掌。(2)收右脚成小开立步，同时两手左上右下划立圆一周（图 15-60）。(3)侧出左脚连做(2)三次。

3. 单鞭:侧出左脚成左弓步,同时左侧勾手推掌(图 15-61)。

图 15-60 云手

图 15-61 单鞭

【第五组】

1. 高探马:右脚上半步成左虚步,同时右掌经耳前推,左手收至腰侧(图 15-62)。

图 15-62 高探马

2. 右蹬脚:右脚收点左脚内侧,同时两手体前交叉向外分掌划圈至胸前合抱,然后提右膝向右前方勾脚蹬出,同时两手向侧分掌(图 15-63)。

图 15-63　右蹬脚

3. 双峰贯耳:右腿收回提膝前落成右弓步,同时两手经右膝两侧握拳向后划弧至面部前方对拳(图 15-64)。

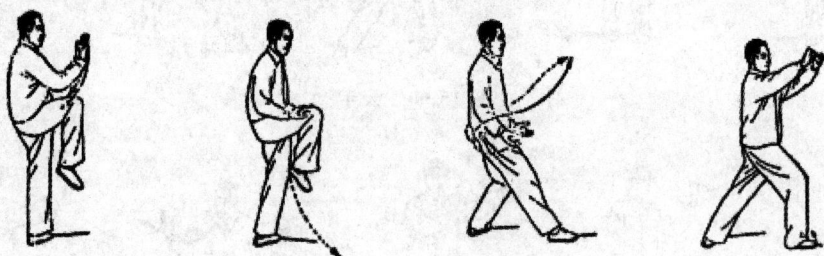

图 15-64　双峰贯耳

4. 转身左蹬脚:后坐扣右脚,两手经侧向下划弧合抱胸前,左脚收点提膝,分掌左蹬脚(图 15-65)。

图 15-65　转身左蹬脚

【第六组】

1. 左下势独立:左脚收回提膝,右掌变勾,左掌收至右肩,顺左腿内侧前穿成左仆步,接着前弓起提右膝,同时右掌上挑,左掌按胯侧(图15-66)。

图15-66 左下势独立

2. 右下势独立:同"左下势独立",唯左右相反,右提膝改为右脚落地左转(图15-67)。

图15-67 右下势独立

【第七组】

1. 左右穿梭:左:左脚前落,右脚收点左脚内侧向右前上步成右弓步,同时两手经抱球至右手额上架掌,左手向右前推掌(图15-68)。右:与左同解,唯左右相反。

2. 海底捞针:右脚上半步成左虚步,同时右手经下后上提,向前下斜插掌,左手下落至胯旁(图15-69)。

图 15-68　左右穿梭

图 15-69　海底捞针

3. 闪通臂：上左脚成弓步，同时右手架掌，左侧推掌（图 15-70）。

图 15-70　闪通臂

【第八组】

1. 转身搬拦捶：(1)扣左脚右转，右脚回提再外撇侧出，同时右手向右划弧经胸前屈肘向右反撇拳，左手向上划弧至腹前。(2)上左脚成左弓步，同时左手向前拦掌，右掌收至腰侧向前打出，左手护右臂内侧（图 15-71）。

图 15-71 转身搬拦捶

2. 如封似闭：左手经右腕下穿出，两手心向上至胸前，沉腕下压前推掌，同时勾左脚后坐，前移重心成左弓步（图 15-72）。

图 15-72 如封似闭

3. 十字手：扣左脚右转，收右脚成开立，同时两手向外向下划弧至胸前合抱收势（图 15-73）。

4. 收势：两手翻掌向下，分手下落体侧，收左脚并步成自然直立（图 15-74）。

图 15-73　十字手

图 15-74　收势

武术五戒

一不杀生；二不偷盗；三不邪淫；四不妄语；五不饮酒。

武术十禁

一禁叛师；二禁异思；三禁妄言；四禁浮艺；五禁偷窃；六禁违戒；七禁狂斗；八禁抗诏；九禁欺弱；十禁酒淫。

第五节　武术场地及器械介绍

一、武术场地

(一)武术套路比赛场地

为平地或其上铺地毯。场地长 14 m，宽 5 m，沿四周内沿标明 5 cm 宽的边线。在两条长边的中点，各画一条与长边垂直的长 30 cm 的线段，作中线标志，线宽 5 cm。

(二)散手比赛场地

为木(或铁)制平台。高 0.6 m，呈正方形，边长 8 m。台面铺软垫，软垫上盖帆布。台面中心画直径为 1 m 的阴阳鱼图案；边缘画 5 cm 宽的红色边线，向内 90 cm 处画有 10 cm 宽的黄色警戒线。台下四周铺高 20～40 cm，宽 2 m 的保护软垫。

(三)太极推手比赛场地

为铺有地毯的平地。场地长 10 m，宽 8 m，中央画一直径 6 m(以线外沿为准)的圆，圆内画一直径 50 cm 的中心点。各线宽 5 cm。

（四）长兵比赛场地

比赛场地呈长方形，长 14 m，宽 8 m。从长边中点画一平行于短边的中线，在中线两边各画一条距中线 2 m 并平行于中线的准备线。

（五）短兵比赛场地

为铺有地毯的平地或铺帆布的软垫。圆形，直径 9 m，中央画直径 20 cm 的中心点。边线宽 5 cm，场地范围以边线内沿为准。自边线向外 2 m 以内设保护垫。亦可采用散手比赛场。

二、主要器械

（一）刀

武术短器械，现代刀为钢制，由刀身、护手盘、刀柄、刀首等构成；刀身由刀面、刀刃、刀尖和刀背组成。手握的部位称"刀柄"。刀柄与刀身之间的圆盘称"护手盘"，亦称"刀盘"。刀柄尾端称"刀首"，顶端设一小环，用于博系刀彩。刀重（包括刀彩）：成年男子，不轻于 0.7 kg；成年女子，不轻于 0.6 kg；儿童、少年不受限制。刀彩不得超过刀的长度，且不许带有任何附加物品。刀尖触地、刀身垂直，不加外力自然弯曲时，刀尖以上 20 cm 处至地面垂直距离不小于 10 cm。

（二）大刀

亦称"春秋大刀"。武术长器械，古代长兵器之一。由刀尖、刀刃、刀背、刀穗、刀盘、刀柄、尾尖等构成。刀身比单刀短，刀柄比单刀长。古时大刀十斤以上，轻重不等，现代演练用大刀为 4 kg 左右。

（三）朴刀

亦称"双子带"、"太平刀"。武术长器械，古代长兵器之一。形似单刀，刀身比单刀长，刀柄比大刀短。全长约 1.3 m，重 3 kg 左右。刀身包括尖、背、刀、盘等。刀柄分为前、中、后三段，柄尾有铁环，称"响环"。

（四）双刀

武术双器械之一，属古代双兵器的一种。护手盘呈半圆形，两刀合拢插入鞘内，合拼成圆，其余结构同单刀。

（五）剑

武术短器械，古代短兵器之一。由剑身和剑柄组成。剑身包括剑尖、剑刃、剑脊等；剑柄包括格、柄身、剑首等。剑首系短穗，用于短穗剑术；剑首系长德，用于长穗剑术。剑重（包括剑穗）：成年男子不轻于 0.6 kg；成年女子不轻于 0.5 kg；儿童、少年的剑重不受限制。剑尖触地、剑身垂直，不加外力自然弯曲时，剑尖以上 20 cm 处至地面垂直距离不小于 10 cm。

（六）双剑

武术双器械，古代双兵器之一。护手格有一边与剑身平齐，其余部位与单剑相同。

（七）匕首

亦称"短剑"。武术短器械，古代短兵器之一。由大、刃、脊、护手、柄、尾环等构成。长 26～33 cm。尾环处常系彩绸，一般用于双匕首演练。

（八）峨嵋刺

武术双器械，古代双兵器之一。长约 33 cm，中间粗，两头扁细且尖，呈菱形。一小圆环与刺身中部活动相连。练习时中指穿过圆环，用拇指个断拨动使其旋转，主要运动方法有刺、挑、穿、拨等。

（九）棍

武术长器械，古代长兵器之一，用白蜡杆制成。大棍长约 264 cm。齐眉棍长度与练习者眉平齐。分为前段、中段、后段，棍根粗于棍梢。棍中点以下任何部分的直径不得小于如下规定：成年男子 2.30 cm；成年女子 2.15 cm；少年男子 2.15 cm；少年女子 2.00 cm；儿童不受限制。棍中点以上任何部分的直径不得小于如下规定：成年男子 1.80 cm；成年女子 1.60 cm；少年男子 160 cm；少年女子 1.40 cm；儿童不受限制。

（十）梢子棍

武术软器械，古代软兵器之一。由一根长棍和一根短棍组成。分为大梢子棍和手梢子棍。大梢子棍的长棍相当于练习者的身高，短棍长 50 cm 左右，用铁环相连。手梢子棍较短小。

（十一）三节棍

武术软器械，古代软兵器之一。由三节长短相等木质坚硬的棍组成，用铁环相连。每节棍长约 50 cm，全长约等于练习者的身高。

（十二）拐

武术器械之一。长柄拐属"长器械"；短柄拐属"短器械"。长拐亦称"单拐"，长约 133 cm。短拐多用于双器械练习，亦称"双拐"，长约 70 cm。在长木棍的 1/3 处装一垂直短木构成单拐，演练方法有劈、砸、滚、蹦、支、扑、拍、拿、勾、挂、截等；双拐演练方法有搂、盖、转、击等。除套路单练外，还可对练。

（十三）锏

武术器械之一。锏端无尖，锏柄呈圆柱体，锏身呈四棱状，锏体无节。长约 65～80 cm。锏体四面呈凹状，称"凹面锏"。多用于双器械练习，运动方法主要有上磨、中截、下扫、直劈、侧撩、绞压等 24 法。

（十四）枪

武术长器械，古代长兵器之一。由矛演变而成，有大枪、花枪、双头枪等。大枪和花枪均只有一个枪头，双头枪的枪杆两端各一个枪头。由枪头、枪缨、枪杆组成。枪杆多用白蜡杆制成。枪杆中点以下任何部分的直径不得小于如下规定：成年男子 2.30 cm；成年女子和少年男子 2.15 cm；少年女子 2.00 cm；儿童不受限制。枪缨的长度不得短于 200 mm。

（十五）大枪

武术长器械，古代长兵器之一。由枪头、枪缨、枪身组成，分为枪尖、枪座、库口、枪缨、枪身、底端六个部位。枪头呈三菱形，长约 39.6 cm，重 750～1000 g。枪缨长 16～33 cm，枪身长约 3.5 m。枪杆较粗，手握枪杆时，拇指尖与食指尖相距三指宽。枪杆一般用白蜡杆或金属制成。

（十六）双头枪

亦称"两头蛇"。武术长器械,古代长兵器之一。在枪杆两端各装一枪头和枪缨。全长约等于本人身高,多用于双头双枪(双器械)练习。

（十七）鞭

武术器械之一。分软鞭和硬鞭两类。软鞭由镖头、握把、若干铁节,用圆环连结构成,有七节、九节、十三节之分,通常作"九节鞭",使用时可长可短。运动方法有轮法、扫法、挂法、缠法、抛法、舞花及地趟鞭等,可以单鞭或双鞭演练。硬鞭分"竹节钢鞭"和十三节"水磨钢鞭"。鞭身上有十余个方形或圆形疙瘩,鞭长约 100 cm,鞭头稍细且尖,亦作握柄。击法有挡、摔、掉、点、截、盘、扫等。

（十八）九节鞭

武术软器械,古代软兵器之一。由几节长 9～13 cm 的细圆金属棒连接构成,每节之间用数个小铁环连接。各节中间粗两头细,第一节为鞭头,末节为鞭把。鞭彩不超过 20 cm×15 cm,且无任何附加物品。

（十九）流星锤

亦称"飞锤"、"走线锤"。武术软器械,古代软兵器之一。起源于远古,由绳索与弧形小锤通过几个小铁环相连构成,重约 1 kg。锤头与绳交接处缚有彩绸。分单流星与双流星两种。单流星绳索长约 4.95 m,双流星绳索长约 1.65 m。主要演练方法有缩、抛、抡等。练时巧妙地将绳索缠绕在练习者颈、胸背、肩肘、手腕、大腿、小腿、脚踝或腰上,抖身放锤,审击如飞,快如流星,软中见硬,因而得名。

（二十）钩

武术短器械之一。多用于双器械练习。包括钩端、钩尖、钩口、钩脊、钩直身刃、钩直身背刃、月牙刃、月牙背刃、月牙尖、钩寸(横梗)、钩柄、钩钻、钻尖等 13 个部位。其演练方法有钩、搂、带、压、挑、刺、舞花等。既可单练,亦可对练。

（二十一）叉

武术长器械,古代长兵器之一。叉头只有两股锋,形似牛角,称"二股叉"。双头有三股锋,形似"山"字,称"三股叉"或"三头叉"、"三角叉"、"钢叉"、"马叉"。三股叉头的中锋比两边锋高 10～13 cm。柄长 231～264 cm,尾端是瓜锤形,全重 2.5 kg。另有在叉头和叉尾装有铁片,相击发声,柄稍短,称"飞叉"或"响叉"。练习方法主要有拦、横、扦挑、崩、滚、搬、捣、搓、掏、贯、拍等。

（二十二）戟

武术长器械,古代长兵器之一。戟头由月牙刃、矛头和横寸组成。横寸长约 6.6 cm,用于连接月牙和矛头。矛头略高于月牙刃。戟杆由杆身和尾尖组成。戟全长约 264 cm。若在矛头两侧装以同样大小的月牙刃和横寸,称"双面戟",方天画戟的戟头长约 52 cm,柄长约 190 cm,全长约 244 cm。又分长柄单戟和短柄双戟。古代多为青铜制作,后为铁制。

（二十三）斧

亦称"戚"。武术器械之一。短柄斧属短器械,长柄斧属长器械。刃宽阔并呈弧形者为

"钺"。短柄斧多用于双器械练习。斧刃成扇形,斧背成长方形、正方形或凤尾形。斧背有孔,斧柄穿插其中。头长约 26 cm,刃宽约 13 cm。短柄斧柄长约 82 cm,长柄斧柄长过人,约 264 cm。招法有劈、刺、搂、抹、云、片等。

(二十四)钯

武术长器械之一。把头有铁制或木身铁齿两种,形似"梳"。齿数 5、7、9 不等,每隔 6 cm 一齿,齿长约 16 cm。柄长约 165 cm,与钯头垂直相交。击法有推牵、扁身杀、倒头打、大斜压等;防法有对打对揭、直起磕、扁身中拦等。可单练亦可对练。

(二十五)锤

古称"椎"。武术器械,古代兵器之一。多用于双器械练习。分长柄锤和短柄锤,锤形有圆球形、瓜形、人形、八棱形等。轻者 5 kg,重者数十斤。短柄长约 50 cm。练法有涮、曳、挂、砸、擂、冲、云、盖等。

(二十六)抓

亦称"挝"。武术器械之一。由抓头和抓杆组成,属长器械,若抓头和绳连结属软器械。抓头形状似手,手指伸翔,四指屈挠,木杆长 200 cm,抓头套接于木杆上。软器械爪头前有三指,后一指,指上有节,能屈伸,爪背有环,用约 650 cm 长的绳系于爪环。暗器中称"飞抓"。

(二十七)戈

武术器械之一。始见于商代。有直向戈和曲内戈。除作兵器外,还用于礼仪、祭典。作兵器时,戈胡上有孔,可穿皮筋或绳,固定在木柄上。依长度分长、中、短三种。长戈约 314 cm,中戈约 139 cm,短戈约 91 cm,主要击法有勾挂、扎挑等。

(二十八)铲

武术器械之一。最早见于石器时代。石铲呈长方形或梯形,两面磨光呈扁平状铲刃。商代后出现青铜铲,战国时出现铁铲,呈凸弧形,多用于作战。明代的铲呈弯月形,月牙朝上,凹部有刃,杆长 300 cm,杆尾有锋。主要演练方法有推、压、拍、支、滚、铲、截、挑等。可单练和对练。

三、主要装备

(一)武术服装

武术运动员专用服装。用绸料、缎料或其他布料制成,具有中华民族特色,有不同规格的沿边、布襟、绸腰带、板带、灯笼袖口、灯笼裤脚等。现代武术服装亦有西式裤、短袖上衣等式样,或镶有不同色泽的装饰品。

(二)散手裁判器材

武术裁判用具包括:(1)色别牌。由木质圆板和柄组成。圆板直径 20 cm。柄长 20 cm,共需 18 块,其中红色 6 块、黑色 6 块、红与黑各半 6 块。(2)劝告牌。呈长方形,长 15 cm,宽 5 cm,黄色板面,上写"劝告"两字。(3)警告牌。呈长方形,大小同劝告牌,板面写"警告"两字。(4)放牌架。用于放置色别牌、劝告牌和警告牌。长 30 cm,高 10 cm。散手比赛需红色和黑色放牌架各一个。

（三）散手护具

散手运动员装备。用于保护身体关键部位的安全。包括：（1）护头。以软皮革、海绵等材料制成。有保护头部不受损伤和减轻震荡的作用。（2）护胸。以软皮革、人造革、海绵和帆布等材料制成，保护躯干和抗击减震。（3）护齿。由乳胶或可塑性塑料制成。比赛或练习时含入口中，用上下牙齿咬住，使牙齿不摩擦或不被击伤。（4）护裆。以合金铝、海绵、软皮革、橡皮筋等材料制成。用于防护裆部，一般穿入短裤内。（5）护腿。以帆布、硬牛皮条、松紧布等材料制成，保护小腿胫骨。（6）拳套。用柔韧细腻光滑的羊皮制成，内衬垫有弹性的羊毛、鬃毛或兔子毛。比赛时，65 kg 以下级别运动员佩戴的拳套重量为 8 oz（226.8 g），70 kg 以上级别运动员佩戴的拳套重量为 10 oz（283.5 g）。整套护具的颜色必须相同，一般为红、黑两色，以利于裁判员识别队员。

主要参考文献

1. 季浏. 体育与健康. 上海：华东师范大学出版社,2000

2. 唐健. 大学体育. 北京：北京体育大学出版社,2002

3. 潘绍伟、于可红. 学校体育学. 北京：高等教育出版社,2008

4. 姚鸿恩. 体育保健学. 北京：高等教育出版社,2006

5. 赵斌、陈上越. 运动保健. 广西：广西师范大学出版社,2008

6. 马军. 学校卫生学. 北京：高等教育出版社,2010

7. 邓树勋、王健、乔德才. 运动生理学. 北京：高等教育出版社,2009

8. 季浏、殷恒婵、颜军. 体育心理学. 北京：高等教育出版社,2010

9. 张蕴琨、丁树哲. 运动生物化学. 北京：高等教育出版社,2006

10. 王健、马军、王翔. 健康教育学. 北京：高等教育出版社,2006

11. 黄力平、张钧. 体育康复. 北京：高等教育出版社,2006

12. 朱常斌、袁世珍. 现代大学体育. 北京：北京体育大学出版社,2002

13. 钱北军等. 体育与健康. 天津：南开大学出版社,2012

14. 赵云宏等. 高校公体教程新编. 北京：北京体育大学出版社,2002

15. 李鸿江. 健康体育导论. 北京：高等教育出版社,2004

16. 钟振新. 大学体育理论与实践教程. 长沙：国防科技大学出版社,2002

17. 浙江省高校体育教材编委会. 体育健身. 杭州：浙江大学出版社,2003

18. 郑厚成. 体育. 北京：高等教育出版社,2004

19. 潘绍伟. 大学体育与健康. 北京：人民教育出版社,2002

20. 王家宏. 球类运动——篮球. 北京：高等教育出版社,2009

21. 于振峰. 篮球. 桂林：广西师范大学出版社,2000

22. 黄汉升. 球类运动——排球. 北京：高等教育出版社,2009

23. 陈少坚. 现代排球健身教程. 福建：厦门大学出版社,2002

24. 王崇喜. 球类运动——足球. 北京：高等教育出版社,2011

25. 李永生、郭李亮. 足球. 桂林：广西师范大学出版社,2000

26. 编写组. 乒乓球. 北京：高等教育出版社,2006

27. 唐建军. 图解乒乓球技巧. 福建：福建科学技术出版社,2004

28. 罗贝尔特·霍希·凯·海涅克. 网球教学. 北京：北京体育大学出版社,2005

29. 田麦久. 运动训练学. 北京：高等教育出版社,2009

30. 李鸿江. 田径. 北京：高等教育出版社,2008

31. 黄宽柔、姜桂萍. 健美操、体育舞蹈. 北京：高等教育出版社,2006

32. 蔡仲林、周之华. 武术. 北京：高等教育出版社,2009

33. 童韶岗. 健美操. 广西：广西师范大学出版社,2006

34. 林建华. 武术教程. 福建：厦门大学出版社,1998